中公文庫

大唐帝国

中国の中世

宮崎市定

目次

大唐帝国

中国の中世

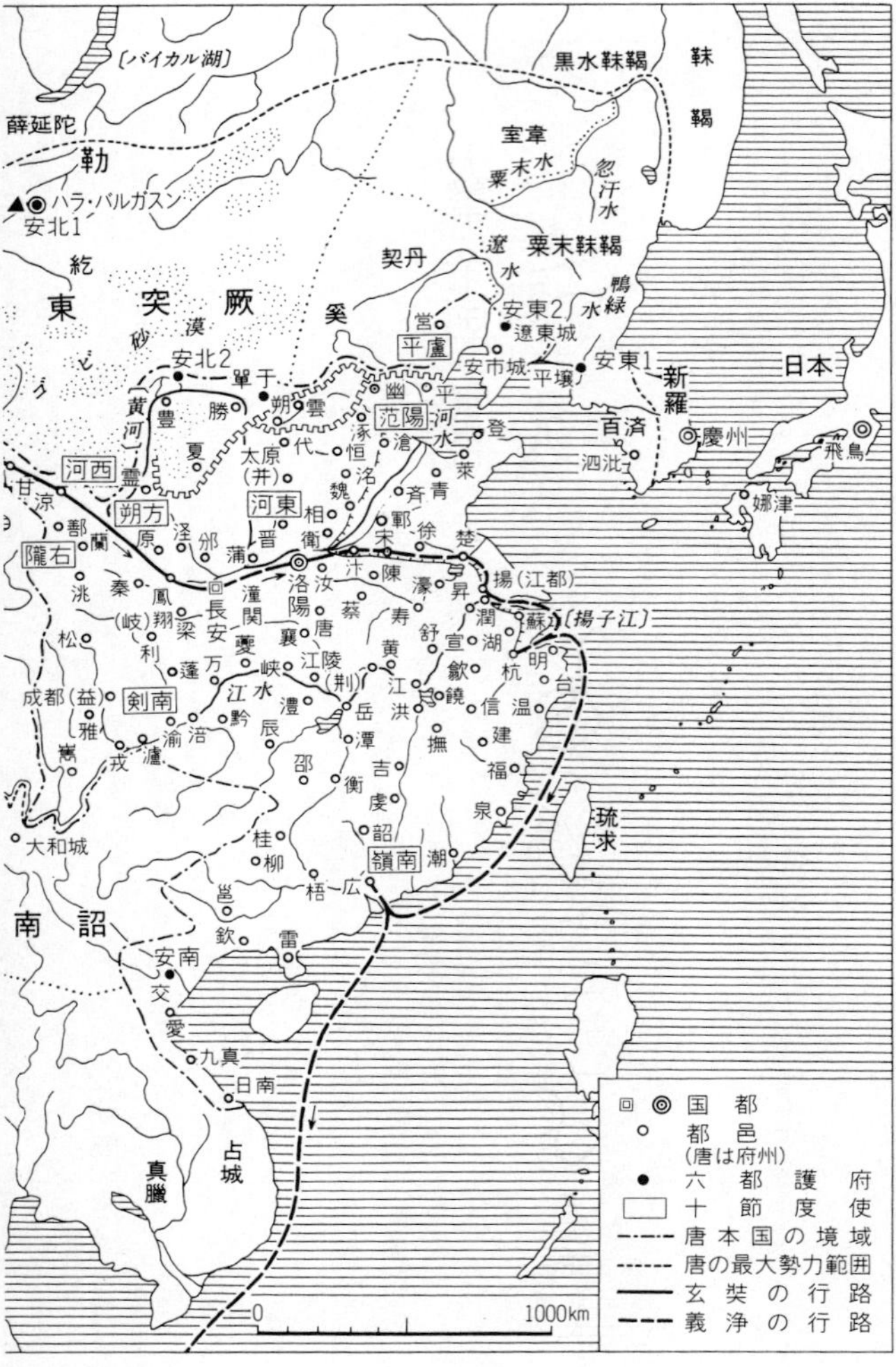
〔バイカル湖〕
薛延陀
勒
ハラ・バルガスン
安北1
紇
東　突　厥
ゴビ砂漠
安北2
單于
黄河
豊
勝
夏
朔
雲
太原
(井)
代
霊
河西
甘
涼
朔方
鄯
蘭
隴右
原
涇
邠
洮
秦
鳳翔
(岐)
松
利
梁
長安
蓬
万
成都(益)
剣南
雅
嶲
戎
瀘
渝
涪
黔
大和城
南　詔
安南
交
愛
九真
日南
占城
真臘
欽
雷
邕
桂
柳
梧
広
嶺南
潮
韶
虔
吉
衡
邵
潭
岳
辰
澧
江水
江陵
(荊)
峡
夔
襄
唐
洛陽
潼関
汝
蔡
陳
汴
宋
鄆
衛
相
魏
洺
恒
涿
滄
幽
范陽
平
河水
平盧
営
契丹
奚
河東
晋
蒲
斉
青
萊
登
徐
楚
濠
寿
舒
黄
江
洪
饒
撫
歙
宣
潤
湖
杭
昇
揚(江都)
蘇
〔揚子江〕
明
台
温
信
建
福
泉
琉求
室韋
粟末水
忽汗水
遼水
粟末靺鞨
黒水靺鞨
靺鞨
鴨緑水
安東2
遼東城
安市城
平壌
安東1
新羅
百済
泗沘
慶州
日本
飛鳥
娜津
0
1000km
国　都
都　邑
(唐は府州)
六　都　護　府
十　節　度　使
唐本国の境域
唐の最大勢力範囲
玄奘の行路
義浄の行路

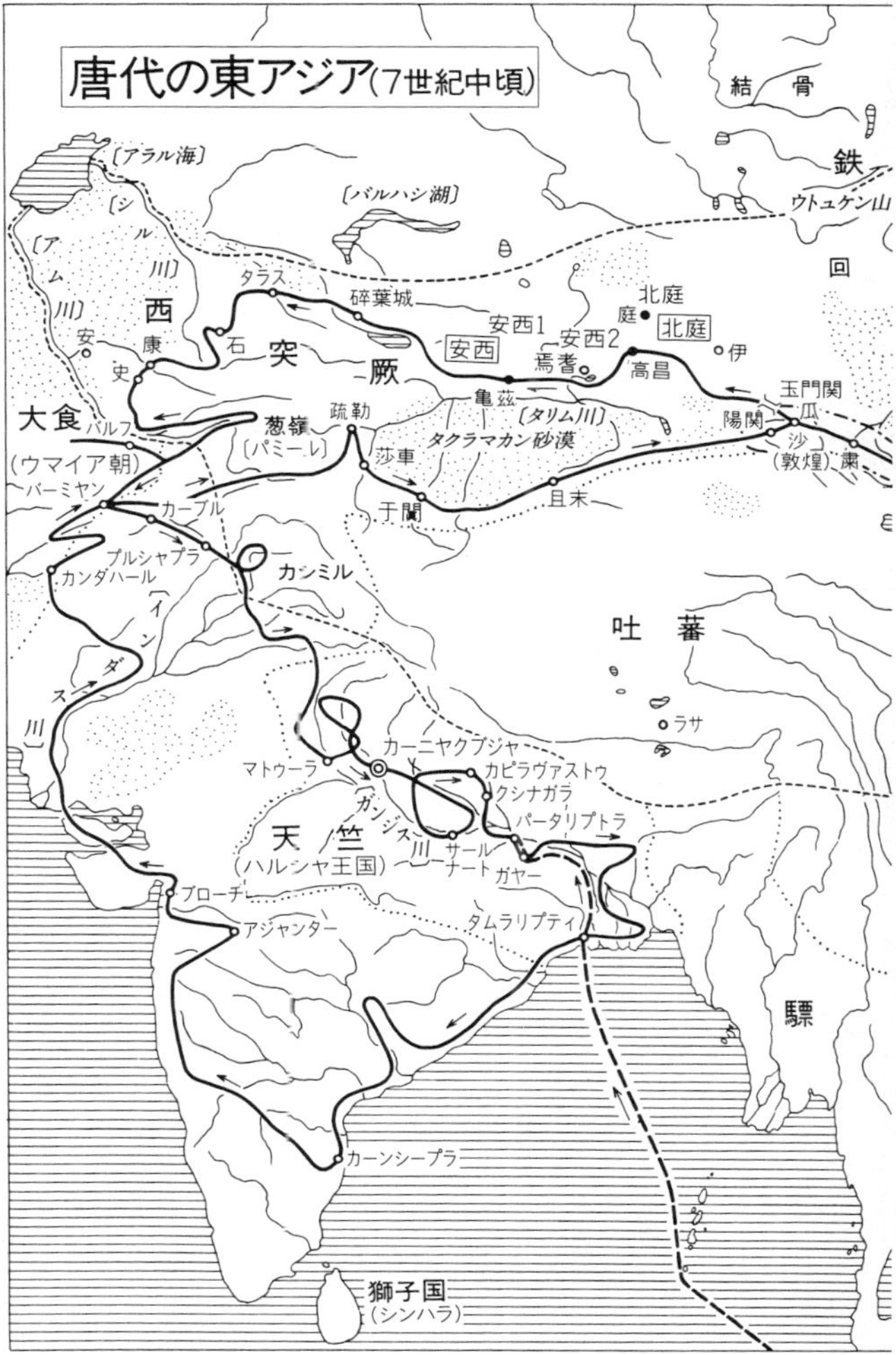
唐代の東アジア(7世紀中頃)
〔アラル海〕
〔シル川〕
〔アム川〕
西
康
安
史
石
大食
(ウマイア朝)
バルフ
バーミヤン
カーブル
プルシャプラ
カンダハール
〔インダス川〕
〔バルハシ湖〕
タラス
砕葉城
突
厥
安西
安西1
安西2
焉耆
亀茲
北庭
庭
高昌
伊
玉門関
陽関
瓜
沙
(敦煌)
粛
結
骨
鉄
ウトュケン山
回
疏勒
葱嶺
〔パミール〕
莎車
于闐
〔タリム川〕
タクラマカン砂漠
且末
カシミル
吐
蕃
ラサ
マトゥーラ
カーニヤクブジャ
カピラヴァストゥ
クシナガラ
パータリプトラ
ガンジス川
サールナート
ガヤー
天
竺
(ハルシャ王国)
ブローチ
アジャンター
タムラリプティ
カーンシープラ
驃
獅子国
(シンハラ)

谷間の時代

中国の中世

ひじょうに独創的な学風でのちの学者を啓発したシナ学者、内藤湖南博士（一八六六〜一九三四）の中国史の時代区分の方法にしたがうと、いま私がこの巻でとり扱おうとする三国から六朝、隋唐を経て五代にいたる七四〇年は、まさしく中世史であるということになる。それはあたかもヨーロッパにおける民族大移動の開始から、神聖ローマ帝国を経て、十字軍の終焉、つまりルネサンス前夜にいたるまでの八七〇年の歴史に相当することになるのである。この対比（中国とヨーロッパの）は、今日の時点でいろいろな角度から検討してみて、妥当なものと認めざるをえないと思われる。

内藤博士以前の東洋史家は、ほとんどもれなく、中国中世は秦の統一からはじまるものとして時代を区切ることに一致していた。いいかえれば戦国時代のおわりまでが古代史なのである。なるほど、春秋時代以後のながいあいだの分裂抗争がおわって、はじめて大統一の時代を迎えたのであるから、秦帝国の成立は確かに画期的な出来事であるにはちがいない。しかもこの大統一は中国の史上で最初の大統一である。なんとなればそれ以前に存在したという殷や周という王朝は、伝説に語られたような大領土をほんとうにもっていたのでなく、その威光のおよんだ範囲はごく小部分にすぎなかったことが、現在では異議なく認められるようになったからである。

小さな人類の集団が、しだいに集まって小国家をつくり、小国家が併合されて大国家を形成し、それが最後に統一されたのが秦帝国であるから、その出現が中国史上の大事件でないはずはない。そして中国の文化がそのまま東アジアの文化を代表する古代にあっては、それは同時に東アジア史上の大事件といってよい。したがってこのときをもって時代の区切りとするのは、確かに理由のあることと認められるのである。

それにもかかわらず、内藤博士が秦漢の統一帝国を古代史の中に包含させてしまったのは、やはりすぐれた見識だといわざるをえない。それは、ヨーロッパの歴史と比較したときにいっそうよくわかる。ギリシアの都市国家にはじまるヨーロッパの歴史は、ローマ帝国による大統一によって、ひとつの頂点に達する。しかしヨーロッパ史は、ローマ帝国の成立によって古代史を終了させず、ひきつづきその盛時を含み、事実上の帝国崩壊にあたるゲルマン民族の大移動開始をもって、古代史の終焉、中世史の開始とみるのが一致した見解となっている。

これを東アジアの歴史にあてはめてみると、秦漢帝国はヨーロッパならまさにローマ帝国に相当する。そこでこれを古代帝国とみ、この古代帝国が滅亡し、三国の分裂がはじまる時代から中世がはじまるとみるのは、東西両洋を比較研究するうえからも、もっとも効果的な見方だといいうるのである。

東と西の立場

事実、ヨーロッパはローマ帝国の統一によって、まったく社会状態が一変したわけではなかった。ヨーロッパの歴史は、ギリシア、ローマ地方に普遍的に存在した都市国家をもってその出発点とする。この都市国家は古代史が発展するにしたがって、その国家たる機能をしだいに喪失していったが、なおながくその都市としての形態を保ち、ローマ帝国の大統一の中にあっても、いぜんとして社会生活の核心をなしていた。

同じことは中国についてもいえるのである。いったいこれまでの中国史の研究は、中国をもって世界史の中のもっとも特殊な地域とし、その特殊性を探究するのを、その目的とするかのごとき感があった。したがってともすれば、中国の特殊な面のみをことさらに強調する傾向をまぬがれなかった。

ところが特殊性というときには、かならずその地盤に共通性が予想されなければならぬものなのだ。ところが歴史家というものはとかく論理に弱いので、なにか新しい説を聞くとすぐ降参して、歴史家の本領まで忘れてしまいがちである。哲学者に特殊性を求められると、なんでも東洋と西洋とは違うといいさえすればよいと早合点して、あれも違う、これも違う、といいだしたものだ。それでは西と東とがバラバラになってしまい、それを統合した世界史の成立などは思いもよらなくなる。

ほんとうは東西両洋の歴史は、それを深く研究すればするほど、おどろくほどの類似性をその根柢《こんてい》にもつことを発見するものなのである。歴史の研究はなによりも、従来なおざりにされてきた、この種の平行現象の探求からはじめなければならない。

ところでわたしたちがそういう仕事をやりだすと、きっといろいろな批判が出る。それは西洋的な考えで東洋を理解しようとするものだとか、西洋と東洋との個性を無視するものだとかという類である。これはまったくいわれのない誤解である。すべて比較というものは、ただ両者をつき合わせたのではなんにもならない。比較するにはなによりもまず比較のための足場を構築しなければならない。いいかえれば共通の土俵の発見である。

さて共通の場所ができあがってから両者を比較するには、両者はまったく対等の資格でなければならない。いまわたしたちが東洋の中世と西洋の中世とを比較することができるのは、中世という共通の場ができたと信ずるからである。そして両者を比較することによって、東洋の中世の姿があきらかにされるとともに、すすんで西洋の中世の特質もはっきりさせることができる希望をもつがためにほかならない。

もしそのいずれにも役立たなかったなら、それは前提がわるいのである。わたしたちはあらためて共通の場をつくりなおさなければならなくなるのである。

腐敗する古代帝国

漢という統一国家ができあがったとき、中国の人民はどんなにホッとしたことであろう。当時の人民はほんとうに疲れきっていた。思えば過去はなんとながい戦乱の時代であったろう。春秋から戦国、戦国から秦、秦を倒すための内戦、漢と楚との決戦というふうに、走馬燈のように目まぐるしく、血みどろの戦争場面がつぎからつぎへと展開されてきた。そのたびにどれほどの人間が無残な最期をとげたか知れない。その戦火の巷をくぐりぬけてやっと生きながらえてきた人たちだ。

その戦争はおわった。平和がふたたびよみがえったのだ。おれたちはなんという果報者だ。この尊い生命を保って今後を幸福に暮らしていけるのだ。そのためには、もう過ぎ去った因縁はいっさい忘れよう。恩讐をこえて新政権のもとで新しい生き方を見出していこう。なによりも平和だ。平和を擁護する漢帝国万歳！

こうして人民の歓呼のうちに、衆望をになって登場した漢帝国であったが、それが前漢、後漢四〇〇年も継続すると、今度はながくつづいたというそのことの中から、いろいろな矛盾が生まれてきた。

古いことわざに、流れる水は腐らない、というのがある。春秋から戦国、秦にいたる時代は、まさに流れる社会であった。流動していくあいだに社会がみずから浄化作用を行なうのである。ところが漢帝国はいわば溜り水である。水面には風がふけば大小の波が立つが、底の方は少しも動かない。どんよりと澱《よど》んでいるうちに、汚物がたまり、腐敗して、メタンガスを発生するようになる。

歓呼して迎えた漢帝国ではあったが、政治がしだいに腐敗して臭気を発するようになると、人民はすっかり幻滅を感じてしまう。いっそ古代帝国などという大きな統一体がない方がましだ。地方のことは地方自体にまかせておくがいいというふうにみんなが考えるようになると、漢帝国は滅びざるをえない。そして漢帝国にかわるような大きな統一体はもうあらわれなくなる。それが古代の終焉であり、中世の開幕なのである。

漢帝国の盛時の人口は、ローマ帝国のそれとほぼひとしく、およそ六〇〇〇万であった。紙もなく、印刷もない、汽車も電話も、いわんや飛行機もラジオもない時代に、六〇〇〇万という大人口を支配することは、ちょっと考えただけでも、いかに容易ならざる難事業であったか想像にあまりある。しかもそれまでに全然なんの先例もなく、したがってなんの経験もない。そこで政治家は一生の知恵をしぼってこの難事業に取りくんだのであった。

ローマ人は、「分かてよ、而して支配せよ」というスローガンのもとに、ローマ市民権を征服地の人民にあたえて懐柔するいっぽう、鉄の規制をもってローマの法制を遵守せしめた。硬軟両様の使いわけは、いずれの世においても支配者にとって欠くべからざる最上の戦術であった。

これと似たようなことは漢王朝でもやっている。漢は全国の成年男子にしばしば一様に爵《しゃく》をあたえる詔を出している。当時の爵というのは士以上の身分のことである。中国上古の社会には、士と庶民との階級的対立があったが、士とはほぼ完全なる市民権所有者をいい、庶民は不完全市民と解してさしつかえない。

すなわち漢王朝は、全国の人民をもれなく、庶民の地位から士の身分に引き上げ、これに完全なる市民権をあたえてその機嫌をとったのである。しかし漢王朝は同時に峻厳な態度をもって、おかみの刑法、律を全人民に遵奉させることをおこたらなかった。

漢が最初に全国支配の邪魔者と意識した相手は、統一戦争に功績のあった異姓の大名、韓信《かんしん》や彭越《ほうえつ》であった。まずこれらを取りつぶしてあとに同姓の一族大名を立て、さらにそれが有力になりすぎると、これをも取りつぶして、そのあとに官僚による支配体制を確立した。しかしこの官僚陣にたいしてもつねにきびしい監視の目をはなさず、しばしば朝廷の大臣の有力者をも死刑に処している。同様なことは地方官僚と人民とのあいだにも行なわれていた。いわゆる酷吏が重く用いられ、民間に根をはって、おかみの統治に反抗する土豪に仮借ない弾圧を加えたのであった。

こうして漢王朝の統治力が地方のすみずみまで浸透するようになると、それが上古から伝わってきた地方集落の自治機能を破壊する結果を生じた。

くずれゆく地方自治

いったい中国の上代は無数の都市国家の集合体であったこと、ヨーロッパにおけるギリシアやローマと軌を一にするものであった。元来都市国家は他の何者にも隷属しない独立都市であった。それが統一されて大帝国となり、国家としての機能を失い、単なる集落、邑《ゆう》となってからもながくその独自性、自治精神を失わなかった。

前漢時代には全国でおよそ三万をかぞえる都市があり、その大小にしたがって郷《きょう》、亭《てい》と称せられるが、その中にはれっきとした古代独立の都市国家の後身であったことのわかるものが少なくない。漢代には郷には三老《さんろう》、嗇夫《しょくふ》などの顔役があり、亭には亭長がおかれた。これらはいわゆる郷、亭の職であるが、三老は教育をつかさどり、嗇夫は賦税をつかさどり、亭長は警察にあたる。かれらの地位は、漢代の初期においてはすこぶる重かった。ときには天子すらもかれらの意見を無視することができなかったことは、しばしば史家によって指摘されるところである。

それは考えてみれば当然のことであった。天子というものは、もともとひとつの都市国家の首長から発達したものにすぎない。漢代になってこそ、天子と地方郷、亭の代表とのあいだには、天と地ほどの懸隔が生じたが、もとをただせば同じ性質のものだったといってよい。

とまれ地方の小都市の代表者たる郷、亭の職がすこぶる重んぜられたことが漢代の政治の特長といわれ、しかもそれが同時に漢の政治がはなはだ健全であった証拠として認められているのである。すなわち、地方人民は、その代表者によって地方自治を保ち、外部からの干渉を絶って地方の事件は地方人の手で処理することができたのであった。ところで注意すべきことは、これらの郷、亭の職は、あくまでも人民のつくべき地位であって、政府から任命された吏《り》ではなかったことである。

漢の政府は、地方を支配するために中央から吏を派遣した。地方都市の郷のうちの重要なものを県にして、県令を派遣し、県尉《けんい》などを任命して付近の郷、亭を支配させた。県の上には郡があり、郡には太守以下の官がおかれるが、これらがすなわち吏である。

漢の中央集権政策がしだいに強化されるとともに、このように中央から任命された吏の権力もまた日ましに強くなってきた。ここに吏と民との分離、両者の対立がはじまるのだが、郷、亭の職は吏の中にはかぞえられず、あくまで民の身分にとどまっていた。やがて必然の結果として、郷、亭の職は吏によって軽視され、その地位が低下するとともに、地方自治体はその自治機能を喪失するようになるのである。そしてこれと似たような経過は、ローマ帝国の歴史が東西、ほとんど時を同じくしてたどっていったところである。

ところで、中央政府の任命した吏が、地方人民を抑圧するということは、なにもここにはじまったことではなく、ずっと以前にすでに秦の始皇帝がやったことなのであった。はじめは秦の政治の反対を行くのだと宣言した漢王朝であったが、いざ政権をにぎってしまうと、秦と同じことをやりだしたのである。

そこで民間に反抗気分がしだいに鬱積していったことは、前漢末、王莽《おうもう》の失政に乗じて四方に反乱が起こった中でも、もっとも自然発生的な農民蜂起の典型とみられる赤眉《せきび》の集団が、あらわに反中央色を打ち出した事実の中に看取される。すなわちその指導者は、宰相とか将軍とかいう名を僭称《せんしょう》せず、三老、従事《じゅうじ》、卒《そつ》、史などと自称した。これらはいずれも吏の中にかぞえられない民間人のつくべき自治体職員の名である。そこで民間に共鳴を得ること多く、急速にその勢力が拡大していったが、一面統制力に欠けるところがあったため、豪族勢力を中核とする光武帝のために撃破吸収されてしまった。

善行が特権を生む

後漢の時代になると、政府の官僚化はいよいよはなはだしくなる。元来、吏という地位はけっして世襲的なものでなく、個人として政府から任命されただけである。しかしそれが特権的な地位であるために、自然にそれが世襲化されるのはやむをえない傾向であった。後漢になって吏の世襲化がいちじるしくなり、その中にも高位高官の地位を私物化する特権貴族の輩出がめだってきた。四世にわたって三公を出した楊《よう》氏、袁《えん》氏のばあいがこの傾向を代表する。

後漢の時代、吏の最高の地位は三公であり、三公とは太尉《たいい》、司徒《しと》、司空《しくう》をいう。その俸給は月に米三五〇石（約七〇〇〇リットル）であり、そのつぎに位する九卿《きゅうけい》の月一八〇石にくらべてほとんど倍であるから、とびぬけた待遇といっていい。

前漢末、王莽の時代に楊宝《ようほう》という名士があり、王莽に招かれても出仕せず、光武帝のときになってふたたび招かれたが、官にいたらないで死んだ。かれはあるとき、スズメがフクロウに追いかけられているのを見て、かわいそうに思って救ってやった。するとその夜の夢に、仙人西王母《せいおうぼ》の使者というのがあらわれて、先に生命を助けてもらった恩を謝し、白玉の腕輪四個を贈り、あなたの子孫からこのかずだけの三公を出しましょう、と約束して立ち去った。

子の楊震《ようしん》は学問も徳行もすぐれ、関西《かんさい》の孔子とよばれたが、五〇歳のときにはじめて中央政府へ官吏候補者として出頭すると、急にめきめきと出世しだして、安帝のときに太尉になった。その子の楊秉《ようへい》も太尉、その子の楊賜《ようし》は太尉から司空にのぼり、さらにその子の楊彪《ようひょう》が献帝のときに太尉となった。スズメの話は、いずれ後世から付会した神怪談であるが、そんな話のできるほど、漢代においてもこれはめずらしい例であった。

楊氏とならび称せられるのは袁《えん》氏のばあいである。後漢のはじめに袁安《えんあん》があった。儒者の家であるがはなはだ貧乏であった。都の洛陽へのぼって一軒の家を借りて住んでいたときのこと、大雪が降って交通が途絶し、食糧飢饉が起こった。県令が民情を視察に出て、街を巡行すると、袁安の家には人の出入した足跡がない。餓死者でもいるのではないかと思って、門をあけて中へはいってみると、袁安が寝ていた。かれは、

「こういう飢饉の際はおたがいさま、みんなが困っているときですから、むりをして米を借りに歩くのも気がひけますからね」

といって平然としていた。県令は感心してかれを官吏候補者に推薦した。

楚郡の太守になったとき、皇族のひとりが謀反を起こした事件の裁判を担当した。天子の明帝がひどく立腹していると聞いた属官たちは、かたはしから関係者を捕縛して重刑を加えようとした。袁安は事情を聴取して連累者《れんるいしゃ》を釈放し、おかげで助かった者が四百余家にものぼった。

天子ものちになってかれのこの措置を賞讃し、首都の長官である河南の尹《いん》に取り立てた。和帝のとき、朝廷には外戚の竇《とう》氏一族が権力をほしいままにして専横をきわめたが、当時司徒であった袁安は、その勢いに対抗して下らず、いつも正義派のうしろだてとなって人望があった。

そこでかれの死後もその一家は隠然として重きをなし、その子の袁敞《えんしょう》は司空となり、敞の兄京《けい》の子湯《とう》は太尉となり、湯の子に逢《ほう》と隗《かい》とあり、逢は司空となり、隗は司徒となった。逢の子に紹《しょう》と術《すい》とあり、このふたりは『三国志演義』中の英雄である。紹は庶出で、早く死んだ伯父成《せい》の家をついだものである。

袁安の家は四世のあいだに三公を五人出しているので、ときに四世五公と称せられることがある。楊氏のばあいよりもひとり多いわけである。

家族ぐるみの猟官運動

このように代々官僚の最高位たる三公の地位に到達する家が出てきたということは、けっしてその血統が遺伝的に優秀であったことを意味するものではない。それはかえって当時の政界が固定化して流動性を欠き、いわば動脈硬化症状におちいっている好ましくない状態を露呈するものにほかならなかった。すなわち、朝廷の官位はしだいに少数の特権的な家族の独占に帰するようになったからである。

楊氏、袁氏のばあい、ただ三公にのぼった人だけが特別に出世したわけではなく、かれらはほかにも多数の同族の顕官《けんかん》があって、その中の出世頭であったのである。そして朝廷には単に楊氏と袁氏の二家だけが特権貴族であったばかりでなく、これにつぐ相当数の家族があって、それ相応の地位を確保してきたのである。もちろんその反面には、官界遊泳競争に敗れて転落していった家族も数多く出たはずである。

袁氏系図

本来の理想からいえば、官吏たる地位は個人の徳行によって任命すべきものである。ところがそれがいつのまにか、家族を単位としての官位獲得運動がはじまったのである。一族が団結して勢力扶植に専念し、代表者をおし立てて最高位にのしあがらせる。この出世頭となった者はまたその地位を利用して、一族の者を引きたててやるのである。

こういう家族単位の猟官運動がはじまると、その競争は個人単位のばあいよりも、ずっと激しくなる。官吏の地位は別にふえないのに、家族の人口は年々ふえるからである。そこである一家の地位が現在よりも上昇することはきわめてむずかしい反面、油断をすればたちまち下落する危険がある。ことに困難なのは吏の最下層に位置する人たちで、たえず上層から圧力を受けており、いつ何時《なんどき》、吏の地位から民の地位に転落させられるか知れないのである。

するべきものは宮づかえ

このようなボーダーラインに位置する下級官吏らが、時世の動きから落伍すまいとする苦心のさまは言語に絶するものがあった。

後漢の官吏採用の原則は、学問をおさめた徳行者を地方長官がまず属僚として採用し、その成績をみたうえで中央政府へ推薦するのであった。そこで官吏志望者は、まずしかるべき師について儒学を習うのであるが、名の聞こえた大学者の門には、千里を遠しとせずして弟子入りする者が殺到し、師匠の方でも門弟の多いのを誇りとし、あるいは数千人にのぼるものすらあった。

もちろんそんなにたくさんの門人にいちいち直接に手をとって教えるわけにはいかないから、高弟が代稽古をする。ときによると単に名目的に弟子入りしただけで、登録がすむとさっさと帰ってしまって、ついぞ師の顔を見ずにおわる者もある。そしてたくさんの弟子を持った名師はまたそのことにより、中央政府から思いがけない高い地位に招請されることもあった。

学問の道にはいって、いわば儒教の教徒となると、当然のことながら儒教の規律である礼を守らねばならなかった。とくに親には孝行をつくし、兄弟には友愛をつくすことが要求された。それは単に親の生存中ばかりではなく、親が死んだ際こそ、もっとも孝心をあらわすためのまたとない機会であった。儒教の定めた三年の喪を、まず法則どおりに、あるいは法則以上に忠実に実行せねばならない。両親ともなくなったあとには遺産相続が行なわれるが、なるべく自分の分を少なくして兄弟にゆずり、廉潔であることを証拠だてなければならない。

このように、孝行にも廉潔にも申し分のないことが認められた者は、郡の太守から中央へ、孝廉《こうれん》という名で推薦される。

地方長官から属僚に抜擢されたり、孝廉に推薦された者は、官吏生活の第一歩をふみ出したことになる。そのときからかれらは、その長官に臣としてつかえねばならない。いったい君臣関係は封建制度の崩壊とともに、天子と官吏とのあいだにだけ存在することになったわけであるが、後漢の時代からその中間に地方長官が割りこみ、地方長官とその部下とのあいだにも君臣関係が発生した。これは古代の封建制度の部分的な復活であって、きわめて注目すべき現象といわなければならない。

さて儒教の学徒は、その推薦を受けることによって、このような君臣関係の中にみずからはいりこんだわけである。そして、すでに君臣の分ができあがると、このほうが私的な家庭道徳たる孝行よりも重いと見なされる。こののちは身家《しんか》をなげうって、その君のために忠をつくさなければならなくなる。そして大局的に見てそのほうが祖先のために孝行になる。なんとなれば、一身が立身出世するのは、同時に祖先を共通にする一族にとって発展の機会をあたえることであり、たとえ不幸にして自身あるいはその一家が滅亡するような悲運に際会しても、かれの忠誠が朝廷に認められれば、その一族がかわって栄誉をにない、特典を享受することになるからである。

『後漢書』には、『史記』にも『漢書』にもなかった「独行伝」という巻が新しく立てられている。そしてそこには、以上に見られるような、ひたむきな求道者の伝記が列挙されている。しかしそれは単なる求道者ではない。かれらはまず学問からはじめて地方長官と君臣関係にはいり、進んでは最上級の天子とのあいだに君臣の契りを結び、それによって大にしては国家民生のために貢献し、小にしては一家一門の繁栄をはかろうというのである。

『後漢書』の「独行伝」は、多く各地で編纂された地方の「先賢伝」というものを資料として書きなおされたようであるが、この先賢とは、単なる賢人にとどまらず、後世に大きな勢力となった名門貴族の祖先となった人であると思われる。

従来の中国の史家は、後漢の時代をもってもっとも風俗が純良な時代、儒教主義が理想に近く行なわれた時代として讃美するのが普通であり、その根拠の一部をこの「独行伝」が提供したのであった。しかし、今日からみて、かれらの行動はどうもそのますなおには受け取れない。中にははなはだ偽善的で、俗臭芬々、鼻もちのならぬ売名的行為さえ見受けられる。一身一家一門の浮沈を争う激烈な生存競争を背後に予想して読まないと、「独行伝」を正しく理解できぬのである。

アウトサイダーたち

『後漢書』にはまた「逸民伝《いつみんでん》」という巻があって、これも『史記』や『漢書』にはなかった名である。独行の方は単なる賢者の行為でなくて、君臣関係にはいり、または君臣関係にはいることを前提とした徳行であり、一面からいえばはなはだ娑婆的な俗臭が強い。

これに反し「逸民伝」に載せられた人たちは、政界にはいることを断念し、君臣関係から離脱して個人の世界に生きようという反俗精神をもった自由主義者たちである。

かれらが仕官を断念して人民の身分のままでありたいと主張するのは、老荘の思想に共鳴した点もあろうが、後漢という時代がはなはだ仕官しにくい時代であったせいでもある。政界の競争が激しいために普通の手段では出世できないし、出世すればしたで四方に敵を作る結果となり、いつ陥穽《かんせい》に落とされるかわからぬという危険にさらされる。

すでに後漢のはじめから、

「富めるは貧なるにしかず、貴きは賤しきにしかず」

ということわざがあったが、後漢一代おおむね政情が安定せず、官吏生活にはつねに不安がつきまとっていたのであった。

のちにのべる諸葛孔明の先輩にあたる隠遁者の龐公《ほうこう》という老人も、まったく同じような人生観をもっていた。地方長官がかれを属官にしたいと思ってたびたび招請したが、いっこうに応じない。ある日、長官が龐公の家へ訪ねて行ってみると、かれは妻子といっしょにまっくろになって野良仕事をしていた。

そこで長官は、

「先生がそうして官途にもつかずにがんばっておいでになるのは、先生の趣味だからそれでよろしいが、少しは子孫のこともお考えになってはどうですか。筋肉労働だけでは子孫に残すものがなにもないと思いますが」

というと、龐公は働く手をちょっと休めて、

「世の中の人は子孫のために社会的な地位や財産を残そうと思って苦労していますが、わたしからみるとそれはかえって危険きわまる方法です。わたしは子孫の安全を願えばこそ、こうして正直な貧乏暮らしをしているのです。これにまさるりっぱな遺産はないでしょう」

とへいきな顔で答えた。

逸民はまた高士ともよばれる。高尚な志をもった名士という意味である。後漢以後六朝を通じて世上でもっとも尊敬されたのは、独行よりも逸民であった。高士にたいしては、天子の権力をもってしても、その志を奪うことができないからである。

これは易の思想とも関係があって、易の六爻《りくこう》という六段階のうち最上に位するのは逸民であり、天子はそのつぎにおかれている。そしてこれは単なる譬喩ではない。東晋時代の逸民、陶淵明《とうえんめい》などの詩を読めば、この詩人は確かに天子などの及びもつかない高級な生活を送っていたことが、だれにもすぐ理解できる。

しかし逸民もときとばあいによっては、いつ気がかわって世俗の君臣関係にはいっていくようにならぬともかぎらない。前の龐公の後輩にあたる諸葛孔明などはそのひとりであって、本来のかれの志は逸民でおわるのを理想としていたらしい。そして後世かれがすこぶる人気があったのは、その行動の根柢に逸民的な態度がひそんでいたからである。

諸葛孔明のばあいは、その出処進退がはなはだ明瞭であるが、いわゆる逸民の中には、最上の機会が訪れるまでは心ならずも逸民のふりをして世の中をごまかそうという偽の高士もなかったとはかぎらない。この点こそ、中国社会が複雑をきわめて、容易に捕捉しがたいゆえんなのである。

権力者は富み人民は貧す

後漢時代になってしだいにあきらかになった吏と民との階級の分化は、その背後に貧富の差がようやくはなはだしくなってきた事実が存在することを忘れてはならない。

周知のように、『史記』には億万長者のことを記した「貨殖伝《かしょくでん》」が立てられ、『漢書』もこれを受けついでいるが、『後漢書』には「貨殖伝」がない。しからば後漢には金持ちがなかったか、というとそんなはずはない。ただしその金のもうけ方、金持ちのあり方は大いに変わってきているのである。

太古から前漢までの中国は、だいたいにおいて経済成長の時代であった。小さな都市国家はしだいに統合されて領土国家となり、従前みられなかった大都市が出現し、そこには国際的な遠距離商業の中心となる市が繁栄し、大商業資本家が発生する。ヨーロッパ史家が指摘するギリシア、ローマにおける古代資本主義に相当するものが、中国古代においても存在したのであった。

秦漢による中国の統一はこのような経済界の発展を背景としてはじめて可能であったのである。『史記』の「貨殖伝」がとらえた富豪たちは、この種の資本家たちの姿にほかならない。

古代資本家たちによる富の蓄積が、純粋な経済行為によるものであったことは注意されるべきである。古代においても君主や大官など権力者の収奪による蓄財が大いに行なわれたことはもちろんであるが、それらは、『史記』の著者のいうところの貨殖家の中にははいらないのである。

いわゆる貨殖家とは、たとえば陶朱公《とうしゅこう》のように、天下の交通の要衝である陶の市に居をかまえ、ときの動きを察しては投機することによって千金を獲得し、千金になると貧乏な知人や親戚にくれてやるが、こうして三度も千金の財をつんだという種類の人たちを指すのである。これは当時、大都会の市を中心としてさかんに金銭が動いていたことを物語るものである。

このような形勢は前漢時代まで変わらなかった。『史記』の著者司馬遷は、当時のなに不自由ない結構な身分の代表として、まず一〇〇〇戸分の領土をあたえられた封建君主をあげる。かれらは一戸から二〇〇銭の税を徴収するから、年収二〇万銭を得る。しかしながらそれは別にうらやむにあたらないので、無位無冠の人民でも経済行為によって、それに匹敵する利潤をあげることができるものだとして、いろいろな産業家の種類を列挙している。

すなわち前漢時代は、古代資本家が優に政治権力者に対抗して気をはくことができる時代であったのである。

ところが後漢の時代にはいると、一転して中国の経済界は停滞しだしたのである。経済成長はとまり、金銭の動きはにぶり、交易は不活発となり、一度手をはなれた金銭は容易にもどってこない。こういう社会では、三たび千金を獲得するなどは思いもよらぬ。金もうけということが極度にむずかしい世の中になったのである。

ただ権力者による収奪は別物である。ここに中国社会は、富める権力者と、貧しい人民という階級の別ができ、それがそのまま固定化する傾向を生じた。どうしてこんな世の中になってきたのだろうか。

金づまり

後漢にはいってから中国の社会は、不景気風におそわれてきたのである。厳密な意味では、景気ということばは資本主義社会にかぎって用いられるのだそうであるが、そんなことはどうでもいい。現在起こりうることは、古代にも起こりえたのである。ただ時代が古くなればなるほど、すべてのテンポがいちじるしく緩慢なのである。現在の一年間の動きには、古代では一〇〇年もかかる。だから、景気変動の周期が何百年であってもふしぎではない。中世全体がひとつの景気変動の周期だとみてよいのである。

中国の古代においては、黄金と銅銭とが貨幣として用いられた。戦国時代からさかんに銅山が開発されて銅銭が鋳造されるいっぽう、中国の周囲から黄金が中国めがけて流れこんできた。

いったい黄金は砂金の形でいたるところに産出するので、どんな低開発の人民でもそれを採集することができる。そこで中国の文化が周囲へ波及するとともに、異民族は中国の生産物を買うために砂金を提供したのであって、それが中国へ集まってきたから、その価格は今日から考えると異常に低廉であった。

漢代は、黄金一斤《きん》が銅銭一万個に相当するのが普通であったが、一斤の重さは当時の銅銭の七七個分にひとしいから、結局金銅の比価は、一三〇対一となる。これはおどろくべき金の安値である。

ところがこうして中国に集まった黄金は、今度は国外へ流出しはじめたのである。いったい先進地域と後進地域が自由に貿易を行なうと、先進地域の産物を買うために、後進地域の貨幣が流出するのが法則である。じつは中国に黄金が集まったのは、この法則にしたがった結果であったが、同じ理由で中国の黄金が先進地域である西アジアにむかって流出しだしたのである。

東アジアと西アジアとの交通は、有史以前にまでさかのぼることができるが、それがさかんになったのは前漢の武帝のときからである。従来中国の西方交通を妨げていた遊牧民族が漢帝国の勢力によって駆逐され、万里の長城の西端がぐっと敦煌《とんこう》あたりまでのびて、その南に沿った交通路が直接に天山南路の砂漠の中に点在するオアシスの城郭国家と接触が保てるようになった。漢はこの敦煌回廊を維持するため、その北方を移動する遊牧民族の懐柔になみなみならぬ苦心をついやさねばならなかったのである。

さて天山南路の古代城郭都市国家は、西方イラン系の民族が建設したもので、古い西アジア文化の触手がここまでのびてきていたのである。ところでこの細い交通路、後世のいわゆる「絹の道《シルク・ロード》」が開通すると、両地域間の交通は急に殷賑《いんしん》をきわめるようになった。中国からは各種の絹が西方へ輸出されるいっぽう、西方からは馬や宝石、工芸品などが輸入された。

概していえば中国の方が輸入超過であり、そのため低廉な黄金がどしどし流出する結果となった。これは西アジア文化の水準の高さを物語るものであり、まことに余儀ないしだいである。いっぽう中国周辺では、砂金をおおかたとりつくしてしまい、中国への供給は思うほどにいかなくなった。

絹の道による交易の分量は、今日から見ればいうにたりない程度だった。しかしそれに応じて当時の経済も底が浅かったのである。だからウマやラクダの背によるキャラバン貿易でも、ながい時間をかければ、重大な変化が起きる。中国の経済界はしだいしだいに金づまりの状態におちいった。金銭を使うことは容易だが、それを取りもどすのは容易でない。昔のように一攫千金が可能な好景気はふたたび訪れなくなってしまったのである。

荘園が流行した

このような不景気に際して、だれしも考えるのは、金を使わない工夫である。ここで、できるだけ自給自足をはかる消極的な経済生活が流行したが、それをもっともよく代表するのが荘園である。すでに司馬遷のころから、一挙に大金をもうけるのは投機的な商業にかぎるが、もっとも安全な資本の保全には、土地へ投資するがよいといわれていた。

荘園の自給自足的な経営方法をあみだして後世に手本となったのは、前漢末から後漢のはじめにかけて栄えた南陽の樊《はん》氏である。その創設者の樊重《はんじゅう》は、多くの労働者を使って土地三百余頃《けい》（約一八〇〇ヘクタール）を開墾し、その中に池を掘って魚を養い、原野に牧畜し、なんでも生産しない商品はないと称せられた。

極度に自給自足的な計画生産であって、家具がほしいときにはまず梓《あずさ》と漆《うるし》とを植える。その木の生長を待って器具をつくり、漆をとってそれに塗るというから、ずいぶんと気のながい話である。時間というものを無視し、ひたすら現金を出さぬ工夫をし、ありあわせのものでまにあわせるのが、結局もっとも効果的だという世の中になってきたのである。

この荘園経済は、後漢以後いよいよ盛大になり、六朝を経て唐代に及んでいる。自給自足のためには生産の品目が多くなければならぬから、立地条件としてはもっとも地形の複雑なところを選ぶ。山あり谷あり、川あり野ありというところで穀物、野菜、鳥獣、魚介のあらゆる生産を行なうのである。そして自家消費を行なったのちの剰余を市場に売り出すのであるから、あきらかにこれは経済的に退歩逆行の現象である。

なんとなれば、『史記』の「貨殖伝」に描かれた経済界は、分業生産の相当に進歩した段階で、すべての商品が一度市場に集められて、そこで活発な交易が行なわれたことが記されているからである。

生産物がまず荘園内で消費され、その剰余の残りかすだけが市場に送られるとすると、勢い市況は不活発とならざるをえない。しかも荘園経済は商業の部門にまでくいこんでくるのである。すなわち商人に口銭をとられるのを防ぐため、荘園はみずからその生産物を市場まで運搬し、同時に必要品を市場で買ってみずから運搬して帰るのである。そのため、荷車と、水路に近い場所では船が荘園にとって欠くべからざる備品となる。こうして従来商人がやっていた運搬業を、荘園が行なうようになったのである。

荘園は別業《べつぎょう》、または別墅《べっしょ》などといわれた。それまで人民の本居は城内にあり、その所有地は城からあまり遠くない郊外にあった。しかるに荘園は、城外から遠くはなれた、平野と山地との境界の近くに設けられる。そこには所有者の邸宅のほかに労働者の住家も設けられて村落を形成する。所有主は本来ならば城内の本宅に住居すべきで、ときおり見まわって宿泊する場所であるゆえに、これを別業と称するのである。これは、ヨーロッパにおける villa（別荘）の成立と軌を一にする。これとともに古代の都市制度が崩壊していくのである。

身売りする自由の民

古代の住民は城壁をめぐらした都市、邑《ゆう》の中に住み、都市の内部は若干の里《り》にわかれ、政府は里によって住民を把握することができた。この都市は城外に、いわばその都市の領土とも称すべき耕地を有し、亭部《ていぶ》と称する。都市住民は、里の民であると同時に亭部に所有地があって自耕自活する農民であった。

前漢時代に人民の地位が上がって、一様に士の地位に引き上げられたといっても、それと同時に、公民としての重い賦税に服さなければならなかった。賦とは元来兵役を意味したが、漢代にはいるとそれが兵役にかわる人頭税となって、銅銭で納めねばならなかった。しかしこれで免役が保証されたわけではない。もし必要があれば、いつ何時自身が兵役に徴発されるかも知れない。税のほうは所有地にかかるもので、主として穀物で納められた。

さて後漢の時代にはいって金づまりの世の中になると、農民にとってもっとも苦しいのは銭納の賦の負担である。黄金の流出によって貨幣の絶対量が不足してくると、銅銭もまた貴重なものになる。

金持ちはいったん銅銭を手に入れると、めったにそれを支出しないから、市場にほとんど出まわらず、むなしく不要な個所に死蔵されて眠ってしまう。通貨はいよいよ払底をつげるのである。

当時、「穀物の値段が低いにもかかわらず、人民は穀物に飢えている」という状態が指摘されたが、これは政府が銅銭をきびしく取り立てるために、人民はやむなく自己の食いぶちまでを投げ売りして納税することを指したものであった。

それでもまだともかくも納税できればよいほうで、それができなくなると、かれらは郷里をすてて逃亡せざるをえなくなる。なまじいに公民権などをもっていても、政府の保護を受ける分は少なくて、政府に収奪される割合のほうがずっと多いことを思えば、郷里をすてるにもたいして未練は残らないというものだ。

本籍地から逃亡して他郷へ出れば、もう政府の保護は受けられなくなる。籍ももたず、所有地もない流浪の身となったので、「客《きゃく》」とよばれる。かれらは比較的大きな都市にはいって日やとい人夫となるか、でなければ荘園へはいってそこで隷農《れいのう》として働く。いわば身売りをしたようなもので、もともと本来はりっぱな自由民であるが、一家とともに荘園所有者に隷属してしまうのである。

この経路は、ローマ時代にあらわれたコロナトス（colonatus）とまったく同じものである。ここに自由民でもない、奴隷でもない、その中間に位する賤民階級の発生をみたのである。これが唐代の法制に規定された「部曲《ぶきょく》」なる隷民の起源である。

人民が本籍から逃亡して荘園にもぐりこむことになると、それは政府にとって大打撃である。政府はもはやかれらを公民として、軍役に使ったり、租税を徴収したりすることができなくなる。いっぽう荘園はその大きさがある程度大きくなれば、相当な自衛力を発揮する。別に政府の庇護を必要としない。その持ち主はかえってその経済力を背景として、地方官庁の官職を要求するようになる。権利だけを要求するが、義務に服しようとはしないのである。こうして中央政府の地方にたいする統制力は、日ましに弱化していくのであった。

しかし荘園は、開墾の手段としてははなはだ有効であった。ことにまだ資源の開発があまり進んでいなかった揚子江以南の地方は、有力者による荘園の設置によってしだいに生産力が高まってきた。

もともと荘園生産は、質的に向上するよりも、平面的に量的に拡大する傾向の強いものである。しかしそれが六朝、唐を経て量的拡大がある程度に達すると、今度はそれが質的な向上に転換して、新しい世の中を形づくる原動力となるのである。もっともそれは、後漢の時代からみればずっと遠い将来に属することではあるが――。

家貧しくして孝子出づ

不景気で暮らしにくい世の中ほど、家族の団結の必要なことが強調される。親子、夫婦の関係を中心として家族が強固に結びつき、力をあわせるのでなければ浮世の荒波を乗りきっていくことができないのだ。

同族が大きければ大きいほど、まずその中に含まれる小家族が堅固に結合して健全な一単位を形成してくれなければ困るし、他に身寄りのない貧乏家族ならばなおさらのこと、強固な結合をしなければ生きていくことができない。そしてそういう際に、いつも犠牲は弱い立場の者の上にしわよせされる。親にたいしては子が、夫にたいしては妻が、献身的に奉仕をするように要求されるのであった。そのような規準にかなった男女のために、無数の「孝子伝」や「列女伝」が編纂された。

「国が乱れて忠臣あらわれ、家が貧しくして孝子が出る」ということわざがあるが、後漢以来の世相がまったくそれであった。古代にも孝子がいたが、それは伝説上の聖王、舜《しゅん》が畑をたがやしていると、ゾウが出てきて牙で耕作を助けた、というように、おおらかな話が多い。ところが後漢以後になると、身をきられるような、いたましい貧乏話になる。「二十四孝」のひとりとして日本にも知られている後漢の郭巨《かくきょ》は、老母を養いかねているところへ子どもが生まれた。老母はこの孫をかわいがって、自分の食をへらして食べさせた。そこで夫婦で相談し、これでは老母が栄養不良でたおれるにちがいない。子どもはいつかまたできることがあるだろうが、親が死ねばもうそれっきりだ。しかたがないからこの子をなきものにしようではないか、と意見が一致し、地面を掘ってうずめるつもりで三尺ばかり掘ったところで、なにやら光るものを見つけた。それは黄金の釜で、

「天が孝子の郭巨にこれを賜わるぞよ。官吏が知っても取りあげるな。他人も横取りするな」

と書いてあった。

一説によると、郭巨が掘り出したのは釜ではなくて黄金の地金で、釜というのはその重さだという。しかし昔から郭巨の絵には釜の形が描いてある。

つぎは孟宗《もうそう》である。老母が病気にかかって筍《たけのこ》を食いたいといい出した。冬のさいちゅうで筍の出るはずがない。雪の中を竹林の中にはいって、泣きながら探しまわった。すると不思議や、地面からにょきにょきと筍が生えて出た。それをもち帰って食べさせると、母の病気がなおったという。それから、大きな筍の生える竹を孟宗竹とよぶようになった。これも「二十四孝」の中の話である。

「二十四孝」の名は日本でもあまりにも有名であるが、その成立はじつはそんなに古いことでなく、元の時代であるという。日本ではこれをもじって、「二十不孝」という話をつくった。日本では孝行はあたりまえ、そこで不孝者をさがしたら、やっと二〇人みつかっ

たという自慢。

非運に泣く女たち

「列女伝」もまた「孝子伝」と同じように、前漢末の劉向《りゅうきょう》からはじまる。ところで劉向の「列女伝」は概して明るい、ほがらかな話が多いのであるが、『後漢書』の一巻をなす「列女伝」の後半は、家族制度や戦乱による婦人の被害の歴史である。

　その中でももっとも後世まで話題となったのは、後漢の名士蔡邕《さいよう》の女、蔡文姫《さいぶんき》の悲劇である。一度結婚したが夫が死亡し、子もなかったので実家に帰っていたが、後漢末の戦乱にぶつかって遊牧民族に掠奪され、匈奴王の妻となり、二子を生んだ。のちに漢から身代金を支払って贖われて帰り、董祀《とうし》なる者に嫁した。

　文姫は父の学を受けて博学であり、音楽をよくし、文筆に長じた。その半生の流離困苦を叙した五言の長詩は哀調切々たるものがあり、ことにその匈奴王とのあいだに生んだ二子と別れを惜しむ情のせつなさは、千古の絶唱である。

　児前抱我頸　　子らはわたしにとびついて首にぶらさがり
　問我欲何之　　母様、どこへ行かれます
　人言母当去　　もし噂のように、母様が出てゆかれるなら
　豈復有還時　　このまま永のお別れになるでしょう

阿母常仁惻　いつもはあんなに情深い母様が
今更何不慈　急に人が変わられましたか
我尚未成人　まだ幼いわたしらのことを
奈何不顧思　もう一度考えなおしてくださいませ
見此崩五内　これを見れば、胸がはりさけ
恍惚生狂痴　気も心も狂わんばかり
号泣手撫摩　泣きじゃくりながら、ひしとだきしめ
当発復回疑　心を鬼にして立ちあがる

そしてこのような悲惨な情景は、じつに蔡文姫ひとりだけを見舞った特別な運命ではなく、いたるところにくりひろげられた悲劇であったのである。

アメリカのボストン博物館に、宋代の作家の手になると称せられる「蔡文姫帰漢図」という四枚ひとつづきの大作がある。これがいっそう、文姫の名を欧米人のあいだに広める結果をきたした。

ただし蔡文姫のつれて行かれた先が、万里長城外の蒙古の砂漠だと考えられるなら、それはまちがいである。かの女が心ならずも夫とした南匈奴の左賢王《さけんおう》は、長城以南、現在の山西《シャンシー》省内に移住した遊牧民族の部族長であったのである。あるいはこの長詩も後世の仮託ではないかといわれる。

なお注意すべきは、悲劇の主役をつとめた「列女伝」の中の女性ばかりでなく、他のばあい、たとえば模範青年の登場する教育美談のかげにも、女性の被害者がかず知れず存在したことである。「二十四孝」の中に後漢の丁蘭《ていらん》の話が出てくるが、かれは若くして父母を失ったので、木を刻して像をつくり、生ける人につかえるように孝養をつくした。その妻があるとき、どんな気がしたか、針でその像をつつくと血が流れ出した。丁蘭は帰ってきてそれを見て大いに怒り、号泣して妻を追い出した。

いったい父母をしたうのあまり木像を刻んでそれにつかえるなどということは、儒教の礼にもたえていわないことであり、ものずききわまる行為であるが、そのために夫婦が別離せねばならぬとは、笑えない悲劇である。そしてこのように妻をそまつに扱うことが豪傑である証拠と見られて、それによって出世の緒をつかむ機会にもなるのであった。当時のあまりにも苛烈な生活苦がここまで人倫関係をゆがめてしまったのである。そしてそれがそのままながいあいだ、民国初年の思想革命に至るまで二〇〇〇年近くも中国庶民を苦しめてきたのであった。

悲観論の系譜

このような社会を背景とした文学も思想も、前代とはうって変わって、陰鬱な哀調をおびた悲観論が主流となる。

古く春秋戦国の時代は、後世から戦乱のたえない乱世のように見なされるにかかわらず、その精神活動は意想外にたくましく、はつらつとして生気にあふれていた。その傾向は前漢までつづき、悲観論、泣虫の代表のようにいわれる賈誼《かぎ》でさえ、根柢には確固たる自信をもって、事態改善の可能性を疑っていない。しかるに後漢のおわりに近づくにしたがって、絶望的な悲観論が登場する。

蔡文姫の父の蔡邕《さいよう》とならび称せられた同時代の文人、孔融《こうゆう》に、愛児の死を悲しんだ五言詩がある。

褰裳上墟邱　　裾をはしおって墓のそばへきたが
但見蒿与薇　　ただ雑草の生い茂るばかり
白骨帰黄泉　　白骨だけはこの下にあるが
肌体乗塵飛　　あのやわらかな肌はどこへいった
生時不識父　　父の顔をまだ見さかいさえなかったおまえは
死後知我誰　　極楽で会っても知らぬ顔で通り過ぎようぞ
…………　　…………
俛仰内傷心　　いたたまれぬかなしみに
不覚涙沾衣　　いつのまにか袖は涙にぬれひたり
人生自有命　　これが運命というものか

但恨生日希　人生はなんとはかないものぞ

かれの心情は愛児の死をつうじて、人生そのものの悲哀にまで到達している。それは甘い感傷ではなくて、救いのない絶望的な悲しみに落ちこんでいるのである。

同じことは当時の思想界についてもいえる。後漢時代の悲観論は王充《おうじゅう》からはじまって王符《おうふ》が受けつぎ、仲長統《ちゅうちょうとう》に至って頂点に達した観がある。仲長統は仲長までが姓、統がその名である。『昌言《しょうげん》』三四篇を著わしたが、いまはそのごく一部分しか残っていない。これを見ると、単に当時の世相に絶望したのみならず、歴史全体を苦悩罪悪の連続だと見る悲観史論である。

いったい乱世はながくして太平の世はみじかいものだ。乱世には小人どもがのさばって君子が生きてゆけぬ。春秋の時がすでに乱世といわれたが、戦国はもっとひどい。下って秦の時代はいっそうはなはだしい。漢と楚の争いのときなどは戦国の比ではなかった。その漢も二〇〇年で王莽の乱におちいった。その際に死滅した人間の数は秦や項羽の際のそれに倍するであろう。それから今度の後漢末の大乱である。大きな城の中は人民が絶滅して、もぬけの空となり、一〇〇里のあいだ、人影を見ない土地が国内いたるところにできた。これは王莽の際より、さらにいちだんとひどいものだ。悲しいかな。五〇〇年未満のあいだに人民は三度の大難をこうむったのだ。その他の中間の騒乱はなおこの数の外にある。このままでいけば、やがて人類が滅亡してしまうほかないのであろう。将来聖人がまたあらわれてきても、果たしてこの世の立てなおしができるかどうだろうか。

ここにも救いのない絶望感が見られる。なんらかの対策を考えてはみるのだが、そこにはまったく自信がない。聖人の出現を待望するが、それすら信頼できかねる、というのである。しょせんこの世の中は行きつくところまで落ちこんでみるがいい。そこにあるいは新しい救いがあらわれぬともかぎらぬといったふうの口調なのだ。

濁流、清流を呑む

仲長統の悲観論を深めたひとつの理由に、当時しだいに激化してきた朝廷をめぐる権力闘争がある。かれはこれを君子と小人の対立、清と濁との争いと見た。

当時官吏の地位が、しだいに特定の家族による世襲、独占の傾向となっていたことは前にのべたとおりであるが、これはいいかえれば、貴族の成立、かれらによる官吏地位の私物化である。もっともかれらも表面的には官吏選任の法則にしたがって、まず学問をし、長官の推薦を受け、審査、任命という手続きをふむが、その過程においてたえず手心を加えられるのであるから、けっして公平な選任とはいいがたく、結局は官吏たる地位の私物化にほかならぬのである。

こういう硬直化現象が成立した以上、ここに選任の常道によらないで、裏口の運動をす

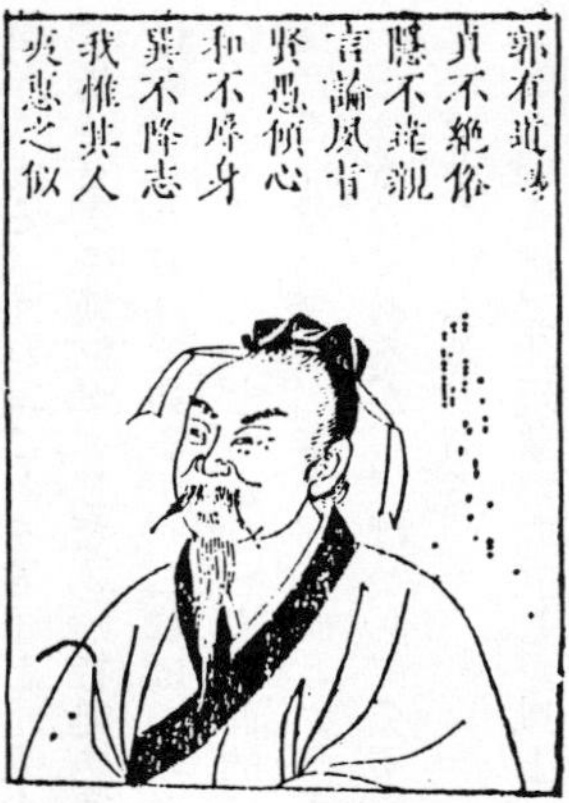

郭泰（明版『集古像賛』）

る者があらわれたとしても、あやしむにたらない。そこで賄賂や個人的因縁によってする猟官運動がさかんになってきたが、その背景をなす勢力は外戚と宦官であって、いずれも偶然の機会によって天子の側近たる地位を獲得した者である。

　こういう勢力は、正規の過程を堂々と進んだと自負する清流貴族グループから見れば、けがらわしい濁流であり、事を共にするにたりない小人どもだ、ということになる。ここに清濁の争いが激しくなったが、一時濁流の勢力が勝って反対派を弾圧したのが、いわゆる党錮《とうこ》の禁《きん》である（一六六年）。濁流に反対した名士たちは、官位につく権利を停止されて追放を受けたのであった。

　後世の史家は、一も二もなくこの争いには清流の側にたち、反対派を濁流、小人と非難するのであるが、仔細に観察すると、いわゆる清流の側にも議すべき点が少なくない。まずこの争いは、いつの党派争いでもまぬがれぬ傾向ではあるが、権力闘争の面ばかりが強く表に出て、政策上の争点がほとんど見られない。当時朝廷の財政は破綻に瀕し、異民族勢力台頭の危険が予測されていたにもかかわらず、これらの急務はいっこうに論議の対象になっていないのである。

天子が財政難のために、空前の売官制度をはじめても、ただそれを皮肉な嘲罵で見送るだけではなんの救いにもならない。だから常識派の名士、郭泰《かくたい》のごときは、けっして過激な運動に加わらない。ただ漢王朝の行末を案じて、

「漢政府はもうだめだ。幸福の鳥は今度はだれの家にきてとまることやら」

といって嘆くばかりであった。

人民蜂起

中央政府の要人らは権力闘争に明け暮れし、地方政府にはそれぞれの小貴族が成立してポストを独占し、吏の権力を笠にきて地方の自治に圧迫を加えると、ここに哀れなのは無力な人民である。これまであった地方小都市の市民的きずながたちきられ、都市そのものが崩壊に瀕する。頼むものはなにもなくなる。

それはちょうどローマ帝国の末期のような状態である。人民は中央政府にも地方自治にも望みを失って、新たなる自衛の方法を模索しはじめたのだ。ローマ帝国においては、ちょうどそこへ東方からキリスト教が流れこんだ。同じように東方の漢帝国には西方から仏教がはいってきた。ふたつの宗教は、いずれも文化のもっとも古く発達した西アジア文化圏に成長して、高度の社会性を有する点において共通している。

ただし仏教がそのまま中国の社会に受容され理解されるには、まだ機が熟していなかった。ことに最初に輸入されたのは、生活様式を規定した律のおきてを尊重する小乗教であった。熱帯インドの生活様式をそのまま温帯の中国に実行するには抵抗が強かったことは当然想像されうる。

そこで、仏教教団の相互扶助の方法だけを模倣した新しい宗教団体が発生したが、その信仰は、古来中国の土俗神崇拝と仏教教義の混合癒着したものであった。政府の悪政に疲弊し、栄養不良によって疫病の流行におののいていた民衆は、争ってこの新興宗教にとびついたのであった。

現今の河北省内、鉅鹿《きょろく》に本拠をかまえた張角《ちょうかく》は、弟の張宝《ちょうほう》らとともに太平道なる新宗教を興し、病気にかかっても医者や薬はいらぬ、お札を焼いて水にいれてのめばたちどころになおると唱えて人民を惑わした。

この相互扶助の教団は、急激に膨脹して、信者の数が数十万人にも達すると、各地に支部をおき、軍隊組織を模して階級を設け、三六の方《ほう》に編成した。方というのは将軍に相当する。あまりにその勢力が大きくなると、必然的に国家の秩序と衝突するようになる。張角は意を決して、甲子《きのえね》の歳（一八四年）には革命が起こるが、現在の蒼天《そうてん》が滅びて土徳《どとく》の黄天がかわるぞと宣伝し、三六方としめしあわせて同じ日に兵をあげた。その徒はみな黄《こう》巾《きん》をつけて、同志の目じるしとした。これが黄巾の乱である。

朝廷は大いにおどろいて軍をさしむけて討伐に従事するいっぽう、地方の義勇軍を募って協力を求めた。しかしそのためには党錮《とうこ》の令を撤廃し、地方豪族の歓心を買う必要があった。そこで多くの同族、隷民を擁する有力者の中には、すすんで政府軍に加わり、黄巾の討伐に助力する者が少なくなかった。

黄巾の指導者張角は、まもなく戦死し、その党派も政府軍に打撃をあたえられたので、その組織が一時崩壊し、地下に潜行せざるをえなくなった。そこでふたたび治安が回復されたが、回復されなかったのは政府の威信であった。黄巾討伐にあたって自己の実力を自覚した豪族らは、朝廷貴族の無能なのを看破して、もはや腐敗した官僚の頤使《いし》にあまんじなくなったからである。

混乱の幕ひらく

このような危機を自覚せず、朝廷はいぜんとして権力闘争のくりひろげられる場に使われた。暗愚な天子、霊帝の死後、後嗣の弘農王が無能なのに乗じ、外戚の何《か》氏と宦官とのあいだに決裂が起こった。宦官らは、武装して何《か》皇太后の兄、何進《かしん》を殺した。すると、首都洛陽付近の警察をつかさどる司隷校尉《しれいこうい》の袁紹《えんしょう》は兵を指揮して宮中にはいり、宦官二千余人を皆殺しにした。

はじめ何進は宦官勢力を弾圧するにしても、専権のそしりをまぬがれるため、地方の将軍と協議すると称して、都に召集した。袁紹のクーデターののち、諸将が兵をひきいて集まってきたが、その中では董卓《とうたく》がもっとも強盛であった。董卓は西方のチベット国境に駐在してその部下に羌族《きょうぞく》の軍隊をもっていたうえに、別に山西《シャンシー》省の匈奴軍隊を指揮する猛将の呂布《りょふ》を新たに部下に加えたからである。この方面の騎兵部隊は、その勇敢さにおいて漢族出身の正規兵をはるかにしのいでいたのであった。

董卓はこの機会に自己の権力を確立しようとし、諸将を集めて廃立を議し、弘農王を廃してその弟を立てたが、これが後漢の最後の天子、献帝《けんてい》である。この董卓の専横に不平な諸将は、のがれてそれぞれの根拠地に帰り、兵を起こして連合し、董卓を洛陽に囲んで攻めた。董卓も衆寡敵せず、洛陽の町を焼きはらい、天子を擁して西のかた長安に遷都した。かの蔡文姫が匈奴兵に掠奪されたのは、おそらくこの際のことであろう。

後漢の末、衰えたりとはいえ朝廷の惰性的な支配をつづけさせてきたのは、貴族的な官僚群の力であった。しかるに今や朝廷の権力が軍閥の手によって掌握されたのである。後漢の王朝は、実質的にはこのとき滅びたといってよい。そしてこれと同時に、すでにはじまっていた暗い谷間の時代が、急転直下、滅亡の淵へむかって進む速度を早めていくのである。

天下三分

乱世の梟雄

三国という時代は形式的には、後漢が滅びて（二二〇年）魏、呉、蜀の三独立国が成立してから以後のことであるが、実質的にはもっと前からすでに存在していたのである。有名な小説『三国志演義』でも、もっともおもしろいのは三国ができあがるまでの流動期における英雄が活躍する部分である。

曹操（慶長版『歴代君臣図像』）

三国の中で主役を演ずるのは、世人の愛憎に反して、憎まれ役にあてられた魏の曹操《そうそう》（一五五～二二〇）である。曹操の家系はあまりあきらかでない。ということは、けっして名だたる貴族の出ではなく、むしろ土豪的な存在であることを意味する。当時有名な人物評論家があり、曹操を評して、

「太平な世なら能吏、乱世なら油断ならぬ曲者」

ときめつけた。これを聞いた曹操は、かえって大いに満足したということである。黄巾の乱のときに義勇兵を起こして大いにその才能を認められた。

董卓の乱は漢に帰服した長城外の遊牧民族が自己の力量を自覚して、反中国態度をあきらかにした第一歩といえる。その部下の精鋭はチベット系や匈奴系の騎馬部隊であり、董卓自身もあるいは異民族出身かと思われるふしがある。これに似たことはローマ帝国末期にも起こっている。ゲルマン傭兵隊長が皇帝の位についたことがそれである。

董卓は長安で呂布に殺され、その部下はチベット系と匈奴系とに分離して争ったが、これらはいずれも曹操のために併合された。曹操の軍隊は最初は同族や隷農《れいのう》を中心に結合した郷党的な集団であり、黄巾を討伐するとその衆を降して強大となり、いままた異民族部隊を加えたので当時における最強の軍閥集団となった。

曹操は機略縦横、よく部下を心服させ、機をみるに敏であった。献帝が長安を脱出して彷徨したとき、いち早くこれを自己の陣営に迎え、錦の御旗をかざして天下に号令しようとしたのは曹操だけであった。

曹操が土豪的な新興勢力であるに対し、旧勢力を代表してこれと対抗したのは、四世三公の家から出た袁紹であった。かれは河北を根拠地とし、河南の曹操と黄河をはさんで戦いをまじえること連年におよんだが、最後の勝利は曹操の手に帰した。これほど新旧勢力の交代をはっきりと象徴するものはなかった。曹操はやがて魏王に封ぜられ、ここに実質的な魏王朝が成立した。

屯田政策

後漢政権が倒壊するにいたった主要な原因のひとつに財産の困難があげられる。それは郷《きょう》、亭《てい》と名づけられる農業都市の人民が公課の負担にたえきれなくなって逃亡し、個人の荘園にかくまわれてその隷民、客となる者が多くなった結果から生じた。つまり政府はその人民を荘園にうばわれてしまったのである。

董卓の乱以後、地方に群雄が割拠して抗争しあったが、後漢の悪政のあとにできたこれら割拠政府の財政が急に豊富になるはずはなかった。これらの地方政権は、その支持者が土豪層であるので、大土地所有者に重い税をかければ、かれらはすぐ離反してしまう危険があるので、きわめて慎重な態度をとらざるをえなかった。

中央の要地を領有し、名目的にもせよ後漢政府を擁している曹操の立場はもっとも困難であった。天下の中心に位置するだけに、四方を強豪に囲まれているわけで、軍備を一日もおろそかにすることはできない。しかも軍備というものは、いつの世においてももっとも金を食う非生産的なものである。しかもその土地は戦乱を経て荒れはてているし、人民は離散し、生産は減退している。これでは財源を捻出しようにも手段がないわけだ。

そこで案出されたのが屯田《とんでん》という新政策である。これは天子みずからが豪族のやり方をまねて荘園をもつことを意味する。

まず戦乱で荒廃し、無主となった土地を収めて政府の管理する田とし、そこに貧民を召集して耕作させる。地代はすこぶる重く五割を官に納める。もし政府から耕牛を借りて使用した者は、六割を納めなければならない。おそらくこれは土豪の荘園のやり方をそのまま用いたのであろう(一九六年)。いっぽう貧民がよろこんで屯田に収容されたのは、地代は高いが現物納であって、無理に銅銭を強要されなかったためであろう。

魏の財政はもっぱら屯田に依存した。これと似たことはヨーロッパ中世でも行なわれた。たとえばカール大帝のフランク王国においても、王朝の歳入はその荘園に源泉を仰いだのであった。曹操が強敵の袁紹を破ったのも、屯田政策の成功により、食糧が豊かであったためである。戦乱の際には食糧こそ何物にもかえがたい宝であったわけだ。

曹操は袁氏を倒すと、それにしたがっていた軍隊を無慈悲にも殺戮した。その数は何万というほどにのぼったという。食糧が不足がちな乱世に、軍隊があまり多すぎては困るのだ。さればといって、一度軍隊生活の味をおぼえたものを帰農させても、すぐ土地を離れて、ならず者になりたがるから治安の害になる。そこで勝者の権利を行使して殺してしまうほうが、さっぱりするのであった。恐ろしいやり方もあったものだが、それだけ容易ならぬ世の中になっていたのであった。

前線の基地で大軍が駐屯するところには、軍人に屯田させた。非生産的な軍隊の余力をいくらかでも生産にふりむけて、中央から供給する食糧の額をへらそうという計算である。屯田という方法は漢王朝の下でもときどき行なわれたが、前代においては、それは郷、亭という農業都市を強化するためであった。これに反して魏の屯田は村落の形をとった。これも豪族の荘園のやり方そのままをまねたのであろう。

こうして古代都市が崩壊するいっぽう、新たにばらばらの集落がいたるところに発生した。そもそも村という字は古代になかった。村という実体がなかったのである。屯田による村落をはじめは邨《そん》と書いた。のちに同音の村字《そん》をもっぱら用いるようになったのである。古代からつづいてきた都市と、新しくできた村落の並立が中国中世社会の特色である。同じことはヨーロッパ中世についてもいえるであろう。

孫氏の覇業

黄河沿岸に起こった群雄は袁紹をはじめとして、大方曹操のために平定されてしまったが、南方揚子江の流域はかならずしも同様にはいかなかった。それは地形が異なるために、北方で有効な騎兵の活動がその威力を発揮できなかったからである。

揚子江流域は古くから沮洳《そじょ》の地、じめじめとして水たまりのある土地と称せられた。ところがそういう低湿の地は、水はけをよくすればもっとも生産能率の高い肥沃な耕地になるのである。

現在の南京は戦国時代に金陵《きんりょう》と称せられ、湿地の中の丘陵であったが、秦代にクリークを開いて排水を行なってから豊穣な平野となった。この秦淮河《しんわいが》は今も南京市内を流れて揚子江に注いでいる。同様な治水工事は揚子江流域のいたるところで行なわれた。これには豪族による荘園の開発があずかって力あった。

後漢末、現在の杭州の南方、銭塘江《せんとうこう》にのぞんだ地方に孫《そん》氏という土豪が起こった。戦国時代の戦術家、孫子《そんし》の後裔だと称するが、もちろんあてにならない。黄巾の乱が揚子江平野の北部におよんだとき、土豪孫堅《そんけん》（一五六～一九二）は、郷里の青年をひきい政府軍に加わって功を立て、ようやく中央にまでその名を知られるにいたった。さらに董卓の乱に際しては寡兵をもってよく董卓の鋒先《ほこさき》をくじき、大いに勇名を天下にとどろかせた。

その子の孫策《そんさく》（一七五～二〇〇）は雄略おさおさ父に劣らず、領土を開いて揚子江の下流一帯をきりしたがえた。一介の土豪がいかに風雲に際会したにもせよ、自力でこれだけの領土を拡張するにはなみなみならぬ苦心がいったはずである。事実かれはあくまで豪胆であり、戦場に出てはまっさきかけて働いたのであった。この豪放な態度が同時に禍根となった。

北方で曹操が黄河をはさんで袁紹と血戦中、孫策はその留守をねらって曹操の本拠をおそい、後漢の天子を迎えて覇業をなしとげようと大胆きわまる計画をたてた。しかるに秘密裏に軍隊を部署しているあいだに、不幸にも刺客におそわれて重傷を負った。この刺客はかれが前に殺した地方長官の子とその部下とで、孫策が自己の勇をたのんでつねに単騎で外出するのをねらって襲撃したのであった。勇にたおれたというべきであるが、またそのくらいでなければかれのような事業はできなかったのである。

重傷の床で孫策は、急ぎ弟の孫権《そんけん》（一八二～二五二）をよびよせて後事を託した。

「わたしはこれから南方の勇士をひきいて北方に乗り出していちかばちかの大博奕《おおばくち》をしようと思ったが、これはおまえにはできそうもない芸当だからやめるがよい。しかしすでにできあがった領土を保全して、慎重に内部の政治を処理する点については、おまえのほうがわたしよりも適任だ」

といって息をひきとった。年わずかに二六歳であった。当時、かれがきりしたがえた呉国の領土は、北は曹操の魏に接し、西は荊州《けいしゅう》に蟠踞《ばんきょ》していた劉表《りゅうひょう》の政権と境していた。

桃園に結ぶ誓い

乱世には、金持ちも貧乏人も同じように危険にさらされるが、同時に金持ちも貧乏人も同じように雄飛する機会があたえられる。その点からいえば、はなはだ妙味のある時代だといえる。

のちに蜀漢の先主と称せられる劉備《りゅうび》（一六一～二二三）は、現在の北京の西南方に生まれた。前漢の景帝の子で中山王に封ぜられた劉勝《りゅうしょう》の子孫だと称するが、この系図は少しあやしいと思われる。なにしろ景帝のときから、劉備の祖父劉雄《りゅうゆう》のときまで、およそ三〇〇年もへだたっているのである。しかしかれ自身はかたくその系図を信じていたらしい。祖父劉雄はやっと県令までいったが、父の劉弘《りゅうこう》は早く死んだので、孤児になった劉備は、貧乏ではきものを売ったり、蓙《ござ》を織ったりして暮らしを立てていたというから、これは吏と民とのあいだすれすれの階級である。もう少し上流なら、一族の者たちがもっと力になってくれるものなのだ。

かれは同族の好意で、どうやら学問の道に進むことができたが、いつまでもそんな恩を受けることを好まず、俠客の群れに身を投じた。そして相似た境遇の関羽、張飛と相知り、大いに意気投合した。ある日、三人は桃の咲き盛る花園で酒を汲んで義兄弟の契りを結んだ。年齢順に劉備が兄となり、関羽がこれにつぎ、張飛が末であった。

黄巾の乱は劉備に小さな軍閥将領となる機会をあたえた。やがて徐州の刺史《しし》となったとき、董卓の旧部下であった呂布が曹操に追われて徐州に逃げこんできた。劉備がなまじいに義気を起こして呂布を迎えたのがかえって禍となった。眼中に劉備など無い呂布は、徐州をうばってみずからその主人公となったのだ。劉備は曹操の軍を迎えて呂布を討ってこれを生けどり、そのまま曹操の客となった。

劉備は漢の王室の血統を引いているという自信から、曹操の客となりながらも、曹操があまりに漢の天子をないがしろにすることに反感を抱き、宮中でくわだてられた曹操を暗殺しようとする陰謀に荷担した。この計画がもれて一味が検挙されたので、劉備は逃走して河北の袁紹の許に身をよせた。地方に残されていた関羽は、曹操の軍隊に包囲されて捕虜になってしまった。

曹操は関羽の勇を愛して厚く待遇した。しかし関羽は、劉備の落着き先がわかりしだい、劉備のもとに帰るつもりであったが、いっぽう曹操の厚意も無視できない。そこでなにか曹操のためにひと働きして恩義にむくいたのちに自由の身になりたいと考えていた。たまたま曹操と袁紹とのあいだに戦端が開け、袁紹麾下の勇将、顔良《がんりょう》が先鋒となって攻めよせてきたので、関羽は単騎でその本陣をついて顔良を斬った。こののち、関羽は曹操からの下賜品を封じ、おき手紙を残して劉備のもとに走った。劉備は袁紹が将来かならず失敗するであろうと察し、そのもとを辞して南の方、荊州の襄陽《じょうよう》をおさえている劉表のところにおもむいて客となった。

劉表は若いときから貴族の社交界で名を知られた花形のひとりであったが、しかし生存競争の激しい乱世で、臨機応変の才をふるえるような人物ではなかった。

かれは劉備がたよってきたのを迎えて、表面は大いに厚遇したが、これと協同して曹操と天下を争おうなどいう気魄は持ち合わせていなかった。劉備は劉表に勧めて、曹操が袁紹と争っているすきに中原に進出して、その背後をおそう策を進めたがいれられず、快々《おうおう》としてたのしまなかった。

諸葛亮孔明

劉備は比較的下層の出身なので、その部下には関羽、張飛、趙雲《ちょううん》のような勇将はあるが、貴族界に顔のきく参謀がない。当時地方に割拠した群雄のもとには、いずれもかつて貴族社会で文才をもって知られた名士が抱えられて参謀となっていた。表面はまったく軍閥の実力競争の世界になってしまったようにみえても、日本の戦国時代とはちがい、貴族的名士が重んぜられて情報の収集や、外交上の裏口取り引きにあたっていたのである。

そこで劉備は、しきりにそのような任にたえる人才を探し求めていたのであるが、襄陽の郊外に諸葛亮《しょかつりょう》（一八一～二三四）という名士が隠れ住んでいることを聞きつけた。

諸葛亮、字《あざな》は孔明、本籍は山東《シャントン》省膠州湾の西南海岸の琅邪《ろうや》である。その家柄は超特級ではないが、貴族社会において一流で通れる格式である。いつの世でもそうだが、超特級の家からは超特級の人才はなかなか出ないものだ。孔明の家格は超特級の人物を出す可能性の範囲内にある一流だと思えばよい。

孔明の兄、諸葛瑾《しょかつきん》は孫権につかえ、族弟の諸葛誕《しょかつたん》は曹操に抱えられていたが、孔明だけは荊州の田舎にひきこもっていた。あるいはこのように一族が各地にわかれわかれになって住んだのは、危険を分散しようという意識的な配慮によってかも知れない。

連坐ということがきびしく行なわれる世であったから、一族がひとかたまりになっていると、運わるくなにかのまきぞえになったとき、一網打尽に殺されて根だやしにあうことがよくある。それでは祖先にたいして相済まぬので、別々に離れて暮らすことは、戦乱の中国でめずらしからぬ自衛策なのである。同時にそれは、たがいに便宜をはかりあう相互扶助のうえでも有効な方法なのであった。

劉備が孔明の隠居している田舎を訪ねてあうことができず、三度も訪ねていって、やっと出廬《しゅつろ》を承諾させたことは有名な逸話となっている。当時劉備は、若干の旧部下の精鋭をひきつれていたとはいうものの、尺寸の領土をも持たぬ客将であったから、果たして将来がどんなに開けていくか、なんぴとにも予想できなかったときである。そういう身分でいて、一流の名士孔明を引き出して部下に加えたのであるから、劉備は、やはりどこか不思議な魅力をそなえた人物であったにちがいない。

孔明は劉備に勧めて、適当な根拠地を探す必要があるといって、蜀を取るの策を示したというが、それよりもさらに緊急な問題が目睫の間に迫ってきた。それはすでに袁紹を打倒して黄河流域の平定をおわった曹操が、揚子江方面に進出する第一着手として、荊州をめざして兵を進めてきたからである。

決断のときいたる

折も折、劉表は仲のわるいふたりの息子、劉琦《りゅうき》と劉琮《りゅうそう》とを残して病死した。父の手許にとどまっていた次子の劉琮は、風を望んで曹操の軍門に降った。もっとも曹操は漢の天子を奉じて錦の御旗を擁してきたのであってみれば、これが当然の態度だともいえるのである。

しかし曹操とすでに仇敵の関係にたった劉備にはそれができない。かれは劉表の長子、劉琦と同盟して曹操の南下を防禦し、荊州を保全しようとした。孔明は劉備に勧めて、呉の孫権に援助を求めさせ、みずから進んで呉に使いする役目を引き受けた。

時に呉では孫権が一九歳で兄孫策のあとをついでからのち八年目である。孔明が呉についてみると、ここでも上下をあげて、てんやわんやの大騒動の最中であった。それは曹操から孫権にあてて降伏を勧誘する手紙が届いていたからで、それも多分に脅迫的なことばですごみをきかせていたのである。

わが輩はいま漢皇帝の命を奉じて荊州を平定したが、事のついでに水陸の軍八〇万人をひきいて呉にむかい、将軍と会見したいが、いっしょに狩猟でもしてたのしもうではござらぬか。

という意味である。

なにぶんにも漢の天子を奉じている曹操には、大義名分がそなわっている。そのうえに荊州の中心を平定した戦勝の余威に乗じているし、また新たに荊州の水軍を手に収めてしまったのだ。そこで呉の国論は二分して、曹操を迎えて降伏しようという派と、防禦して呉の独立を維持しようという派とが議論を戦わしているのであった。

迎降和平論には張昭《ちょうしょう》らをはじめとし、貴族派の文人官僚が多いのは、かれらは大義名分論の前には弱いからである。そのうえに、かれら自身はその身分がいわば国際的な価値をもっているようなもので、もし呉国が崩壊してもたいして痛痒を感じない。別の政権の下でも、貴族社会へ仲間入りして従来の社会的地位を失わずにすむという安心感がある。

ところが周瑜《しゅうゆ》を筆頭とする土豪的な将軍たちは、おおむね主戦論に傾く。かれらは孫氏政権の下で働き、戦功によって現在の地位を獲得した者たちである。かれらは呉国があってこそ、その功臣だといっていばっていられる。呉がなくなればかれらの地盤もなくなるのだ。そして土豪的勢力から成りあがった孫氏の立場は、まさにこれら武将連と共通なものがある。

孔明はもっぱらそうした観点から孫権を説いて決断を勧めた。

「曹操は、表面上は漢の王室を戴くと称しながら、その専横不臣のあとをみると、まさに漢賊であります。いまや同時に興起した群雄は、ことごとく曹操のために平定されて、ただ孫氏と劉備を残すのみとなりました。まだ劉備が立ちなおる力をもっているあいだに、これを助けて曹操の南下を防がなければ、あとでどんなに後悔してもおよばなくなるでしょう。一度降参してしまえば、あとは一片の辞令で片づけられるのがおちでしょう。いまの瞬間こそ、決断のときです」

用心深い孫権も、武将たちの主張や孔明の勧告にしたがって、ついに断乎として曹操と戦う決心をした。そして主戦論者の周瑜に水軍を授けて揚子江をさかのぼり、陣容のたてなおしをはかっている劉備の軍と合体して、曹操の軍を迎撃させた。

赤壁の大決戦

両軍は現在の武漢市の西南方、嘉魚《かぎょ》県の赤壁《せきへき》のあたりで揚子江をはさんで対陣した。揚子江は海のように広く、湾曲したり入り江があったりするから、たがいに相手の所在をつきとめなければならない。そこで諜報戦がまず行なわれる。呉軍の部将黄蓋《こうがい》はいつわって曹操に降伏を申し入れ、じつは船一〇艘に枯草などの可燃物をつんで、本軍から離れて北軍の陣営にむかって漕ぎつけた。

北軍の兵士は南方から投降の部隊があると聞いて、みな船舷に立って望見していると、間近まで迫った一〇艘の船ははるかに火を発し、黒煙をあげて北軍の船隊の中へつっこんできた。しかもあつらえむきのむかい風である。北軍は大混乱におちいり、江上の軍船はみな焼けて沈没し、そこへ南軍の本隊が攻撃をかけてきたのでさんざんに打ち破られ、陸上軍までが闘志を失って総くずれとなった。曹操も命からがら本国へ引きあげた（二〇八年）。

この赤壁の戦いが行なわれた地点は、前述のように嘉魚県の赤壁であるが、後世誤ってこれを武漢市の東南、蒲圻《ほき》県にある赤壁だと考えるようになり、宋の詩人蘇東坡《そとうば》などもそこに遊んで有名な「赤壁の賦」をつくった。しかしそれでは歴史の事実とあわない。曹操は逃げるときに、嘉魚県の北の華容《かよう》道を通っているからである。

劉備の軍中でこの戦いの殊勲第一は、なんといっても孔明である。関羽や張飛などが、どんなに勇敢であっても、呉に使いに行って孫権を説きふせるような芸当はできない。学問的な教養からいっても、時勢を察する見識からいっても、また生まれながらの門閥からいっても、孔明のような人物にしてはじめてできることであったのだ。これからのち、孔明の軍師としての地位が確立し、劉備自身もその下の武将たちも、心から孔明を信頼するようになった。

赤壁の戦い後、荊州は自然に劉備の手にはいった。だいたい現在の湖北《フーペイ》、湖南《フーナン》二省の地である。しかしこの地方はまだ開発が進んでおらず、生産も低調で、そのうえに地形的に四方に対して無防備である。孔明は前から安全な根拠地として西方の蜀《しょく》、当時益州《えきしゅう》とよばれていた地方を手に入れたいと考えていたが、その機会は意外に早くきた。そして孔明はふたたび外交官として辣腕《らつわん》をふるう舞台に登場するのである。

劉備

そのころ益州には劉璋《りゅうしょう》の独立政権が割拠していた。この家は漢の王室の一支派で、父の劉焉《りゅうえん》が群雄にさきがけて、割拠に適当な土地を探し、うまく益州の牧《ぼく》という地位にありつき、そのままここにいすわったのであった。

幸い中原の動乱はこの地方に波及せず、偸安《とうあん》の夢をむさぼることができたが、子の劉璋がつぐと、北方を討平した曹操の圧力が、この遠隔の地にもひしひしと感ぜられるようになった。ところが本人の劉璋は暗弱で、こういう際にうつべき手を知らない。そこでまず動き出したのが、危機に鋭敏な文人官僚派である。

益州の社会を混乱におとしいれないためには、まず曹操を迎えて受け入れ、劉璋政権を売り渡す手が考えられる。ところがそうするとあとで中央から一流の貴族たちが官吏となって乗りこんできて、これまで鳥なき里の蝙蝠《こうもり》のようにいばっていた官僚たちは、たちまち田舎侍だとけおとされて、三流四流の地位よりほかはつけなくなる。それでは困るのだ。

そこで第二案として検討されたのが、劉備を迎えて劉璋と交替させ、その武力によって益州の独立を維持することである。そうすれば、従来の官僚はそのまま土着貴族たる地位を保っていくことができる。そこで益州の文人官僚、法正、張松らがひそかに荊州と連絡をとりはじめた。こういう裏面の取り引きには、荊州では当然孔明がその衝にあたっていたことはいうまでもない。

しかし益州でも武将たちは単純で正直であるから、このような陰謀にはめったに賛成しないことは目に見えている。そこで文人官僚たちは機会の到来を待ちうけていると、あたかもよし、北方からする曹操の圧力がにわかに現実化してきた。

曹操が中原を平定するあいだ、陝西《シェンシー》地方には軍閥が割拠して抗争していたが、ここに至って曹操は、これら軍閥がたがいに疲弊したのに乗じ、いっきょに陝西地方を討平してしまった。その南には張魯《ちょうろ》という黄巾の余党の独立した政権があるが弱体であって、とうてい曹操に対抗できるような力はない。そのすぐ南は益州の境界なのである。

　そこで益州の文官らは劉璋に勧め、劉備の兵を借りて国境に駐屯させ、これによって曹操の侵入を防ぎとめようと献策した。劉璋は不用意にもうかとそのはかりごとにのって、法正を荊州に使いに出したので、劉備は渡りに船と、数万の兵をひきいて益州に乗りこんできた。人物を秤にかけたなら、劉備と劉璋では問題に

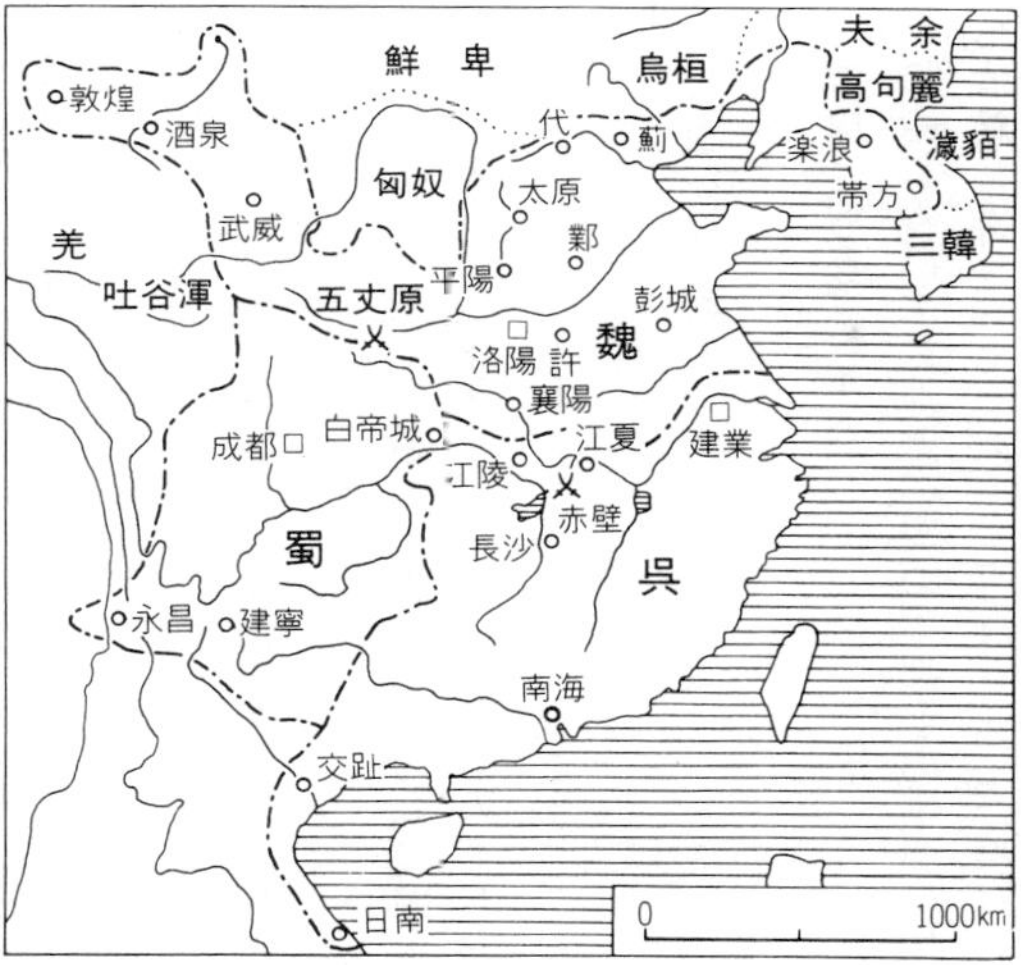

三国の分立図

ならない。結局劉璋は廂《ひさし》を貸して母屋を取られたことになり、劉備がかわって益州の長官、牧《ぼく》と名のり、成都を根拠地とした。

孔明は軍師将軍に任ぜられ、新領土の統治に精力を傾注した。劉備らはいわば外来者であるから、土着の貴族、豪族とのあいだの利害関係をいかに調節するかが孔明の苦心の焦点である。

土着人はすでに家族、一門として既得の権利をもっており、これは歴史的に公認されたことであるから尊重してやらねばならぬ。しかし同時に、個人の才能を無視しては不平が鬱積するであろうし、だいいち有能な働き手がえられない。こういう際には孔明の公平無私な心境とともに、中原一流の名族であるという国際性が大いにものをいったのであろうことも想像に難くない。

曹操、蜀を望まず

陝西省の渭水《いすい》盆地と、蜀の平地との中間に位する漢中の地方によった張魯の政権は、はなはだ特異なものであった。はじめ張道陵《ちょうどうりょう》（張陵）なる者がこの地方により、かの黄巾の張角と相似たる新宗教をはじめて大いに信者を獲得した。

その教えにはいる者は入信料として五斗の米を納めさせるので五斗米道《ごとべいどう》と称せられた。信徒には『老子道徳経』を読ませ、療病、不老長生の術を授けた。孫の張魯のときになって、地方長官を追って宗教王国を建設し、道路のかたわらに無料の宿泊所を建てて旅行者の便に供するなど、社会事業を行なうに至った。これが後世中国全体に広く行なわれるようになった道教の起源と考えられる。

曹操は陝西地方を平定すると、険阻《けんそ》を越えて漢中地方に兵を進めた。もとより張魯は曹操の敵でない。敗れて本拠を逃げ出す際に、倉庫の蓄積を残らず焼きはらって去ろうという部下の言をしりぞけて、封をほどこしてそのまま残して逃げた。宝貨や糧食は支配者のものではなくて、人民のものだという従来の主張をそのまま行なったのである。入城してきた曹操はその心がけに感心して、ていねいな態度で降伏を勧め、張魯とその側近者に爵をあたえて優遇した。

曹操の参謀の司馬懿《しばい》は、この戦勝の威に乗じて蜀の本部へ攻めこもうと建議した。当時劉備の政権はまだできたてで基礎が固まっていないから、ここでなぐりこみをかければたちまち瓦解してしまうだろうというのである。しかし曹操は躊躇《ちゅうちょ》した。

「人間はある点で立ちどまることが必要だ。あに隴《ろう》を得て蜀を望まんや」

といって、部将を配置しただけで引きかえした。このことばは前に後漢の光武帝がいったのを、曹操がそのままくりかえしたものである。

曹操の漢中地方平定は、蜀の劉備にとっては重大関心事である。しかし曹操がそこから引き上げてしまうと、ほっとしたのである。これは曹操方の内部になにかが起こったにちがいないと観測した。

事実曹操はその根拠地の鄴《ぎょう》に帰ると、まもなく洛陽の漢の献帝から使いがきて、魏王の位に封ぜられた。それが実際はみずからのお手盛りであることはいうまでもない。曹操はこれまでにすでに漢の朝廷から反対勢力を駆逐するに大方は成功していた。そのためには献帝の皇后伏《ふく》氏とその出の皇子ふたりを殺し、かわりに自己の女《むすめ》を立てて皇后とするという手荒な手段も辞さなかった。しかしながら漢王朝四〇〇年の伝統はさすがに根強く残っている。いつどんな反対勢力が飛び出してこぬともかぎらないのだ。そこで、自己の地位を名実ともに確立しておく必要に迫られていたのである。

やがて曹操は天子と同じ車や服装を用いることを許された。その子の曹丕《そうひ》は王太子に立てられた。もう漢の天子と違うのは、皇帝という名と王という名の差違だけである。曹操にとって、今は外部に膨脹政策をとるよりも、内部の地固めをすることが優先的だと考えられたのである。

三国の攻防

ところがいちばんおくれて世に出た劉備は、もっと領土がほしい。このまま形勢が固定してしまえば、単なる一地方政権にしかすぎなくなるのだ。

かれは、曹操が漢中に留めておいた大将夏侯淵《かこうえん》が、単に曹操の近親だというだけで案外才能のない人物であるのを見ぬいた。劉備はみずから張飛、趙雲、黄忠などの諸将を督して漢中に兵を進め、大いに魏軍を破って夏侯淵をきった。曹操はおどろいて救援にむかい、劉備と対陣したが、交通不便な土地なので軍糧がつづかない。ついに漢中を放棄して引き上げざるをえなくなった。

新たに漢中を手に入れた劉備は、はなはだ得意であった。それはこの地方が、自分の祖先、漢の高祖の最初の根拠地であったからである。いわば漢王朝の発祥の地に、四百余年をすぎて、漢の子孫である自分が主人公としてのりこんだのである。なんだか漢王朝の復興が予見されたような気がしたのであろう。かれはみずから漢中王の位についた。曹操の魏王に対抗するつもりである。

しかし幸運はそういつまでも劉備のうえに恵まれなかった。呉との国境をなしている荊州において、取り返しのつかぬ不幸な失敗が起こったのである。

劉備が蜀にはいると、呉の孫権は荊州の地の割譲を要求してきた。さきの赤壁の戦いにおける援助の代償の意味である。しかし劉備にとっては、荊州は中原にのり出す際にもっとも短距離な足場である。そこで、すったもんだの交渉のあげく、南部を呉に譲渡し、北部を蜀が保持することで一応の了解に達していた。

劉備が漢中で曹操と対陣していることを知った関羽は、荊州で活動を開始して、魏軍をこの方面に引きつけて劉備の負担を軽くしようとした。かれは荊州の北部、襄陽に残留している魏軍を攻め、主将の于禁《うきん》をいけどり、龐徳《ほうとく》をきるという成功を収めた。

曹操は関羽の猛威に恐れをなしたが、ひそかに計をめぐらし、呉の孫権を誘って関羽の背後をつかしめた。孫権は荊州の全部を入手したい欲望をおさえることができないでいるので、同盟国の蜀が各方面で戦いに勝ち、有卦《うけ》に入っているのを見て、内心いまいましくてならないのである。そこで将軍呂蒙《りょもう》の軍を出動させ、潜行して関羽の根拠地、江陵《こうりょう》をおとしいれた。前線の関羽の部隊は前後に敵を受けて崩壊し、関羽も呉軍にとらえられて殺された。こうして荊州は孫権の手に落ちた。

呉のやり方は、ちょうど太平洋戦争末期、ソビエト・ロシアが中立条約を無視して日本の北方領土を占領したことを思わせるような不誠実な行動であった。

もしこれが兄の孫策であったなら、むしろこの機に乗じて中原に進出し、魏の勢力にゆさぶりをかけてみたであろう。しかし孫権は、正しく兄が観察したように、創業の君ではなく守成の人であった。かれは荊州のほぼ全域を入手し、揚子江《たいえい》の中・下流を領土としたので、安全性は高まったかもしれない。しかし地方政権が退嬰策をとれば、つぎには滅亡が待ちかまえているばかりである。

美髯将軍関羽

劉備のコンビである関羽と張飛は、後世ながくその武勇がたたえられて、「関張の勇」

と称せられた。ことに関羽は、身のたけが壮大で長い髯がうるわしく、よく青竜刀を使った。かつて曹操の許に客となり、袁紹の勇将顔良《がんりょう》を万人環視の下にきりふせて、勇名を天下に轟かせた。

明代に成立した歴史小説、『三国志演義』は、この関羽の武勇談をさらに尾ひれをつけて誇張し、超人的な英雄に仕立てあげている。なかには架空の人物を持ち出して、関羽の敵手として登場させたりしたところがある。董卓にたいして、袁紹、曹操、公孫瓚《こうそんさん》、劉備らの連合軍が戦いをいどんだ折に、関羽もこれに加わって敵将華雄《かゆう》をきるの一段などがそれであるが、その文章がはなはだ生き生きとしていておもしろい。

諸将が天幕の中に集まって評議しているとき、斥候が帰ってきて、敵将、華雄が鉄騎をひきいて陣前におしよせ、戦いをいどんでいます、とつげた。袁紹が、

「だれか行く者はないか」

と呼ぶと、弟の袁術《えんすい》の背後から、驍将《ぎょうしょう》の兪渉《ゆしょう》がおどり出て、

「わたしをやってください」

と願って出て行った。ほとんど入れちがいくらいに斥候が帰ってきて、華雄と手を合

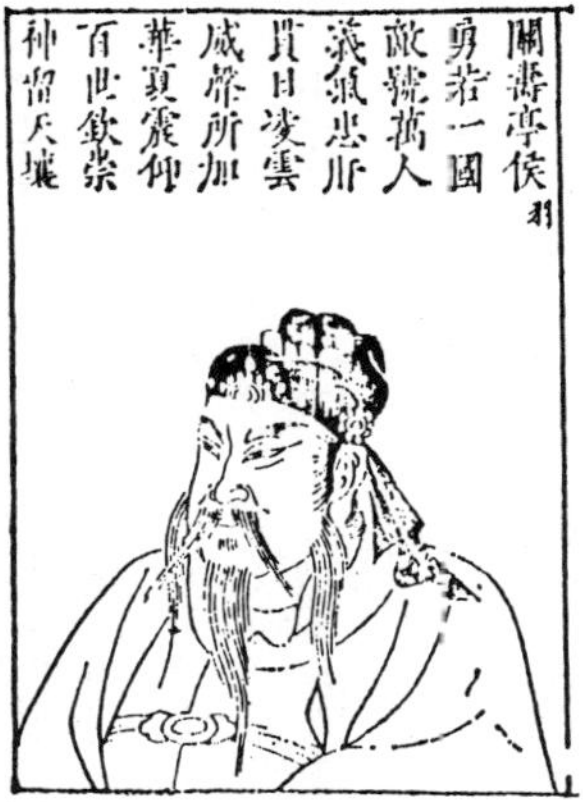

関羽（明版『集古像賛』）

わせること三合にもならぬまに兪将軍は討ちとられました、と報じた。みながびっくりして色を失った。太守の韓馥《かんふく》が、

「わたしの上将、潘鳳《はんほう》をやりましょう」

といって、潘鳳を呼ばせた。潘鳳は手に大斧をひっさげ馬上にまたがって出てゆくさまはいとたのもしげに見えた。あにはからんや、たちまち斥候が帰って、またも潘鳳がきり倒されました、と報告した。一同はがっかりする。

　袁紹は残念そうに、

「わたしの上将に顔良と文醜《ぶんしゅう》とがあるのだが、そのうちひとりでもここにいたなら、こんな後手はひかぬところだのに」

とくやしがる。そのことばがまだおわるかおわらぬかに、はるかに末座の人ごみの中から、ひとりの男が大きな声で、

「わたしが行って華雄の頭をきってごらんに入れましょう」

とどなった。何者かと見れば、身長は九尺、髯の長さは二尺、丹鳳の目、臥蚕の眉毛、顔は俵をふたつ重ねたようで、声は釣り鐘ほど大きい。天幕の入口いっぱいに立ちはだかった。袁紹がわきをむいて、

「あれは何人ぞ」

と聞くと公孫瓚《さん》が、

「劉備の弟分で関羽と申します」

と答える。

「して現在の職名は？」

「劉備の親衛隊の乗馬軍曹です」

聞いていた袁術が声を荒げて、

「人を馬鹿にするな。これだけ諸大将が多く集まっている中で、ほかに人がないとでもいうのか。乗馬軍曹などがなにをたわごとをぬかす。ものども、やつを早く追い出せ」

と叫ぶと、とめにはいったのが曹操だ。さすがに如才がない。

「しばらく待たれい。この仁がこれだけの大言をはくからには、手並みに自信があるからでしょう。ためしに出してやってみてはいかが。そして負けたら軍法を行なっても遅くはないでしょう―」

袁紹は袁紹で、大の体面屋だ。

「さりとて軍曹などを出してやっては、華雄めに物笑いのたねにされはすまいか」

こちらは曹操、そんなことばには耳も傾けず、

「この仁はなかなか堂々としていますぜ。軍曹などにしておく人物ではありませんね」

関羽は関羽で傲然として、

「もし負けて帰ったら、そのとき私の首をきってくだされればいいでしょう」

曹操はすかさず、一杯の熱い酒を汲んで、今や馬上の人となった関羽に勧めると、

「千万かたじけない。その酒は帰ってからゆっくりいただきましょう」

と蹄音高くかけ出して行く。やがて外側で軍鼓の響きがひときわ高くふるうと、大軍の喊声《かんせい》がそれに和して雷のように轟きわたる。天も摧《くだ》け地も崩れ、山が震い崖が潰れるような騒ぎである。諸大将は何事が起こったかと目を見合わせているところへ、馬の鈴音さわやかに関羽が悠然と帰ってきて、華雄の頭をみんなの前にほうり出したものだ。さて預けておいた酒を手にとると、まだ燗《かん》がさめないで、そのままの熱さだった。のちの人がこれを詩につくってたたえた。

威鎮乾坤第一功　威は天地を鎮めるほど第一の功臣だ
轅門画戟響鼕鼕　軍門の画戟《かざりほこ》は響くこと鼕鼕《とうとう》たり
雲長停盞施英勇　関雲長は盃の酒を預けて武術をあらわし
酒尚温時斬華雄　酒の燗がさめぬまに華雄をきったとよ

『三国志演義』はもんくなしにおもしろい。このばあいなども、ちゃんちゃんばらばらをそのままに描写しないで、天幕をへだてて間接に記述しながら、しかも効果は百パーセントである。

また中国は文化が古く、世の中のせちがらいことは明あたりからすでに日本の今日のようになっていて、人間がだんだん卑屈になりさがってきた。大言壮語するのは損だとそろ

ばんをはじくようになったからで、それでは少しもおもしろくない。ところが『三国志演義』中の人物は、好んで大言壮語する。そして大言壮語した以上は、それだけのことをやってみせる。それがまた大衆に受けるのだ。日ごろ社会の下積みにされて、ろくにいうこともいえぬ人たちは、こういう話をきくと胸がすうっとするのである。それにしても、『三国志演義』のここらの小説の作法には、深く味わうべきものがあると思う。

関羽は義気に富み、その死が壮烈であって深く後世の同情を集めた。しかしかれが福神として祭られて広く関帝廟《かんていびょう》がたてられるようになったのは、やはり明代からであると思われる。関帝廟には本尊の関羽のほかに左右に脇侍《わきじ》が合わせ祀られるが、これは関羽と運命を共にしたその子関平《かんぺい》と部将周倉《しゅうそう》とである。

廟の額には「志は春秋に在り」と書いたものが多いが、これは関羽が単なる武人でなく『春秋左氏伝』に通じていたからである。春秋を学んだからには、その中に書いてある大義名分を正すことを理想として生涯、身を粉にして働いたという意味であろう。

騎虎の勢い

曹操はみずから周の文王をもって任じたというから、これは子の代になったら、周の武王のように革命を起こして漢にかわって天子になることを予想したにちがいない。

当時、漢の献帝《けんてい》の政府は洛陽にあり、このほうが名目上の君主であるにかかわらず、その規模はしだいに縮小されて、ほとんどあるか無きかの存在であった。もっとも政治上の権力も全部うばわれて何も残っていなかったのだ。これにたいし、曹操の魏王の政府は黄河を越えた東北方、河南《ホーナン》省北部の鄴にあり、これが曹操の征服した全領土、だいたい黄河の流域を支配していた。

この関係は、あたかも日本の京都における朝廷と、関東における将軍の幕府との対立とはなはだよく似ている。ただし日本では、この対立が対立のままで明治維新までつづいてきたが、革命の国、中国では、曹操が死んで子の曹丕《そうひ》が魏王の位につくと、やがて父の予言のように、漢、魏の革命が禅譲《ぜんじょう》という形をもって実施されることになった。

禅譲とは中国上古の伝説にあるように、天子の位を一家で世襲せず、堯《ぎょう》が舜《しゅん》に位をゆずり、その舜がまた禹《う》に位をゆずったごとく、有徳の人を求めて帝位を相続させる制度をいう。しかし歴史時代にはいってからは前漢末の王莽がこれに似たことをやっただけである。はじめて伝説上の禅譲を現実の政治の上に復活してみせたのは曹丕が最初であり、一度それが行なわれると、後世ながく先例として襲用された。

中国には「騎虎の勢い」というたとえがあるが、あるところまでいったなら、もうそのまま突進するよりほかない境遇をいったものである。曹操のばあい、かれはすでに臣下の分を越えて、あまりにも権力を一身に集めすぎてしまった。子孫の代に、うっかりそれを手ばなせばかえって危くなるところまできてしまったのである。このうえはその実力を制度化して皇帝になってしまったほうが自然だという結論になったのであろう。また、そのくらいに実力があるから、クーデターなどはやらない。平和なあいだに主権の授受を行なうというので、さてこそ中国上代の黄金時代に行なわれた堯舜《ぎょうしゅん》の禅譲をそのまま復活しようと計画が進められたのである。

漢の献帝の建安二五年（二二〇年）、曹操が死ぬと年号が改められて延康《えんこう》元年となった。大臣の死によって改元が行なわれるとは異例なことであった。魏王をついだ曹丕は大軍をひきいて南方にむかったが、これは単に国内で示威運動するためで、故郷の譙《しょう》で地方民を集め、軍隊を合わせて大宴会を催した。

河南省の方へ引きかえして最初の根拠地であった許《きょ》の近くへ着いたとき、洛陽の献帝から使いがきた。天子の位を魏王にゆずりたいという。曹丕はまっぴらだとことわった。するとまた使いがくる。ことわる。またくる。またことわる。もう一度使いがき、魏王の官僚らからもやかましく勧告されるので、四度めにはとうとうことわりきれずに承諾した。なんのことはない。すべてがじつはしくんだ芝居だったのだ。

その場所に壇《だん》をきずいて天子の位につき、天を祀ってお祭りした。ふたたび年号が改まって黄初元年となった。黄色は土の色で、漢の火徳にかわって魏の土徳の世の中がはじまったぞ、という意味である。

無血革命

この禅譲のあとで魏の文帝、曹丕は、

「堯舜の禅譲なんてものも、きっとこんなものだったにちがいない」

と叫んだそうだ。表面はいかにもきれいごとで、実質はなんのことはない、いつも行なわれている簒奪《さんだつ》と少しも変わらないのだ。そこでしばしばその偽善性が指摘される。

確かにその通りで、禅譲ははなはだ陰険な簒奪手段にはちがいないが、しかし同時に、そこにはまたそれなりに実際的な効用が存在することを忘れてはならぬであろう。

革命は結局、力と力との関係で実現するが、武力が衝突するとなると、当事者以外に迷惑する者が多く出てくる。そういう災害をできるだけ少なくし、平和のあいだに主権の譲渡を実行しようというのが禅譲の意図である。だから見ようによっては、これほど堂々とした天下の取り方はほかにないともいえる。だれひとり反対する者がないのを見きわめたうえで、白昼公然と万人環視の中で主権が譲渡されるのである。その点からいえば、近世の共和国制の下に行なわれる大統領選挙にも比較することができる。

平和に主権が交代するから、犠牲者はひとりも出ない。もっとも中国ではこれから以後、力量不十分なものが無理な禅譲を強行したときに、少なからぬ犠牲が生ずるのをまぬがれなかった。それにしても武力の衝突やクーデターのばあいに比較すれば、その数はほとんどういうにたりないのである。

　こういう利点が承認されたためであろうか、以後中国では、禅譲によって帝位にのぼるのが正統たることを証明する条件のように考えられた。ほとんどその必要がないと思われる唐王朝のようなばあいでも、前王朝隋の幼帝を擁立し、形式的にそのゆずりを受けるという煩瑣な形式をふむのである。禅譲が行なわれなくなったのは、まったく社会が変わってしまった宋以後のことである。

　日本のばあい、朝廷と幕府とは二重政府のような外観を呈しながら、その性質がまったく相反したがためにかえってながく共存することができた。朝廷はいわば宗教的存在であり、幕府の将軍はこれを奉戴することによって、かえってわが臣下から忠誠を要求する口実をつくった。幕府が朝廷につかえるごとく、武家は将軍につかえよと教えるのである。人はおのおのその主のためにつくすのが封建制度の骨子である。

　ヨーロッパ中世の封建制が、日本と共通な点の多いこともしばしば指摘される。ここでも法王と国王とが、宗教と俗権とを分掌して共存することができた。カロリング朝は同質なメロビング朝を簒奪する必要があったが、異質な法王庁をば尊崇して利用した。

　ところで中国には日本の朝廷や、ヨーロッパの法王のような宗教的存在がなかった。漢王朝と魏王朝とは同質なるものの二重政府であったから、必然的にそのあいだに禅譲が行なわれねばならなかった。

漢王朝には俗権の上に立つ宗教性というものがなかった。皇帝の上に立つものは、しいていえば天である。ところがこの天は独立して存在することができず、俗権の皇帝と固く結合していて分離できなかった。中国の中世は種々の要素において、はなはだ封建的な特質をあらわしながら、日本やヨーロッパと大いに異なっていたのは、超越的な存在がなかった点に求められる。

一品から九品まで

漢魏の禅譲は、もっと具体的にいえば、洛陽に残存した漢の小朝廷を、鄴にある魏の大朝廷が吸収することを意味する。ところで問題になるのは、いかなる方法によって漢朝廷の官僚を新設の魏朝廷の官僚制の中へ組みいれるかの点である。

ところでぬけめのない魏政府では、ちゃんとその用意を整えておいた。陳群《ちんぐん》なる者の建議による九品官人法《きゅうひんかんじんほう》、すなわち九品により人を官に用いるの法がそれである。

当時の人民は、何人もかならず本籍地で登録されていた。そこで浮草稼業になりやすい官僚といえども、それぞれ本籍をもち何郡何県の人と称した。九品官人法は、まず郡ごとに出身官僚の中から、中正なる官を設け、同郡の官吏の徳行才能を評定させるのである。評点は一品《いっぴん》から九品までにわかつ。これを郷品《きょうひん》と称する。つぎに朝廷の官吏の地位を同様に一品から九品にわける。たとえば三公は一品、大将軍は二品というがごとき類で、これを官品《かんぴん》と称する。

そこで今魏の新朝廷の官僚には、官の品と郷の品とを見くらべながら、両者の合致をめどとして任命することにしたのである。おおむねは従来の魏王政府の官僚が、そのまま新魏皇帝政府の官位へ横すべりしたであろうが、機構の拡大にともなって新人の進出も行なわれたであろうし、旧漢朝廷の官僚からの任用も考慮されなければならなかった。

ここに問題視されたのは旧漢朝廷官僚の再任用である。漢はなんといっても背後に四百余年の古い歴史と伝統をもつので、あくまでも漢に執着し、魏を敵視する者が少なくない。したがって魏の側から見て信頼できるかどうか疑わしく思われる者があったはずである。このさい九品官人法は、終戦後の日本で行なわれた公職資格審査のような意味をも含んでいたと思われるのである。

日本の公職審査が現職の者にたいして行なわれたばかりでなく、新任者にたいしても行なわれたように、九品官人法は現職者にたいして適用をおわったのちもそのまま存続して、新規採用のさいにも大なる役目を果たした。そこで官吏志望者は、まず本籍地の郡の中正の官から、郷品をあたえられねばならなかった。いよいよ任官が実現するさいには、郷品一品の者は初任官が五品、郷品二品の者はまず六品官に、というふうに四段階低い官から初任用されるのが定めであった。

この九品宮人法の元来の趣旨は、家柄にかかわらず、個人の徳行才能を審査して適当な人才を適当な地位に就任させる理想であったが、当時の上流社会の貴族化というとうとうたる大勢におし流され、かえって貴族階級に都合よく運営されることになり、貴族制度の堅固な一支柱となるに至った。隋代に九品官人法が廃止され、したがって郷品は消滅したが、官品制はそのまま後世に伝わり、また日本にも輸入されて正一位、従二位などという位階制となり終戦時まで存続した。

ちなみに九品官人法は宋代以後、普通に九品中正と称せられ、九品中正制度という名の著書や研究も多く発表されたが、本来の名称にしたがって九品官人法と呼ぶほうが適当である。

不吉な前兆

魏の文帝は洛陽にはいってここを都とし、かれに位をゆずった漢の献帝は、魏から山陽公に封ぜられ、比較的優遇されて晩年を送った。

しかるに当時、献帝は禅譲ののちに魏のために殺されたという風聞が立ち、それが蜀へも伝わった。劉備はこのために喪に服し、はるかに諡《おくりな》を孝愍《こうびん》皇帝と奉ったりした。そしてかくなるうえは、漢の血統を引く自分こそ皇位の継承権ありと称し、成都《せいと》において即位式をあげた。ここにおいて中国には、同時に皇帝と称する者がふたりあらわれたことになった。

劉備は成都を都とし、ここに朝廷を設け、諸葛孔明を丞相に任じた。しかしかれが最初に起こした行動は、漢帝を殺したといわれる魏の曹丕を討つことではなく、かえって義兄弟の関羽のために呉を征伐して恨みをはらそうとするにあった。どうもこれは大義名分のうえからいえば、すこし筋違いであるが、しかし現実的な理由が考えられぬでもない。それは荊州はかつて自分が一度領有した土地であり、したがって呉の支配もまだ確立していないはずであるから、荊州を取りもどすならば今のうちだと考えたのであろう。

しかるにかれの出陣にさきだって、はなはだ不吉な前兆があらわれた。もうひとりの義兄弟の張飛が、部下のために暗殺されたのである。張飛は酒癖がわるく、酔うと部下を虐待するので、劉備はつねにそれを戒めておいたのであった。張飛の書記が劉備にたいして至急の親展状を送ってよこしたとき、かれはその封もきらずに、

「こうこう張飛を死なせてしまったか」

といって嘆息した。

張飛は自身に学問がないので、学者や文官政治家を見ると尊敬するが、学問のない武人を軽蔑しがちだったため、ついに部下の軍人に殺されるに至った。これに反し関羽は、みずから学問ができるというのが自慢で、文官政治家を軽蔑し、軍人をたいせつに扱った。そのため戦争には強かったが、文人官僚に裏切られて致命的な失敗を演じたといわれる。

蜀から荊州へ出るには、揚子江沿いに、いわゆる三峡の険の難所を通過せねばならぬ。

さりとて他の通路はいっそう交通に不便で、大軍の輸送など思いもよらぬ。そこで蜀軍はやむをえず、蜿々《えんえん》とした長い隊形で行進せざるをえなかった。そしてやっと谷間から平野へ出て、まだ陣形の整わぬところを、呉将陸遜《りくそん》のために火攻を加えてたたかれたのである。

呉の孫権は赤壁の戦い後、事実上の独立を完成したのであるが、荊州問題で蜀との関係が冷却すると、曹操にたいして低姿勢をとり、使いを送って恭順の意を表している。これは別に屈辱ではなく、曹操が漢の天子を擁している以上、漢朝廷にたいして臣礼をとるのはむしろ当然の態度なのである。ことに関羽を殺害して荊州を占領してからのちは、魏が漢にかわった禅譲の事実をもそのまま承認し、ひきつづき魏にたいして臣下の礼をもってつかえた。これは当然蜀と一戦することがさけられぬことを予想してうった慎重な外交手段である。

いよいよ蜀軍が進攻してきたので、孫権は防禦軍の総指揮官として、まだあまり名を知られていない陸遜《りくそん》を抜擢して任命した。陸氏は江南土着の豪族出身である。かれはよく先輩の老将たちを指揮して、その重任をはずかしめなかった。およそ対等の兵力が衝突するときは、指揮官の年齢の若いほうが勝つのが原則であるという。このばあいはまさにその例にあてはまる。時に劉備は六二歳、陸遜は四〇歳であった。

こうして呉は蜀からの挙国の大軍を撃破して底力を見せたが、ただひとつの弱点は、魏が漢のゆずりを受け、蜀が漢室の血統を引き、それぞれ正統天子を名のるにたいし、呉にはなんら独立のための口実にするものがないことであった。しかし他の二国が皇帝と称し年号を立てるのに、自分のほうは単なる将軍号や地方長官名では見劣りがする。

そこで蜀を破った年、呉でも年号を立てて黄武元年と称した（二二二年）。しかし孫権がいよいよ皇帝と名のり都を現今の南京に定め、建業《けんぎょう》と称したのは、さらに遅れること七年ののちであった。

白帝城に死す

呉軍の反撃を受けて敗北した劉備は、三峡の険をさかのぼった白帝城にとどまって病いを養った。再起の絶望なのを悟ったかれは、諸葛孔明を成都から呼びよせて後事を託した。臨終の劉備にとって重大な心配は、後嗣の劉禅《りゅうぜん》（二〇七～二七一）の頭が少々弱いことにある。

「もし嗣子、輔《たす》くべくんばこれを輔けよ。もしそれ不才ならば、君みずから取るべし」

といったとあるが、これはどうも帝王にふさわしいことばではない。

劉備はおそらく天下の形勢はまだ流動的だと見ているのである。そこで機に乗じて全力を集中すれば、まだ魏の天下をゆり動かして漢を再興することができる。いな再興しなくてはならぬ。その際にもし嗣子の劉禅がおろか者で足手まといになるようなら、君が取ってかわれ、というのである。劉備はいまなお壮年の覇気を失わないで、いぜんとして戦士のひとりのつもりでいる。

孔明は涕泣《ていきゅう》して、死力をつくし劉禅を守り立てることを誓ったが、孔明の辛苦はこのときからいっそう加重される。

関羽、張飛、劉備と、創業の三傑をつぎつぎに失った蜀の陣営はいかにも淋しい。魏や呉においては、先輩が死んでもあとにぞくぞくと新進の人材が目白おしに控えているのだが、蜀では老将の趙雲《ちょううん》がただひとりぽつんと取り残されているくらいなものだ。しかし孔明が劉禅を補佐するためには、関羽や張飛のような気性の荒い将軍はいなくなったほうが無難であったかも知れない。よかれあしかれ、責任をひとりで背負いこめばそれですむからである。ただその心労たるやなみたいていのことではない。

孔明は劉備死後の動揺をさけるために、まず内部を鎮静せねばならなかった。そのためには呉と和睦するのもやむをえなかった。南方の辺境に反乱が起こると、みずから兵をひきいて鎮定にむかった。今の雲南地方であるから、マラリアの猖獗《しょうけつ》をきわめる危険な地方である。反乱討伐は相手を帰服させるためで、懲罰を加えるためではなかったから、できるだけ穏和な手段を用いた。敵将の孟獲《もうかく》を七度とらえて七度はなしてやったなどは、文官の司令官にしてはじめてできることであった。

その遠征軍は、現在の昆明あたりまで到達しているが、あるいはこの遠征のねらいには、いわゆるビルマ・ルートを開発して、南海方面との交通を確保する目的もあったかも知れない。いずれの世においても外国貿易は必要不可欠なものであり、魏は敦煌回廊によって陸上から西域と、呉は海岸から南海を経てインド洋諸国と交通することが自由であったが、蜀はそのいずれをも利用することができなかったからである。

出師の表

遠征から帰ると、孔明の蜀における地位はいよいよ強大なものになっていた。かれはそれまでは単なる文官の宰相にすぎなかったが、いまや兵権を掌握し、武将としてもりっぱな資格のあることを証明してきたからである。しかしその権力が強大であればあるほど、かれは小心であらねばならなかった。こういうさいにはどんな流言が飛んで、それまでの重々の辛苦を一朝にして皆無に帰せしめるかも知れぬからである。

あらぬ疑惑をこうむらぬよう用心するにいちばんいい方法は、先主劉備の遺言をなるべく早く実行にうつすことである。劉備から、

「君の才は魏の曹丕に十倍せり。かならず能く国を安んじ、終《つい》に大事を定めん」

と委託されたときに、

「臣あえて股肱《ここう》の力をつくし、忠貞の節をいたし、これに継ぐに死をもってせざらんや」

と答えたのであるから、蜀の立国の方針はすでにちゃんと定まっている。それは万難を排して魏と雌雄を決することにある。

ところで劉備は当時の天下の大勢はまだ流動的であるとみた。しかし孔明はむしろ、魏と呉との勢力はすでに固定しかけており、この大勢をくつがえすのは容易なことではないという認識にたっている。それにもかかわらず、蜀という田舎にたてこもってながく安逸をむさぼることは、蜀の国是がそれを許さないのだ。ここに孔明のたとえようもない苦心が存する。

蜀が魏と勢力を争うとすれば、その舞台は陝西の方面よりほかにない。孔明にとって幸いなことは、魏の領土の中でももっとも不安定なのはその帰付がもっとも遅かったこの陝西方面なのだ。そしてもとこの地方に潜勢力のあった豪族馬《ば》氏の当主である馬超《ばちょう》が、魏に追われて蜀に亡命してきた。

孔明はおそらくそんな縁故をたどったのであろう、持ち前の外交性を発揮して、天水、安定、南安の三郡に内応させる約束をとりつけた。これを足がかりとして陝西一帯を支配下におけば、東にむかって魏と天下を争うにたりる。まさに四百余年前に漢の高祖が実行して成功した戦略なのである。

孔明が軍をひきいて出征するにあたって、後主劉禅に奉ったのが、かの有名な出師《すいし》の表《ひょう》である。その至誠の情が一字一句にあふれ、古来、この表を読んで泣かざる者は人にあらず、とさえ称せられる。

秋風星落五丈原

魏の側では文帝曹丕がすでに死んで、その子明帝が位にあった。蜀で後主劉禅のような庸君が立ったと聞いて、もはや何事もあるまいと油断していたときに、突然孔明が大軍をひきいて侵入してくる報せを聞いて、上下大いにあわてうろたえた。しかし魏はなんといっても大国である。ただちに応急の対策をたてて、援兵を陝西へ送りこんだ。

孔明が陝西へ軍をくり出すさい、部将の魏延《ぎえん》は自分が精兵をひきいて軍事基地の長安を急襲し、いっきょにこれを占領したいと進言した。しかし孔明は、その冒険なのを察して採用しなかった。蜀という国は先主劉備からの預かり物であって、自分のものではない。したがって有利そうにみえても投機的な戦争に運命をかけるわけにはいかないのだ。そこでもっとも安全な道を選んで、蜀に内応している天水郡へ進出した。そこで魏に反対する勢力を結集し、正々堂々と長安を攻撃しようというのである。

ところが戦争はもともと投機である。かれの正々堂々の軍も、先鋒の将、馬謖《ばしょく》の失敗で全体が総崩れとなって、本国へ引き上げねばならなかった（二二八年）。そこで、孔明はもともと戦略家ではないのだ、応変の将略はその長ずるところにあらず、という批評が行なわれる。確かにそのとおりであったと思われる。

その翌年、ふたたび孔明は魏を討ち、陝西平野に進出したが、勝利をおさめないうちに糧食がつきてしまった。その後さらに二年を経て、三たび魏を討ったとき、孔明の好敵手としてあらわれたのが魏の名士、司馬懿《しばい》、字《あざな》を仲達《ちゅうたつ》とよぶ将軍である。以後両軍は秘術をつくして戦ったが、たがいに自重して冒険をさけたため、局部的な勝敗があっただけで、決定的な戦果をおさめる者がなかった。

最後に孔明は十分な準備を整え、持久戦に耐える覚悟で兵を進めた。本国からの糧食運搬には木牛流馬というものを用いた。これは現今でも日本の山間で使われている木橇《きそり》のたぐいらしい。陝西平野南端の五丈原に達すると屯田を興し、軍人をしてかつ耕し、かつ守らしめた。こうして持久の計を示して、敵を決戦に誘いこもうという策略であったが、魏将司馬懿はその手にのらず、辛抱強く対応した。

そのうちに孔明は、過度の心労がたたったためか、病気にかかって重態におちいった。伝説によると、天に大きな彗星があらわれて赤い尾を引き、それが孔明の陣中に落ちるとともに、孔明が息をひきとったという。

至誠の人

中国のながい歴史をいろどる人物が数多い中に、孔明ほど上下に人気のあるものは少ない。かれがおかれた困難な境遇は、いたく後世の同情をひいた。特に中国人が感歎してやまないのは、かれの内政、外戦における非凡な才能の点ではなく、年少な国君を戴いて、もっとも疑惑が集中されそうなときに、至誠をもって事にあたり、ついにお家騒動をひきおこさなかったところにある。

後世の詩人が孔明を追慕するや、ほとんど崇拝にひとしいものがある。唐の杜甫が錦官《きんかん》城《じょう》の異名ある成都に孔明の祠堂を訪うたときの七言律詩は、もっとも人口に膾炙《かいしゃ》している。

丞相祠堂何処尋　孔明の祠堂はどこぞと訪ねてくれば
錦官城外柏森森　成都城外にカシワのこんもりと茂ったところ
……………………　……………………
出師未捷身先死　勢いこんで軍を出したが成功を前に身がたおれ
長使英雄涙満襟　後世の英雄をして同情の涙をとどめさせぬ

日本で黄門が水戸光圀《みつくに》に専有されてしまったように、中国では丞相《じょうしょう》といえば、蜀の丞相孔明を連想するのである。

今日からみれば、とくに若い人たちには、漢室の復興というような理想をこのように真剣に追究する心理は理解できないかも知れない。しかし今日の重大関心事となっている民族とか、階級とか、イデオロギーとかの問題もはたしてそのうちどれだけが真に永久性のあるものか。いわんや現在の不条理をきわめた国境とか領土とかの問題は、人間そのものとくらべてどんな価値があるだろうか。すでに領土をもちすぎて開発に手がたりなくて困っているソビエトなどいう国が、さらにそのうえに付近の小国からのきなみ領土を取りこんだあげく、国境を犯す者の頭上に原子爆弾の雨を降らすぞと放言している。この現状は、はたして後世なんと批判されるだろうか。それも労働価値説を奉じている進歩的な国なのだ。国家というものにたいする考え方は、現今の世の中でもっとも時代に遅れたもののひとつであり、三国時代とじつはあまり変わっていないのではあるまいか。これは深く反省してみる必要がある。

貴族化する魏王朝

三国時代は天下が三分したとはいうものの、それは平均に三分したのではなく、はなはだ不均等に三分したのであった。魏と呉と蜀の実力をごく大まかにあらわせば、六対三対一という割合に近くなるであろう。

それならば、何故に蜀のような弱体な政権が独立を保つことができたかといえば、当時の中国社会には分裂的な素因が根強く内蔵されていたためだといえる。すなわち魏は六の力をもっていても、それを六として十分に発揮することができない状態にあったのである。いいかえれば、天子は十分に中央に権力を集中できないでいた。政府には貴族の勢力がはびこって天子をおおい、地方には豪族がわだかまっていて、中央勢力の浸透を妨害していたのであった。

しかも魏の曹操政権は、後漢朝廷が貴族化して政治から浮き上がり、統制力を失ったさいに新興勢力として起こり、土豪的実力者を結集して、政治機構を再組織するのに成功したものであった。しかるに曹丕が天子となってのち、王室もその功臣も、急激に貴族化しだした。そして、たちまちのうちに前朝後漢末とほとんど変わらない状態に逆もどりしてしまったのである。

すでに文帝曹丕の子、明帝（二〇四～二三九）のころからかもし出されていた険悪な空気は、明帝の死後急に表面化して、朝廷は権力闘争の舞台と化するのである。このあいだにめきめきと頭角をもたげてきたのが、大臣、司馬懿（一七九～二五一）の勢力である。

蜀の諸葛孔明が数回にわたって陝西へ侵入してきたとき、もっぱらその防禦につとめたのは司馬懿であった。かれは陣地を固めて万全の策をとり、あえて決戦を試みようとしなかったのは、魏の内部における自己の地位保全をおもんぱかってのことであった。すなわち当時のかれにとっては、なるべくながく蜀軍と対峙し、そのあいだできるだけ多くの軍隊を手許に引きつけておくのがもっとも望ましいことであった。

蜀の孔明は油断ならぬ強敵だぞといって魏の朝廷を脅かし、多くの軍隊を送らせて軍人とのあいだに親分子分の親密な関係をつくっておく。あるいは軍事費のピンはねをして、それで朝廷の同僚を買収することも考えられる。こうしてしだいにかれの権力は増大していった。

親魏倭王卑弥呼

孔明が死んで蜀の侵入がやんでから四年め、かれは新たに別な任務を授けられた。それは満洲、当時遼東といわれた地方に自立した公孫淵《こうそんえん》を討伐することである。

後漢末、群雄割拠したなかに公孫度《こうそんたく》という者が遼東で勢力をはり、南方の朝鮮西海岸の中国人植民地、楽浪郡をあわせ、その子、公孫康《こうそんこう》はさらにその南に新しく帯方郡を設けた。その結果、中国植民地は、現在の京城《ソウル》あたりまでのびてきたのである。

公孫康の子、公孫淵の時代になると、江南の呉ともさかんに貿易を行なった。これは公孫氏の勢力が南にのびて朝鮮半島南端の馬韓などの韓族国家を威服した結果である。江南から中国の海岸づたいに北上する航路は危険であるが、直接東シナ海を横切り、朝鮮半島の西南角へむかう航路はかえって安全なのである。

公孫氏の領土は渤海湾、黄海の海岸にそって南にのびているが、その背後一帯には鴨《おう》緑江《りょっこう》上流の高句麗はじめ、半島東南部に、辰韓、弁韓、馬韓など土着民族の国家があり、海をへだてた日本には倭国があった。

これらはいずれも公孫氏と貿易し、公孫氏はその利益を享受するいっぽう、諸国は公孫氏から中国文化を輸入して開明におもむいたと思われる。

蜀が逼塞《ひっそく》して西方国境が平穏に帰したので、魏は東北にむかって公孫氏を圧迫しにかかった。その征討軍司令官として司馬懿が任命されたのである。そして今度は司馬懿はいささかも逡巡するところなく、長駆、遼東に侵入していっきょに公孫淵を滅ぼした（二三八年）。それとともに魏の勢力は朝鮮半島の西南端に及ぶようになった。

その結果として起こったのが、倭王卑弥呼《ひみこ》の使いの魏への入朝である。おそらく倭人は従前は公孫氏と交易していたのが、魏の領土拡張によって、直接に魏と交渉にはいり、その使者がはるばる都の洛陽までおもむくことになったのであろう。魏はこの使者を優待して、卑弥呼を親魏倭王に封じ金印をあたえたとある。

司馬懿（慶長版『歴代君巨図像』）

主権は司馬氏へ

司馬懿が遼東を征伐した際には、持ち前の自重さをすてて急戦策をとったが、これは早急に仕事を片づけて都に帰ってくる必要を感じたためであろう。はたしてその翌年正月、魏の明帝は病気が重くなり、臨終の床に一族の曹爽《そうそう》と、司馬懿とのふたりを呼びよせ、後事を託してなくなった。あとに残されたのは一〇歳の幼天子、斉王《せいおう》の曹芳《そうほう》である。後見人となったふたりのうち、曹爽は天子の一族であるから、どうしてもそちらに権力が集まる。かれは司馬懿を邪魔者と考え、その官位を名目的に上げることによって閑地に追いこみ、ひとり朝廷で権力をもっぱらにした。ちょうどこのころは、南方の呉も蜀もすでに創業時代の活動力を失って内部に動揺の色さえ見えていたので、魏の領有した中原はひさしぶりに太平の気分を享楽することができた。ひとたび荒廃した産業も、復興の途にむかって歩をふみ出した。

しかし産業の復興は地方豪族の勢力を中心として行なわれねばならなかったので、社会階層の分化はいよいよはなはだしくなってきた。そして、これら豪族の頂点に立つ朝廷官僚の貴族化も、同時にいちじるしく進行した。

凡庸な曹爽はこのような情勢に安心しきって、みずから貴族社交界のパトロンとなって有頂天になっていた。これは同時にかれが実際政治から浮き上がったことを意味する。このすきをねらったのが、雌伏十年を余儀なくさせられていた司馬懿である。かれは突然たってクーデターを起こした。

司馬懿のクーデターにはなんらの大義名分がない。まったくの権力闘争である。それにもかかわらず、ほとんど無抵抗にそれが実施されたのは、かれが長年にわたってつちかってきた官僚や軍隊との私的な親分子分関係がものをいったのである。これによって、魏王朝の実権はまったく司馬懿の手の中に掌握されてしまった。魏の命脈がつきるのはもはや単に時日の問題とみられた。

魏の曹氏の失敗は、一族を疎外したためだといわれる。由来、革命家というものは猜疑心の強いものである。自分が他人のものをうばった以上、今度は他人が自分のものをうばいはせぬかと疑ってかかるのは自然である。ところでその猜疑心の鋒先がどこへむかうかは、時の情勢によってきまり、またそれにしたがって結果もさまざまである。

曹操の一家父子はいずれも文才があった。ということは、個性が強いことを意味する。曹操は末子の曹植《そうち》を愛して、長子の曹丕を疎んじ、あわや廃嫡に及ぼうとしたことさえあった。そこで曹丕が父の死後たって天子となると、その報復として弟いじめがはじまった。

曹植に有名な七歩の詩というのがある。曹丕が弟にむかい、父にかわいがられたほどの文才がほんとうにあるなら、今この目の前で、七歩あるくあいだに詩を一首つくってみせよ、という。声に応じて曹植が歩き出しながら、

煮豆然豆萁　　豆を煮るに豆がらを燃やす
豆在釜中泣　　豆は釜中にあって泣く
本是同根生　　もとこれ同根より生ず
相煎何太急　　相煎るなんぞはなはだ急なる

とあるのは、兄に迫られた窮状を吐露したものである。このほかに異母弟が多数あったが、いずれも薄く待遇された。

文帝の子明帝は明察であったが、いよいよ猜疑心が深く、同族にも大臣にも権力を仮さ

なかった。そして死ぬまぎわに、一族の曹爽を用いて司馬懿をおさえようとかかったのだが、もう時期が遅かった。実権は流れるようにして司馬氏のほうへ傾いていったのである。

蜀まず滅ぶ

クーデターの翌々年、司馬懿がなくなった。年七三歳であった。しかし司馬氏の権力は微動だにしなかった。その子の司馬師《しばし》（二〇八～二五五）がそのまま父の職をつぎ、一族の司馬孚《しばふ》らがこれをたすけていたからである。

魏の天子、曹芳は、長ずるにしたがって司馬氏の専横を厭《いと》うようになり、反対勢力を引き入れて司馬氏をおさえにかかったが、それはかえってみずから禍を招く結果になった。司馬師は斉王芳《せいおうほう》を廃し、その従弟の曹髦《そうもう》を立てた。年一四歳であった。

司馬師が死ぬと、その弟の司馬昭（二一一～二六五）がまたそのまま後釜にすわった。この前後に地方長官で司馬氏の専権をこころよく思わない者があいついで兵を起こしたが、いずれも司馬氏の手で平定され、司馬氏の権力はますます強盛となった。天子の髦は憤慨にたえず、みずからわずかな親衛隊をひきいて司馬昭を討伐に出動したが、しょせん、蟷《とう》螂《ろう》の斧をかざして竜車に立ちむかうようなもの、返り討ちとなって自身が殺された。司馬昭はそのあとへ明帝の従弟にあたる曹奐《そうかん》を立てた。年一五歳であった。

当時蜀では孔明の死後、新進政治家として頭角をあらわしたのが、孔明にいたくその才を愛された姜維《きょうい》であった。姜維は孔明の遺志をついで、しばしば兵を出して魏の西境に侵入した。しかしこれは蜀の国力からいっても、姜維の才能からみても、いささか無理な仕事であった。かえって空しく蜀を疲弊させる結果を招いた。

　国内で威権を確立した司馬昭は、大軍をさしむけて蜀の討平にとりかかった。魏の将、鍾会《しょうかい》が剣閣《けんかく》の難所で姜維と対戦中、魏の別働隊の将、鄧艾《とうがい》は無人の野を迂回して、蜀の都の成都に迫った。後主劉禅は無抵抗でその軍門に降った（二六三年）。先主劉備が蜀を占領してから、ちょうど五〇年目であった。同盟国の呉は一本の矢を送って応援するでもなく、みすみす蜀を見殺しにした。

　後主が魏に降参するとき、あるいは呉へ逃げこんで保護を求めようという議が出たが、それをいさめたのが譙周《しょうしゅう》である。

「まけたときには思いきりいさぎよく降参するものです。亡国の君が他国へ逃げて優遇されたためしはありません」

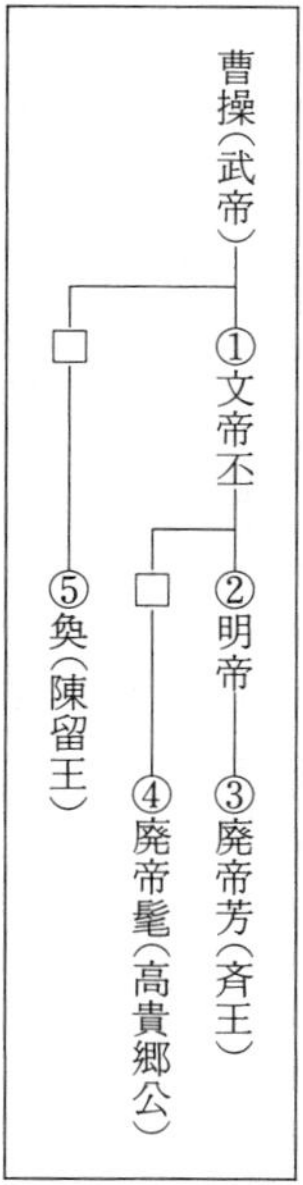

魏室系図

　後主はそれにしたがって鄧艾に無条件降伏を申し入れたので、鄧艾も丁重に後主を洛陽に送り、魏ではこれを安楽公に封じ、子孫五十余人にもそれぞれの官爵をあたえた。

これにつけて思いあわされるのが、太平洋戦争における日本のまけ方である。当時の責任者はだれひとり『三国志演義』の中のこの話を知らなかったとみえる。国もあろうにソビエトなどに平和の仲介を頼み満洲遷都まで考えたという。その結果、さんざん翻弄されてひどい目にあい、物笑いのたねとなった。戦争にまけたばかりでなく、外交の定石をまちがえた。どうしてこんな人たちが国政に参与するようになったかを三思する必要がある。

正統論

中国では秦代に皇帝制度が成立し、それが漢によって受けつがれたが、三国の鼎立《ていりつ》によって、皇帝制度は重大な危機に際会したわけである。

そもそも皇帝なるものは、単に中国人の主権者であるばかりでなく、同時に世界人類の主人公でなければならない。ただ中国以外の外国の人民はその文化の程度が低く、おのおの固有の風俗をもっているので、各自の君長をして支配させ、皇帝はこれらの君長を通じて間接に統治するのである。故に皇帝なるものは、一時期にはただひとりしか存在しない。いいかえれば、皇帝は固有名詞であって、皇帝といえば中国に現存する天子をさすことが自明なのである。したがって現在の皇帝には秦とか、漢とかいう限定的な形容詞をけっして付加しない。

ところが三国時代になって、三人の皇帝が同時にあらわれたからたいへんである。もっとも魏と蜀とはたがいに敵国であって、相手を無視していたから、それはそれでよい。ところが蜀の同盟国である呉も孫権の晩年に皇帝を称するようになったから、事情はいっそう複雑になった。魏はその実力に自信があるから、蜀の皇帝を認めないと同様、呉の皇帝をも認めない。自己に対立して皇帝などととなえる者は反徒であるときめつけるのである。

しかし弱体な蜀はそうはいかない。呉と同盟してこそ魏と対抗もできるのである。しかし自分が魏と対抗するのは、自己の正統性を主張したいからである。それが呉の皇帝を認めれば、自己の正統天子たることをみずから放棄する結果になる。

そこで、利害を打算せず、呉を討伐すべきだという強硬論も出たが、孔明は蜀の現実の境遇を第一とし、呉の立場を承認して、従前通りの同盟関係を継続することとした。ふたりの皇帝がたがいに相手を皇帝と認めるという変則な場面があらわれたのである。これでは、皇帝であってじつは皇帝でない。

現実の問題は、やがて現実が解決し、蜀も魏も呉もあいついで滅びてしまった。しかし後世の歴史家には困難な問題を残した。いぜんとして皇帝制度の下に生きる中国歴代の歴史家には、複数の皇帝を承認することは許されない。いずれかを正統、いずれかを閏位《じゅんい》と、はっきり定めなければ歴史を記述することができぬのである。そこでやかましい正統論、あるいは正閏論争がもちあがったのである。

もっとも正統論はこのときにはじまったのでなく、すでに漢代から存在する。ただしそれは五行《ごぎょう》思想にもとづいて、各王朝は木火土金水の五行の一徳をそなえて順次に交代するものだと考えるとき、漢は秦のあとを受けたのか、あるいは秦を閏位として飛びこえて周の後をついだのか、という議論である。閏位の閏はすなわち閏月《うるうづき》の閏で、よけいなものが中間に挿入される意味である。

ところが三国のばあいは、同時的に並立するものの中で、どれが正位で、どれが閏位かを決定せねばならぬ。このばあいの閏は偽物、ないしは第二次的という意味に変わってきた。

現今、正史のひとつになっている『三国志』は晋代の陳寿《ちんじゅ》の撰であるから、魏を正統と定める。漢から魏、魏から晋へと正統が伝わると見なければならぬ立場におかれたからである。そこで劉備を先主、劉禅を後主と称して、帝号をもって呼ぶことをしない。これを歴史の大勢のうえからいうときは、魏は当時の中国の主要部分を占領していたのであるから、正閏の理論は別として、魏を中心として記述するのがもっとも自然である。

ところが東晋の時代になると、事情が違ってくる。東晋は正しい天子の血統をつぎながら、中原を五胡に占領されて江南へ逃げた政権なので、にわかに相似た境遇にあった蜀にたいする同情が強まってきた。そこで東晋時代にできた習鑿歯《しゅうさくし》の『漢晋春秋』は、蜀を正統として三国の歴史を書き改めた。

くだって宋代になると、司馬光の『資治通鑑《しじつがん》』は魏を正統として記述する。北宋までは禅譲こそ新王朝を正統づけるものだと考えられてきたからである。ところが南宋になるとまた風むきが変わり、南宋の立場はまったく東晋と同じで、朱子の『通鑑綱目』のごときも、『資治通鑑』をもとにしたものでありながら、三国のところだけは、蜀を正統に書き改めた。

この正統論は日本にも輸入されて南北朝正閏論争が激しく戦わされたことがあった。そして、南朝を正統とすることにおちついたのは、朱子の考えが濃厚に影響したためだと思われる。

西晋の統一

はかない統一

蜀の滅亡は、魏朝廷の実力者である司馬昭《しばしょう》の威権をいよいよ重からしめる結果をきたした。かれはかつて漢の朝廷において曹操がふるまったように魏の朝廷でふるまい、晋王に封ぜられた。魏の都の洛陽において、魏と晋との二重朝廷が出現したわけである。

晋王司馬昭が死んで、王太子の司馬炎《しばえん》（二三六〜二九〇）が晋王となると、ここに予定のすじがきどおり、魏晋のあいだに禅譲《ぜんじょう》が行なわれた（二六五年）。司馬炎すなわち晋の武帝が即位すると、祖父の司馬懿《しばい》に宣皇帝、伯父の司馬師に景皇帝、父の司馬昭に文皇帝という尊号が贈られた。それとともに一族にたいしてもふんだんに王号と領土とをあたえて封建を行なった。

晋の領土はすでに蜀をあわせたうえであるから、残るのは揚子江下流の呉だけである。呉は孫権の死後、しきりに内乱があいついだ。この国はもともと建国の理想をもたず、ただ中原地方が混乱におちいったので、自衛のために豪族らが協力して割拠政権を樹立したものにすぎない。そこで創業期の豪傑たちが死にたえ、二世三世の時代となると昔の同志的結合が消滅し、たがいに権力闘争を事とするのは自然の勢いであった。

魏晋交替のころ、呉には孫権の孫の孫皓《そんこう》が位にあった。いわゆる典型的な三代目であって、商家に生まれても財産を失くしそうな人物であった。晋のほうではこういう折にこそ呉を討つべきだという議論が勢いを得て、大軍を起こして呉に侵入した。将軍王濬《おうしゅん》は新領土の蜀からくだり、杜預《とよ》は荊州にはいり、両軍が合体して揚子江上流から破竹の勢いで東下していった。孫皓は建業の城門を開いて降った（二八〇年）。孫権が兄の孫策の後をついだ年からかぞえてちょうど八〇年であった。

三国のいずれもがそうであるが、創業の君主は千辛万苦の末にその地位をきずきあげたのであったのにたいし、その滅びるときはまことにあっけなかった。魏ではいつのまにか政権がするすると司馬氏の手にすべりこみ、蜀と呉とは、あれよとみるまに都をおとしいれられて国が滅びた。

呉や蜀が数十年にわたって、中原勢力に対抗しえたのは、漢代以後揚子江流域が開発されたからであるが、しかし当時の実勢力は、まだとうてい黄河流域の中原に及ばない。だから天下の形勢が落ちついてくると、そうながく独立を保って割拠することができなかったのである。

太平ムードあふれる

晋の武帝が即位したときは、ぜいたく品を宮殿の前にほうり出して焼いてみせ、みずから倹約の模範を示したり、あっぱれ名君ぶりだった。しかし呉が滅びて天下がひさしぶりに統一され、対抗勢力が消滅すると、従来の緊張の反動として、底ぬけの太平ムードが横溢し、武帝をはじめ、朝廷の貴族社会に安易な享楽気分がみなぎってきた。

さきに魏王朝が成立するさいに発布された九品官人法は、もともと個人の才能を重視し、適当な地位に適当な人物を登用するのが第一の眼目であった。ところが当時はあたかも貴族階級が成立し、固定化しようとしていた際であったので、この社会の大勢におし流されて、九品官人法の適用が貴族化されてしまった。

もともと地方の中正《ちゅうせい》は、その管内の学問にしたがっている青年にたいし、厳正な立場でその学業と徳行を審査し、公平な内申書を作成して中央政府の司徒府《しとふ》へ提出すべきであった。しかし当時は学問をするといっても、公立の学校があるわけではなし、試験制度があるわけではない。そこで中正も採点の方法に困ったにちがいない。そういう際にいちばん無難な方法は、その人の父や祖父の占めていた地位を考えあわせて、それに見合うような採点をすることである。結局、家柄が個人の地位を決定し、個人がますます家格を固定するという循環をくりかえすことになる。

一流貴族の子弟はたいてい中正から郷品《きょうひん》二品と査定される。すると司徒府ではこれを六品の官に初任させる。これを起家《きか》という。六品官についた青年が、あと四階段のぼって、二品の官に達するのはさして難事でない。二品官といえば、朝廷における堂々たる大官である。そしてその子がまた郷品二品と査定されるのであった。

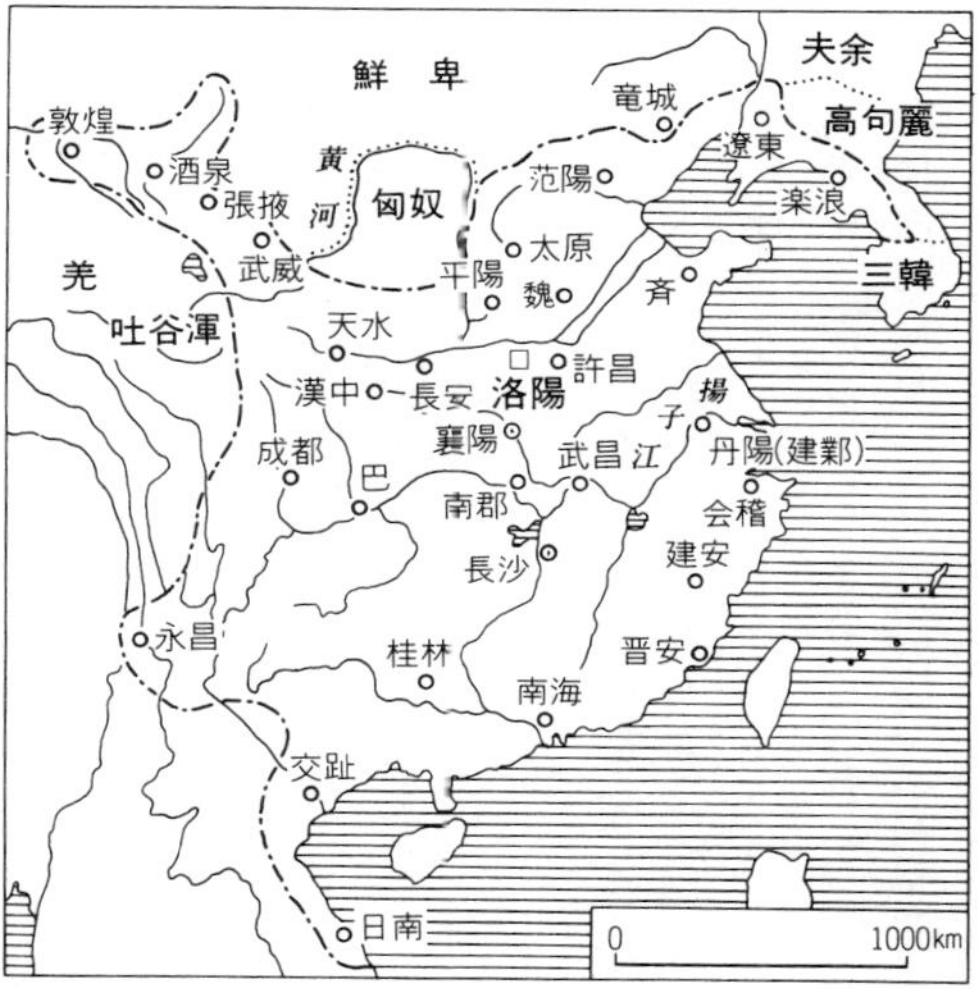

西晋の領土

　こういう家柄に生まれた子弟は、後世の知識階級、士大夫《したいふ》の子どものように、科挙のための受験勉強に苦しめられることもない。家は豊かだし、特権はあたえられているし、すべての苦労から解放されているから、こんなたのしいことはない。天下は統一されて、もう戦争の心配はなくなった。こういうときには、思いきり太平ムードにひたって享楽を追求しなければ損だと、だれしもが思う。

ぜいたくくらべ

しかし人間はどんな幸福な境遇におかれても満足せず、仲間の中で他人の上へ出ようとして競争することをやめぬものらしい。いちばんてがるな競争は、奢侈を競いあうことである。なかでも食べ物のぜいたくである。

武帝が婿の王済の家に招待されて行くと、出された蒸豚がひじょうにやわらかくておいしい。どうしてこんなよい肉を手に入れたかと聞くと、これは特別に人間の乳で育てた豚だ、と答えた。さすがの武帝もあきれて、いい顔をしなかった。貴族の羊琇は酒を醸すのに、炭火の熱などを用いず、奴隷を使ってかわるがわる酒甕を抱かせ、体温であたためさせた。はたしてそういう方法でうまい酒ができたかどうかは別問題として、ぜいたくをいばる条件にはなる。

晋の功臣の何曾は一日の食費一万銭（今の十円銅貨ほどの重さの銭一万個）、ところがその子の何邵になると一日に二万銭、それを聞いた任愷は一食に一万銭と、だんだん値段がせりあがってきた。もっともこれは市場で購入した価格ではない。当時の貴族はなんでも自給自足で、酒も醤油も、肉も野菜もみな自家で製造栽培したものを用いた。だから計算すればそうなるというので、毎日それだけの銭を買物に支出していたのではない。こんな奢侈の競争はまったく無意味なことだが、かれらはまじめに、こうすることがいちばん貴族的で、他人にまねはできないといばってみせたつもりである。ところがいっぽうには、そんなやり方はまったく俗物のすることで、ちっとも貴族的でも上品でもなんでもない。ほんとうの貴族のやり方はこうするものだ、とみずから手本を示す者があらわれる。かれらの掲げるスローガンは放達、なにものにも拘束されない、という主張である。

これにもいろいろなやり方がある。酒をむちゃ飲みするのがそのひとつである。胡母輔《こむほ》之《し》は郡の太守に任命されながら任地で昼夜酒ばかり飲んで少しも政治を見なかった。仲間を集めて散髪裸身、今でいえばフーテン族やヒッピー族のようなかっこうで、酔いつぶれるまで飲むのである。こうするのが俗物でない証拠だと主張する。

これにたいして清談派がある。いわゆる竹林の七賢などはこの派に属する。教養のある仲間だけを集めて、小さなグループをつくり、趣味のある会話をかわし、生活がすなわち芸術だと主張する。老荘の虚無の教えを尊んで、儒教の礼制にしたがわない。七賢のひとりにかぞえられる阮籍《げんせき》は、母の死んだしらせを聞いたとき客と碁をうっていたが、へいきな顔で勝負のつくまでやめなかった。あとで酒を飲むこと二斗、号泣して血をはくこと数升であった。うれしいときには喜び、悲しいときには泣くのが自然で、儒教のおしつける型には拘束されたくない、というのがかれの考えである。

もちろんかれらがほんとうの生き方を求めていたという点は認められる。しかしそれは、特権階級たる貴族だけが実行できるやり方である。かれらはいずれも貴族としてのエリート意識をもち、もっとも貴族的であることがもっとも真実な生き方であるという前提のもとに、それは何かと追求したのである。

清談派のひとりにかぞえられるが、常識派の楽広《らくこう》は、こういう世相に眉をひそめ、

「名教のうちに自から楽地あり——平凡な生活がいちばんあきがこなくてよいものだのに——いまの人たちはなぜ、あんなに人目につくことばかりしたがるのだろう」

といってなげいた。

貧乏人は肉を食え

武帝には悩みのたねがひとつあった。それは皇太子でのちに恵帝（二五九〜三〇六）となる人が、はなはだ脳のたりぬできであったことだ。朝廷の大臣たちの中にも、これでは先行きが案じられると、まじめに考える者がいた。

宮中に宴会が開かれたとき、老大臣の衛瓘《えいかん》は酒に酔ったふりをして天子に近づき、天子のすわっている牀《しょう》をたたいて、

「この座、惜しむべし——めったな人にはこの座をあたえてはなりませぬぞえ」

と、しつこくくだをまいてみせた。武帝にはその意味がわかった。しかしやはり親馬鹿というものか。太子の頭のわるさかげんはどの程度のものかをテストしてみようと思い、政治上の問題を出して解答を求めた。

太子の妃の賈《か》氏は、容貌は見苦しかったが、父が勢力ある大臣であり、政略結婚で王室と縁を結んだものであった。妃は狡猾で悪知恵があったので、いつも太子を背後から操縦していた。太子が父から問題をもらってきたので、賈氏は人を頼んで代作させた。しかしあまりりっぱな答えを出すと、すぐ代作がばれるにちがいない。そこで賈氏が知恵をしぼって、一見間のぬけたような答えだが、かんじんなつぼはちゃんとおさえてある、及第点すれすれの答案を作成したのだ。

これを見た武帝は、大いに安心して喜んだ。

「このくらいならなんとか天子ぐらいはつとまる」

それからのちは太子のことについて、他人がなんといっても取りあわなくなった。ところが武帝が酒色にふけったあげく不摂生がたたって五五歳でなくなり、三二歳の恵帝が即位した。三十代といえば分別ざかりの年ごろのはずだが、知能が低く生まれついたのだからしかたがない、イモのにえたも御存じないたぐいであった。

おりあしく飢饉が天下をおそい、人民は食物がなくてばたばた倒れた。大臣がその状況を報告して、

「人民は食べる米がなくて困っております」

と申し上げた。すると恵帝にはそれがわからない。不思議そうな顔をして、

「はて馬鹿なやつらだ。米がないなら、なぜ肉を食べぬぞ」

といったとか。日本でも戦時中、二合三勺の米を配給しておいて、不平をいうと、それで栄養はたっぷりあるぞとどなられた。そういうえらい人は、こっそり肉を食っていたから自分の腹はへらぬはずだった。しかし人民に肉を食えとはいわなかった。恵帝のほうが天真爛漫でかえっていい、ともいえる。

殺し合う一族

恵帝は自身がおめでたいから、なんの心配もないが、こういう夫をもった皇后賈氏はいつも気が気でない。というのは、大臣や親戚がいつ廃位を行なうかも知れぬような予感がするからである。しかも不幸なことに賈氏は、人なみすぐれた女性独特の猜疑心と男まさりの決断力とをあわせもって生まれついたのだった。そのうえにさらに不幸なことは、天子の一族がいずれも強大な軍隊を握って、政治に発言権を有したことである。

武帝は魏王朝が一族を政権から遠ざけたことによって早く滅びたのに鑑《かんが》み、その反対の政策をとり、大いに封建を行なって一族の子弟に領土を分配した。呉を平定したのち、もう太平の世になったから地方官に軍隊はいらぬといって、駐屯軍をみな解散してしまった。ただし封建された大名の領土にはいぜんとして軍隊がいる。その大名はいずれも年が若くて、王室の一族という自尊心がてつだって気が荒いから、一歩誤ればたいへんなことになる。

すべて人間の考えというものはあさはかなもので、魏の天子が一族に政権をゆだねなかったのは、天子一家の権威を高めて、お家万歳を願えばこそであった。これを見て晋の王室は一族を優遇し、大名に取り立てて強大な軍隊を指揮させたのは、かれらが王室の藩屏《はんぺい》となって助力を惜しまぬであろうことを期待したためであった。

ところがいつも問屋はそうはおろさないものだ。王室が自己の利益を考えれば、大名たちも自己の利益を考える。そして自己の利益のためには幸い軍隊を握っているから、すぐ武力に訴える。こうして一族同士の殺しあいがはじまったのである。

武帝の死後、恵帝を補佐して勢力があったのは恵帝の母、楊太后の父、楊駿《ようしゅん》である。賈皇后がもっとも恐れたのは、楊太后が親権を発動して恵帝を廃位しはせぬかということである。幸いに楊駿があまり人望がないのに乗じ、恵帝の弟、楚王司馬瑋《しばい》をそそのかし、近衛兵を動員して楊駿の府を攻めてこれを殺し、やがて楊太后をも幽囚して餓死させた。

八王乱を起こす

楊駿にかわって天子の後見役となったのは、恵帝の大叔父にあたる汝南王の司馬亮《しばりょう》と、老大臣の衛瓘《えいかん》とである。このふたりが権力を握ると、賈皇后はまたこのふたりが恐ろしくなってきた。ことに汝南王は一族の年長者であるから、いつ恵帝の廃位をはからないともかぎらない。そこでまたもや楚王を使って汝南王と衛瓘のふたりを殺させた。

ところで、楚王が何度も賈皇后に使われたのは、自分が恵帝の弟なので、あわよくば皇太弟に立ててもらって帝位を相続しようとの下心から出たことである。それを百も承知の賈皇后は、ときをうつさず、楚王の独断の罪をとがめてこれをも殺してしまった。

しかしながら、こんな手段で邪魔者を取りのぞこうとしても、邪魔者はあとからあとからとあらわれる。賈皇后は今度は皇太子が廃位をはかりはせぬかと疑いだした。この皇太子はもちろん賈皇后の実子ではないので、平素から仲がわるい。ついに口実を設けて皇太子をとらえ、配所に送ったのち、これを毒殺した。

あまりにも賈皇后の暴虐なのを見かねた一族の長老、趙王の司馬倫《しばりん》は、兵をひきいて宮中にはいり、まず恵帝を幽閉し、賈皇后をとらえて殺し、大臣らをあわせて大虐殺を行なった。さて趙王は権力を握ってみると、王室の一族はみな自分より目下の者ばかりである。現在の天子恵帝を廃してその子孫を立てて見ても、そのさきがどうなるかわからぬ。いっそ自分が天子になろうという気になった。そこで恵帝を太上皇に祭り上げみずから皇帝の位についた。

これには一族の者がいっせいに反対した。恵帝の弟、成都王司馬穎《しばえい》、従弟の斉王司馬冏《せいおうしばけい》、族父の河間王顒《かかんおうぎょう》などが連合して趙王を攻め、趙王を殺して恵帝を復位せしめた。この義挙を首唱したのは斉王であったので、斉王が中央政府にはいって恵帝を補佐することになった。しかるに斉王も権力を握ると専横をきわめたので、諸王はまた斉王を攻めてこれを殺した。このときに功があったのは恵帝の弟、長沙王司馬乂《しばがい》であり、斉王にかわって恵帝を補佐した。

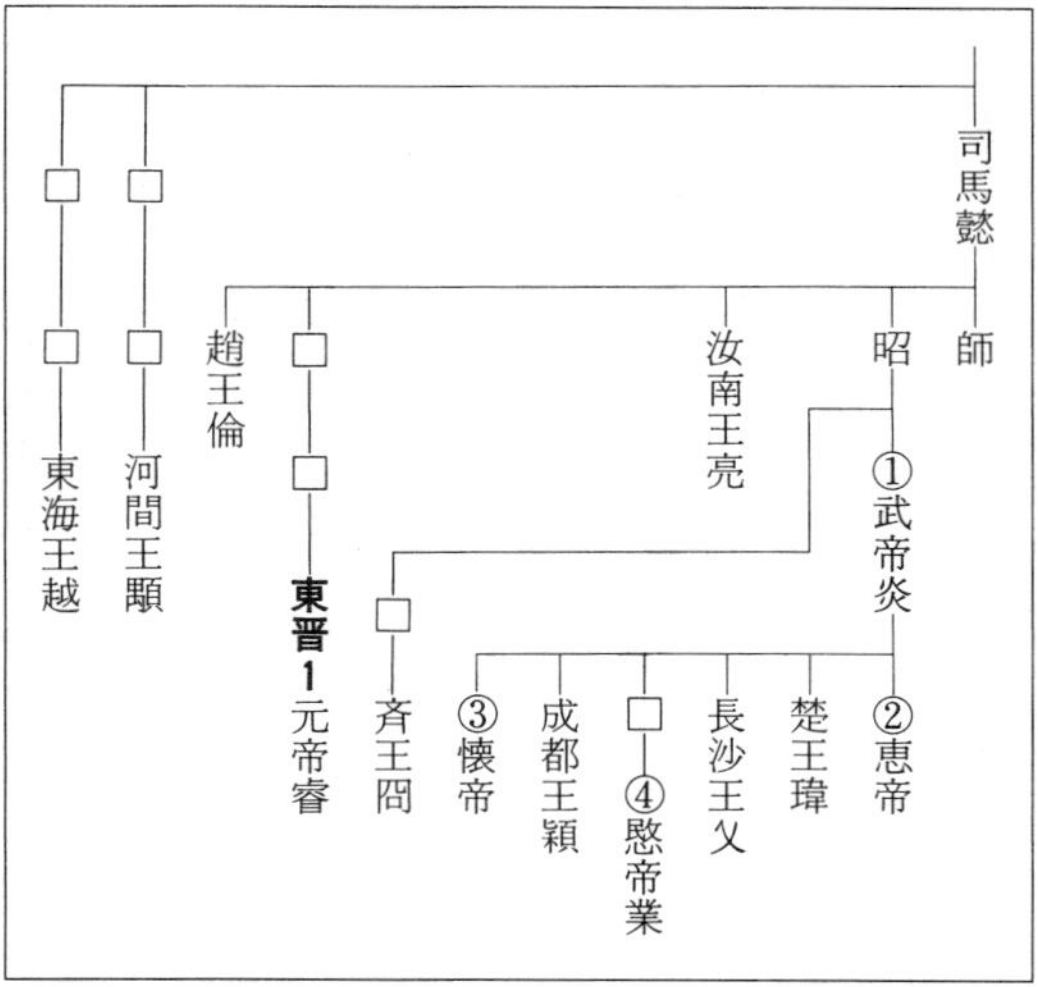

西晋系図

成都王と河間王とは長沙王の成功をねたみ、共に兵をあげて長沙王を討ち、東海王司馬越《しばえつ》の助力によって長沙王を殺すことができた。しかるに成都王と河間王とは仲間割れして相攻め、成都王がまず殺され、ついで河間王も殺されたが、同じ年に恵帝も毒にあたって死んだ（三〇六年）。

こうして最後に残ったのは、恵帝の族父にあたる東海王司馬越であった。恵帝が死んだのは、あるいは東海王が毒をすすめたのだともいわれる。かわって恵帝の弟、懐帝が位についた。

汝南王から東海王に至るまで、八

人の王がかわるがわる立って権力を握り、あるいは握ろうとして相争ったが、そのたびに武力が動かされた。すべて非常手段を用いるのは、早く片がついて効果的のようにみえるが、一度武力が動き出すと、それがついには自分の力でとどまることができなくなるものである。それはちょうど、火薬庫に火がついたようなもので、つぎつぎに隣へ延焼しては誘爆し、全部爆発してしまわぬとおさまらない。

他人事ではない。戦前に日本の蓄積した軍備がそうであった。現在世界各国が蓄積しつつある原子爆弾などが、そうでないと誰が断言しえようか。さらに非常手段を是認する革命も、やりはじめたが最後、めったに一度ではおさまらない。その例は南米やアフリカの新興国ばかりではないのである。

蜂起する異民族

一家一族の繁栄をねがって武帝が立案した封建制度は、あたかもその小さな利己心を嘲笑するかのごとく、一族をたがいに屠殺させて、みじめな失敗におわった。

もしもこの内乱に参加した諸王たちが、ほんとうに目を見開いて当時の中国のおかれていた環境を正視したのであったなら、かれらのなすべきことは、こんな愚挙ではなかったはずであった。いずれも目前の小利に目がくらんで、政権につこうとあせった結果があのような悲劇を招いたのだった。しかもかれらの内乱が、自滅という形でやっと終熄しても、悲劇はそれでおわったことにならず、さらに大なる惨劇が前途にまちかまえていたのであった。それは異民族の蜂起である。

西方におけるローマ帝国がかつてそうであったように、東アジアにおける漢帝国は、中国を統一すると今度は北方の異民族と対決しなければならなかった。モンゴルの砂漠に出現した匈奴の遊牧帝国の対策に、さすがの前漢帝国も手を焼いたものであった。そして何世紀もかかって、ようやくかれらに打撃をあたえ、これを分割統治することに成功したのであった。すなわち北匈奴は漢の攻撃にたえきれずして遠く西北方にのがれ、南匈奴は漢に帰服して、万里長城内に移住することを許されたのである。

漢代までの中国は、農民が大小の都市をつくって城内に住み、城外の耕地を耕して生活していた。したがって都市と都市との中間には空地が多い。ところで新たに国内へ移住してきた匈奴などの遊牧民は、中国人とは別系統をなして、空地に天幕をはり、集落をつくって放牧の生活を送った。かれらは従前の氏族制度そのままに、かれらの天子、単于《ぜんう》の子孫を君長に戴いて、集団を保っていた。

かれらは中国地方官の支配を受けないが、天子に臣属しているので、ときどき使役に徴発される。とくに戦争のときには、かれらの騎射の才能を利用するために頻繁に動員される。さてかれらが戦功を立てても、それは要するに傭兵であるから掠奪品の分配にあずかるくらいのことで、正規軍のように地位が昇進することがない。もし負ければまったくの働き損になるわけだ。

曹操が武力で中原を統一してから、中国政府の匈奴にたいする圧迫が急激に加重された。とくに魏は内外多事のさいであったから、匈奴にたいし中国人と同じように税を取り役を課したのであるが、まだ魏の武力のさかんなときであったから、かれらは否応なく屈服していなければならなかった。しかしかれらの潜勢力にたいしては、心ある中国政治家はいずれも、警戒をゆるがせにすべからざることを唱えて、朝廷の施策を望んだのである。

晋代にはいって、江統《こうとう》、郭欽《かくきん》らが徙戎論《しじゅうろん》、すなわち夷狄《いてき》を中国の国境以外に移住せしむべきことを説いた。かれらのいうところによれば、当時中国内地に放牧している異民族は単に山西省地方の匈奴ばかりでなく、西方のチベット系民族の氐《てい》、羌《きょう》などは陝西地方にはいりこんでその人口は中国人とあいなかばするにいたったという。そこで晋王朝の国威さかんなるうちにこれらを駆逐して、かれらの原住地へ追いはらおうと主張したのである。

匈奴の漢

ところが実際の形勢はかえって反対の方向にむかって動いた。八王の乱で諸王の対立が激化すると、かれらはあらゆる外部勢力を引きこんで味方に利用しようとする。もう遠い将来のことなどは考えていられないのだ。

成都王の司馬穎はその根拠地がかつての曹操の都、鄴《ぎょう》にあって、匈奴部族に近いので、その力を借りるため、左賢王と名のる劉淵《りゅうえん》を匈奴の統率者に任命し、部族の兵を徴発させた。劉淵は単于《ぜんう》の子孫であり、漢の王室と通婚したのを理由に中国名を名のるさいには姓を劉と称した。劉淵は武術をよくしたうえに、中国の教養に深く、経史に通じ、青年のときに都の洛陽に出て名士たちと交遊したが、かれを知る者はいずれも尊敬せざるはなかった。

劉淵は成都王の勧誘に応じて部族内で兵をつのったが、じつはこの機に乗じて自立しようとはかったのであった。軍隊五万人を集めると推戴されて大単于の位につき、左国城を取って都とし、中国人をも支配するようになったので、また漢王と称した。いっぽうに晋のほうでは、まだ八王の乱が継続中であったから、その混乱に乗じて漢の勢力はまたたくまに拡大していった。

晋の恵帝が死んで、懐帝（二八四〜三一三）が即位したころになると、漢王劉淵の勢力はいよいよはり、匈奴の別部と称せられる羯《けつ》族出身の石勒《せきろく》や、中国人の群盗の降をいれ、山西《シャンシー》省の大半を領有したので、みずから皇帝の位につき、平陽を都にさだめた。

当時、晋の領土内における異民族の蜂起は、匈奴の漢ばかりではなかった。万里の長城の東端に近い遼西地方には、鮮卑《せんぴ》族の慕容《ぼよう》氏が、晋の命にしたがわず、ようやく自立の態勢をとり、内地にむかって進攻の機をうかがっていた。晋はこれを懐柔するために、慕容《ぼよう》廆《かい》に鮮卑都督という官を授けて優遇したが、かえって鮮卑の勢いを助けることになってしまった。鮮卑にはほかに宇文氏、段氏などの別部があって、おのおの独立して行動していた。

山西省の北端、長城の内外にかけて、鮮卑の索頭部《さくとうぶ》があった。もっとも中国化の遅れた部族であり、広くモンゴル地方の遊牧民族と交渉をもち、野蛮であるが、同時にその武力には恐るべきものがあった。

陝西地方には、チベット系の氐《てい》、羌《きょう》などの諸部族が多くはいりこんでいたが、連年旱災があり、そのたびにこれら異民族は中国人の貧民といっしょになって謀反を起こしていた。陝西は土地がやせて貧しいので、飢饉があると蜀にはいって食を求める者が多く、すると蜀ではそのために治安が妨害されて当惑していた。

そこで朝廷は蜀の地方官とはかり、蜀にはいりこんだ陝西の流民を本籍へ強制送還しようとくわだてた。これにたいし、流民はいっせいに反抗し、氐族出身の李特《りとく》なる者を推して頭として成都を攻め、その子李雄《りゆう》に至り、蜀の地方を平定して皇帝の位につき、国を成《せい》と号した。のちに漢と改めたので、史にこれを成漢といい、あるいは劉備の前蜀にたいして後蜀ということもある。

ヨーロッパ中世史の出発点となった民族大移動も、最初はローマに征服され、ライン、ダニューブの線の内部に移住してきたゲルマン民族の蜂起によって口火がきられたのであった。中国の中世も同じような経過をたどる。

最初にこのような異民族の活動が顕著に認められたのは、後漢末のときで、中国内地を劫掠した董卓、呂布の軍隊には異民族出身の騎兵が多かった。しかしこれらは結局曹操の軍隊に吸収されて、その軍容をさかんにしたにとどまった。

つぎに晋代になって国の内の混乱に乗じて起こった匈奴などの蜂起は、かれら自身の自覚によるものであった。ただかれらはいわば文明化した熟蕃《じゅくばん》であって、ながく長城の内部に中国人と伍して生活していた結果、いつのまにか多かれ少なかれ中国化していた。ことにその指導者は中国人に負けぬほど中国的教養を身につけていた。

そこでかれらが自立すると、中国人の貧民はもとより、知識階級までが馳せ参じ、あまんじてかれらの手足となって働いた。腐敗しきった中国政権よりも、素朴な異民族政権の下の方が働きよかったのである。

都市と農村

匈奴の漢にはじまって、以後ひきつづき進行する異民族の蜂起、その中原征服は中国の社会に大きな変動をもたらした。なかでもいちじるしいのは、中国都市が変質してきたことである。

漢代までの中国社会は、大小の農業都市の集合体であったといえる。後漢のころから豪族が中心となって、都市から離れた田舎に荘園を開き、城内から農民を呼びよせて隷属させ、ここに村落形態の人民集落が出現した。魏の曹操による屯田は、じつはこのような豪族の荘園を模範としたものであったが、これによっていよいよ村落が広く地方に普及するに至ったと思われる。このことはいいかえれば、従前の農業都市がしだいに崩壊にむかっていたことを物語る。

漢代盛時の中国の人口は、政府が掌握して統計にのせられたものが約六〇〇〇万、これは偶然にもローマ帝国盛時の人口に匹敵する。この漢代の人口は、そのほとんどすべてが、大小の都市に定着していたと思われる。

しかるに晋が三国を統一したときの統計を見ると、

戸　二四五万九八四〇

口　一六一六万三八六三

なる数があげられ、漢代に比して約四分の一に減少している。漢末三国の戦乱によって、非命に死した者の数が少なくなかったことは想像されるにしても、同時に政府の把握力が衰え、税役から逃れて、したがって政府の統計にのぼらぬ人民が多数生じたこともまた疑いないところである。

それならどのような形で人民は政府の掌握から脱出したのであろうか。第一は荘園の客《きゃく》である。中央政府が任命する地方官は、せいぜい県の上官までであり、県城以外の郷、亭の小都市には土着民の代表者が戸口調査や租税徴収にあたっている。ところが城外遠く離れた山間僻地の荘園には政府の権力が容易に及ばない。しかもその持ち主は有力な土豪であるから、治外法権的な性格を濃厚にもっていたと思われる。

つぎには流民である。飢饉などのさいに人民が本籍地を脱出して、他地方にはいりこむ。その中で荘園に吸収される者のほかに、集団で土地を耕してそこに土着する者も生ずる。成漢の李特がひきいた流民はまさにこの種の人民であったと思われる。本籍地では食えない者が、他郷へ流れこめば食っていけるというのは不思議に聞こえるが、本籍地では税役が重くかかるが、流民となればもはや政府の力がとどかず、搾取を受けないから自給自足でやっていけたのである。

このように古代都市が崩壊し、かわって村落が出現して農業生産の担当者となりつつあった。しかし、この形態を決定的にしたのは、異民族が支配者となって大都市を根拠地とした事実であった。

異民族は従来は、中国人の都市と都市との中間に生じた空地にはいりこみ、そこで放牧を行なっていたわけだが、いまやかれら自身の政権が成立すると、この政権を支持する地盤として、ほとんど全部が軍役に服務することになった。ただかれらの人口はなんといっても中国人に比較すれば少数であるから、つねに集結していなければならなかった。そこでかれらは征服地の大都市の中に移住し、都市を兵営化したのである。

文化をになう仏教寺院

それまでにも中国の都市は、その大なるものからしだいに農業都市の性格を失って政治都市の色彩を強め、行政の複雑化にともなって官庁や兵営が立ちならび、農民は排除されて郊外へ流出する傾向があった。

ところで新たに出現した異民族政権は、大都市を純然たる政治都市とし、官庁、兵営、市場、工場などに必要な人員を城内にとどめ、農民は城外に追い出す政策をとった。これは都市が同時に作戦根拠地であり、要塞の用をなすので、不要な非戦闘員の雑居は好ましくないうえに、異民族軍隊と中国人農民とが雑居すれば争闘をひきおこしたり、軍事機密がもれたり、あるいは危急なさいに中国人の反乱、寝返りが生ずる恐れもあることを考慮したためである。

そこで農民は村落に居住することがしだいに一般化したのであるが、これは従前の都市生活にくらべて、どんな利害が生じたであろうか。まず利点としては、住家と耕地の距離が近くなったことがあげられる。

従来は家は城内にあり、耕地は城外にあるので、どうしても距離が長く、往復に時間がかかった。しかも城門は夕暮れになるととざされるので、それまでに帰宅しなければならない。しかるに村落では、どこなりと耕地の中心に家を建てることができる。夜行も自由であるから、ずっと遠隔の地に耕地をもつこともできる。かれらの農業行動がひじょうに自由になったわけである。

しかしかれらが最初に都市を離れて農村にはいったときは、なんとなくたよりなく、いい知れぬ不安に襲われたことであろうと思う。都市にくらべて隣家との距離は遠く、敵襲にあえば城壁のような防禦物がなにもない。しかしだんだんなれるにしたがって、かえって村落のほうが安全だというふうに考えをかえたにちがいない。というのはまず少々の敵ならば覚悟をきめて、自力で防衛する。犬を飼ったり、ほら貝を吹いて相互に援助する。もし大部隊の敵が侵入してきたときは、食物をどこかにかくしておいて逃げてしまうのである。

従前の都市生活は人民が密集し、したがって食物の蓄積が多かったので、かえって掠奪の目標とされて、敵襲を受け災禍をこうむる機会が多かった。ところが農村がここかしこに散在しておれば、大部隊の敵は目ぼしい獲物がないと見てよりつかない。もし侵入してきてもまもなく引き上げざるをえない。そのあいだだけしばらくかくれており、敵の去ったあとへ帰って、かくした食糧を掘り起こせばなんとか生命をつないでいけるのである。

豪族が中心となって開いた荘園村落は別として、人民が集団して自然にできた村落には、もちろん文化らしい文化はない。読み書きできるような者はひとりもいなかったであろう。寄り合い所帯であるから、たがいに喧嘩、闘争もしたであろう。そういうところへはいりこんで布教範囲を拡張し、教化につとめ、平和を維持したのが仏教寺院であった。当時の仏教は単なる宗教でなく、総合文化であった。建築、彫刻、絵画、経済、法制、文学など、すべてが混然として人民を指導した。いさかいが起これば調停にはいり、貧乏人には金や物を恵んだり貸したりし、集会所となり、交易所となり、質屋となり、銀行となった。政府がやるべきことを寺院が行なったのである。

かくして、中国中世は仏教の時代となった。それはあたかもヨーロッパ中世がキリスト教の時代であったのと軌を一にする。

洛陽陥落

漢では劉淵が死んだあと、その子の劉聡《りゅうそう》がたった（三一〇年）。一族の劉曜《りゅうよう》や羯《けつ》人の石《せき》勒《ろく》をやって晋の郡県を攻陥し、晋の都洛陽がかえって敵中に孤立するような形勢となった。

朝廷の実力者、東海王司馬越は、天下に檄をとばして勤王《きんのう》の兵の入援をうながすいっぽう、みずから十余万の軍をひきいて、石勒の侵入防禦にあたった。参謀として一流の名士、王衍《おうえん》を招いて従軍させた。しかるに天子懐帝は東海王の専権を憎み、軍中にもかかわらず免職に処したので、東海王は痛心のあまり発作にたおれ、後事を王衍に託して死んだ。

王衍は、当時の貴族のなかでもっとも貴族的な貴公子であった。その高尚な風貌と巧みな話術とで社交界の第一人者として尊ばれ、それがそのまま政治界の出世コースにつながって、するすると軍隊の最高指揮官にまでのしあがってしまった。これはどう考えてもおかしいが、それが当時の風潮であったのだ。

こんな司令官を戴いていては、戦争をしないでも危いのだ。いわんや相手は勇猛な異民族部隊をひきいた不世出の豪傑、石勒である。はたせるかな、一戦して晋軍は総崩れ、敵の騎兵の包囲を受けて総大将以下全軍が、ひとり残らず殺されたり捕虜になるという、惨澹たる敗北におわった。捕虜となって石勒の前に引き出された王衍は、そこでまた見苦しい醜態を演じた。

かれは命おしさのあまり、恥も外聞も、貴族の誇りもまったくすてて、みすぼらしい裸の個人となって、あらぬことを口走ったのであった。

「わたしは軍司令官とは名ばかりで、少しも作戦には関与しませんでした。いったいわたしは若いときから出世しようなどという欲望をもたず、俗事から遠ざかっていたのです。ただ政治の看板に使われてきただけですが、もし閣下が必要なときには、喜んで看板に使われたいと思います」

いうところはまったくしどろもどろであった。しかしもし石勒が天子にでもなろうとするなら中国貴族をひきつれて、万歳を唱えるときの音頭とりになろうというのである。

太平洋戦争の東京裁判に、証人として喚問された満洲国皇帝溥儀《ふぎ》の供述を聞いたある日本人は、あきれて、

「なんという性格の弱さだ。満洲族の愛新覚羅氏の系統もここまでおちこんだのか」

といって慨歎した。すると他の日本人は、

「なんという生にたいする執着の強さだ。よくも中国人民にひけを取らぬくらいの生活力を獲得できたものだ」

といって驚嘆した。このふたつの観察は、そのまま晋の王衍のうえにあてはまるであろう。素朴民族の出身の石勒には、こういう種類の人間と応答するのははじめての経験であって、その始末に困った。内容はつまらぬ人間だが中国人のあいだでは有名な名士なので、表むき死刑に処してはまずい。夜中に人をやって壁をおしたおさせ、その下敷きにして死なせた。


晋の大軍が全滅したあと、都の洛陽はまったく無防備となった。漢の軍隊はやすやすと宮城を占領し、天子懐帝をとらえて平陽に送り、やがてこれを殺した（三一三年）。

西晋滅ぶ

恵帝、懐帝の兄弟は二五人あったが、早死したり、殺しあったりして、懐帝が殺されるとあとにだれもいなくなった。甥の司馬業が洛陽を脱出して長安にたどりついたので、晋の官僚たちがこれを帝位につけた。愍帝《びんてい》（三〇〇〜三一七）である。

しかしかつては漢代の首都であったこの町も、後漢末以来の戦乱で荒廃し、城中の住民は百戸に満たず、朝廷といっても車が四輛しかなく、糧食にも事欠くありさまで、寒心にたえぬ状態であった。されば天子の位についたといっても、号令はほとんど天下に行なわれない。

ただ少し人意を強くするのは、南方の揚子江流域に一族の司馬睿《しばえい》が軍隊を集めて防衛をはかっていることと、西の方、万里の長城の西端に近い涼州に張軌《ちょうき》、張寔《ちょうしょく》の親子が異民族勢力に対抗して、中国人の自治領として残り、いずれも長安によしみを通じてきたことである。愍帝は司馬睿を丞相に任じて都督中外諸軍事を命じ、張軌には涼州の牧、西平公という位をあたえた。しかし土地が遠隔であるから、いざというときにたのみになる存在ではなかった。

愍帝がたって四年めの冬、漢の将劉曜《りゅうよう》が陝西の北部をしたがえ、渭水を渡って長安を攻めた。晋軍は支えきれず、天子以下が城を出て降参した（三一六年）。愍帝は漢都の平陽へ送られたが、漢廷にある晋の故臣がみな愍帝に同情するの故をもって、劉聡の殺すところとなった。

当時中国人の中原を回復しようとはかるもの、祖逖《そてき》らをはじめとし、いたるところで兵をあげたが、いずれも成功せず、中国文化発祥の地である黄河流域一帯は異民族によって占領されることになった。史上この戦乱を、懐帝の年号によって「永嘉《えいか》の乱」と称し、武帝から愍帝に至る四代を西晋と呼んでのちの東晋と区別する。

永嘉の乱は中国史上、はじめて中国が異民族に征服され、一時中国文化が地におちて蹂躙《じゅうりん》された異変である。後世の中国人が史を読んでここに至ると、痛憤やるかたない思いがするのも無理はない。そしていつも、清初の顧炎武《こえんぶ》の『日知録』の中の一節が引き合いに出される。

鄭玄《じょうげん》や王粛《おうしゅく》が出て経書の意義をあきらかにし、漢代の学問を大成したと思ったら、つぎに王弼《おうひつ》や何晏《かあん》が老荘の思想を説いて、晋代の学風の魁《さきがけ》となった。その結果は国家が上に滅び、教育が下に沈み、異民族が君主になるとともに、中国の王朝にも革命が頻繁に起こるようになった。この衰退の責任はいわゆる竹林諸賢の罪でなくてだれが負うものであろうか。亡国と亡天下とは似たようなことばだが意味がちがう。易姓革命《えきせいかくめい》で滅びたのは、亡国といい、単にひとつの王朝が滅びたという意味である。それがさらに進んで、獣をひきいて人を食い、人はまた人でたがいに食いあうほど乱れたときにはこれを亡天下、天下が滅びたという。魏晋人の清談は天下を滅ぼしたのだ。それはまさしく孟子がいったことば、楊朱墨翟《ようしゅぼくてき》の学説は、天下の人をして父なく君なく禽獣の道に入らしめるものだ、といった状態を再現したことになるのだ。

といって、学問がまず堕落して、それにつづいて天下が混乱におちいり、異民族が横行し、中国人もその文化も泥まみれにされる結果を招いたのだという因果論である。

これは儒教の立場からよくくりかえされる議論であるが、確かに一面の真理を含んでいる。地道な学問をきらって、交際術だけで官界を遊泳できるような時代になると、もうその世の中はおしまいになる。顧炎武が生まれた明の末世がまさにそういう時代で、やがて中国は満洲から起こった清朝に征服されるに至ったのである。しかしただそれだけではない。もっとほかに重要な歴史全体の問題が奥底にひそんでいるのではないか。

中世的世界

中国の中世がそうであったように、ヨーロッパの中世を特色づけるもののひとつに、ゲルマン民族の旧社会にたいする侵入があげられる。東アジアの歴史とヨーロッパの歴史全体を通観して、いくつもの類似点がかぞえられるが、北方における素朴民族と南方における文明社会との対立が共通に存在し、歴史はこの対立を軸として展開することがもっともいちじるしく看取される。そして中世の歴史はそのひとこまにすぎないのである。

ところでこの異民族の侵入を、近ごろの社会経済史派は、しばしば外部的な素因、あるいは機械的な圧力のように考え、非歴史的な偶然の事件であるかのごとく軽視する傾きがある。

ところが事実は、異民族の侵入なるものは、じつはその侵入を可能ならしめる前提が、旧社会に存在したが故に実現したのであって、問題はやはり旧社会の内部に存在したのである。ひとくちにいえばそれは古代社会の崩壊であって、この点においても中国とヨーロッパは平行的な推移をたどっている。

中国においては後漢時代から、豪族による荘園の開発が進行したが、それが土地に関するかぎりでは、新資源の開発を意味する。しかしながらその労働力は、国家の公民をつれ去って私的な隷農として働かせたものである。人民の数はそれほどふえず、むしろ悪政や天災のために減少したと思われるときに、荘園が盛行すればそれだけ、国家の公民は減少をきたすのである。

このことはふたつの結果をもたらす。そのひとつは国家財政の貧困であって、租税負担者が少なくなれば、それだけ歳入はへることは見やすい道理である。

つぎには兵役負担者の減少である。これも国家の公民が少なくなれば当然起こる結果にほかならない。そこで政府は、中国人を使用するよりも効率の高い方法として、異民族を軍隊に採用することとした。かれらは生活程度が低いので、給与も少額ですますことができる。また日常が放牧生活なので騎射に巧みであり、戦士として優秀な素質をもっている。かくしてまず軍隊が異民族化されたのであった。

しかしながら異民族を軍隊に用いることは、一歩誤れば重大な結果をひきおこす。とくに戦争がながびくばあい、かれらはしだいに自己の力量を自覚し、他人の傭兵として働くことに満足せず、自分自身のためにその武力を使用しようとするのはきわめて自然なことである。

このようにして中国では、董卓、呂布にひきいられた異民族騎兵、いわゆる胡騎の内戦参加にはじまり、八王の乱における胡騎の利用を経て、匈奴部族長劉淵一家の独立、その中原征服へと事態は急速に進展したのである。これとほとんど同様なことが、ローマ帝国時代の末期にヨーロッパにおいて継起していたのである。

もうひとつ忘れてならないことは、ほかにも中国とヨーロッパとに共通した類似的環境が存したことである。それは両者ともその隣人として、もっと文化の古い、社会組織の進んだ西アジア地域をひかえ、たえずこれと交通し貿易をつづけてきたことである。おそらく普遍的な原則といえそうなことは、先進地域と後進地域とが貿易するとき、先進地域が出超となり、後進地域が入超となる事実だ。いずれの時代、いずれの地域においても貿易の決済は貨幣をもってなされねばならぬ。そして正貨たる貨幣は金か銀かであり、銅は補助貨として用いられる。

さて中国が西アジアと貿易をかさねるうち、中国地域の正貨たる黄金はしだいに西にむかって流出した。正貨の減少はいずれの社会においても深刻な不景気現象をひきおこす。ここに正貨にたいする異常な愛惜が起こり、ひいて自給自足の荘園経済を盛行させる結果となった。これとまったく同様なことが古代ローマにも行なわれたのであって、それが中世世界へ展開していく大なる契機となったことは、よく世に知られるところである。

民族大移動

東晋の中興

呉が晋に滅ぼされたあと、呉の政権を支えていた土着貴族らは、もとの土豪に還元された。その中で才能に自信のあるもの、たとえば呉の屈指の名家で陸《りく》氏の陸機《りくき》、陸雲《りくうん》兄弟のごときは、つてを求めて晋の都、洛陽にはいって仕官の途を探した。

しかし、晋の政府がかれらにあたえた待遇は、けっして優厚なものではなかった。朝士の中には、かれらを田舎者扱いにしてあなどる者もあったが、これはかれらのことばが呉の方言で、中原の発音と違っていたせいであったかも知れない。かれらの才気走った言動は、やがて八王の乱にまきこまれ、兄弟ともに悲運な最期をとげるが、これは呉人の官界進出への意欲をくじくものであった。

中原が異民族のために蹂躙されたとき、ひと昔前ならば、呉の豪族が蹶起《けっき》して独立政権を樹立する動きをみせるところであった。しかるにだれもそんな音頭をとる者が出なかったのは、どうしたことであろうか。つい三〇年ほどまえに呉国の滅亡した事実をみて、割拠政権を樹立することの無意味なのをさとったのであろうか。あるいは晋の政府の抑圧によって、呉の人士はいずれも頭をおさえられ、呉人全体に号令できるような有名人が出ていなかったせいであろうか。いずれにしても当時の呉人は、はなはだ意気消沈していたのである。

それにしても中原の混乱がもう少しながびけば、その中に呉人の中にも自立運動をくわだてる者が出てきたにちがいない。ところが事実は、そんな動きの起こらぬうち、晋の一族、司馬睿《しばえい》（二七六～三二二）にひきいられた中原の貴族の一団が、軍隊を引きつれて南下してきたのであった。

司馬睿は、宣帝と諡《おくりな》された司馬懿《しばい》の曽孫にあたるから、当時の王室とはすでにだいぶ疎遠な関係になっている。八王の乱の最中にかれは禍が及ぶことをおそれ、鄴《ぎょう》を去って自分が封ぜられている国、山東の琅邪《ろうや》へ逃げ帰った。途中で黄河の渡し場を渡るときに見とがめられて留置されそうになった。当時鄴にいて権力をもっぱらにしていた成都《せいと》王が、一族をすべて自分の手もとに留めて監視し、自由に地方へ去ることを禁じていたからである。ちょうどそこへ遅れてきた従者が追いついて、司馬睿の背を鞭でこづ

司馬睿　のちに東晋の元帝となる。（慶長版『歴代君臣図像』）

きながら、

「貴様もいつのまにか人に疑われるほど偉い者になったものだな。早く行け」

といって、そのままおし通った。義経、弁慶の安宅の関通過のような場面である。

成都王が殺されて東海王が権力を握るようになった懐帝の初期に、司馬睿は安東将軍に任ぜられ、もとの呉の都、建業に都督府を開いた。このおぜんだては、かれの腹心の友人、王導《おうどう》の献策によるものであった。王導は司馬睿に勧めて、地方土着の豪族の歓心を得ることに努めさせた。

おりから中原では洛陽が匈奴軍におとしいれられ、王室や貴族の殺される者が多く、死をまぬがれた者は争って南方に逃れて司馬睿のもとにたよってきた。そこでかれは将来自立して政府を組織する日のあることを予想し、大量に人才を採用して属官、「掾《えん》」に任じた。当時の人はこれを百六掾と呼んだというが、政府要員を手まわしよく選抜確保しておいたのである。

揚子江下流の地方で地固めがおわると、司馬睿は中流、荊州地方の経営にのり出した。この地方には土着人の反乱が起こり、治安がもっとも乱れていたので、王導の従弟、王敦《おうとん》および名将陶侃《とうかん》らをやって平定させた。これによってだいたい、さきの呉国の領土がかれの支配下に帰したわけである。

長安にたった愍帝《びんてい》はかれを丞相に任じたが、やがて長安が漢におとしいれられると、かれは自立して晋王と称し、ついで群臣の推戴を受けて皇帝の位についた。これが元帝であり、晋の中興の祖と称せられるが、もとより晋の全領土を回復したわけでなく、東南の部分を領有したにすぎぬので、歴史上はこれ以後を東晋と称する。もとは建業と称していた都の建鄴は、愍帝の諱《いみな》の鄴という字をさけ、建康《けんこう》と改めた。

根なし草

東晋はさきの呉国の領土を継承した王朝であるが、その性格ははなはだ異なったものであった。呉国は南方土着の豪族が協力して建設した割拠政権であって、中央に対抗する意識が強かった。しかるに東晋はいわば流寓《りゅうぐう》政権であって、みずから正統王朝をもって任じ、その君主も、上級官僚も、その軍隊の中核も北方人である。したがってその国是は、いずれの日か機会をまって中原を回復し、都を洛陽に返すことにある。

この点からいえば、東晋はむしろ三国時代の蜀と共通な性格をもつ。ただし現実の問題として、東晋の国力はなお中原に及ばず、しかもその官僚はかつて中原において貴族生活を送り、貴族ずれした者が多かったので、口には中原回復を呼号するが、実際にはほとんど本気に努力した形跡が認められない。

祖逖《そてき》のような志士が、死を賭して中原反攻の壮挙にのり出しても、東晋政権はほとんどなんらの援助もすることなく、みすみす好機を見送ってしまった。その点においては、むしろ三国時代の蜀の意気にも劣るものであった。東晋が史上において少しも人気がないのはこの点にある。

すでに政府が北方からの流寓政権なので、南方の土着豪族はあいかわらず田舎者としての待遇を受けるのをまぬがれなかった。ただその実力は政府もこれを認めざるを得ないので、西晋時代におけるよりも待遇は若干改善された。同時にまた政府はつねに警戒をおこたらず、かれらが実権ある地位につくことを極力妨害した。朝廷における用語は北方語であり、土着人の南方語は呉語と称して軽蔑された。両語の区別は日本に伝わった漢音と呉音との相違ほどのものと考えてよいであろう。

このような低い待遇にたいして、土着豪族が不満を抱きながらも、大反乱を起こすでもなく、辛抱をつづけたのは、流寓政権が北方から強力な軍隊をひきつれてきたためである。この軍隊は揚子江北岸の広陵《こうりょう》、のちの揚州と、南岸の京口、現在の鎮江《ちんこう》とに駐屯しており、世襲的な職業軍人として政府に使役されていた。

土着豪族はなによりもまず、この軍人集団をはばからねばならなかった。それと同時に、この軍隊は北方からの異民族の侵入にたいするもっとも信頼すべき防壁の役をつとめる。そこで南方豪族は、むしろ国防を政府と軍隊に委任し、同時に政府に出て栄達する希望をすて、そのかわりひたすら自己の荘園における経済的利益を追求することに満足を見出したのであった。

東晋政権は、これをヨーロッパ史上に類似を求めるならば、まさに東ローマ帝国に相当するであろう。ともに異民族のために従来の本拠を占領され、東南に半分残った地に割拠して、しかも正統政府を名のるものである。

東ローマ帝国がダーダネルス海峡を扼《やく》し、地中海上の覇権をなお維持したように、東晋政権は揚子江の水路を掌握することによってその領土の統一を保ち、北方異民族勢力に対抗することができた。東晋朝廷の貴族制度と、東ローマの官僚制度の比較のごときは、今後追究さるべき好箇の研究題目であろう。

王導　東晋の功臣として内治に実績をあげた。（慶長版『歴代君臣図像』）

雨降って地固まる

東晋が流寓政権であるという性格をもっともよくあらわしたのは、王敦《おうとん》の反乱に際してであった。王敦は王導の従兄弟にあたり、西晋時代の清談家として高名をはせた王衍《おうえん》、王戎《おうじゅう》の一族である。東晋中興のはじめ、王導は内にあって政治にあたり、王敦は外に出て征伐をつかさどった。王導の謹慎《きんしん》なるに反し、王敦は大軍を掌握しており、剛《ごう》愎《ふく》で専断のことが多かったので、ようやく朝廷とのあいだに不和が生じた。

王敦は君側の姦人をのぞくと称して、根拠地の武昌から兵をひきい、揚子江を下って都に迫ったが、政府軍は敗退して都の外域を占領されてしまった。天子は百官に命じて王敦を迎えるべく城外に出て伺候させたが、王敦は自己の反対派を殺戮しただけで、入朝することなくそのまま武昌へ引き上げた。

王敦がせっかく兵を起こしながら、朝廷にはいって実権を握ることもせず、このような中途半端な態度をとった理由はなぜだろうか。かれはやはり自己のおかれた地位と、その実力とをよく自覚していたことと思われる。

かれは一戦して運よく都の外郭を突破したが、朝廷の背後にはまだ広陵、京口に駐屯する大部隊の力がひかえている。もしかれが朝廷にはいって専横を行なおうとすれば、必然的にこれらの軍隊と勝負を争わねばならない。それは北から南下した流寓集団の同士討ちを意味する。結果はどちらが勝っても、大きな痛手をこうむらずにはすまない。するとそのあとにくるものは、北方からの異民族勢力の侵入か、南方土着豪族たちの台頭にちがいない。最初の旗上げの口実、君側の姦をのぞくという目的を達した以上、早く引き上げるほうがかれにとって安全なのであった。

しかしこの暴挙は、天子元帝にとってはたえられぬ屈辱であり、憂憤のあまり病気を発してまもなく死に（三二二年）、太子の明帝がそのあとをついだ。明帝（二九九～三二五）

は文才があり、剛毅で武事を好んだ。王敦が武昌に拠ってほとんど独立の形で割拠するのを見てはがまんがならない。王導に命じて大都督とし、軍をひきいて征伐にむかわせた。王敦のほうでも朝廷から反逆者の烙印をおされ、征討を加えられる立場になると、やむをえず、再度の反乱を起こして、いくところまでいってみるほかはないと考えた。

ところがさて、軍を発するまぎわになって王敦に病気が起こり重態となった。かれの側近が万一のさいに後事をいかにすべきかを問うと、

　謀反のようなだいそれたことは、わたしが生きていればこそできるのだ。もしわたしが死んだなら、おまえたちは軍隊を解散して、恭順の意を表し、朝廷の慈悲にすがって一命を助けてもらうのが上策だ。でなければ武昌にたてこもって、攻められれば抵抗し、攻められなければ朝貢の礼を欠かさず、機会をまつのが中策だ。あるいはわたしの息のあるうちに全軍をひきいて東上し、いちかばちかの運をためすなら、それはもっとも下策だ。

と戒めたが、側近たちは相談して、いわゆる下策こそ上策だと定めて戦争を続行し、王敦の兄、王含《おうがん》を先鋒として政府軍と決戦した。

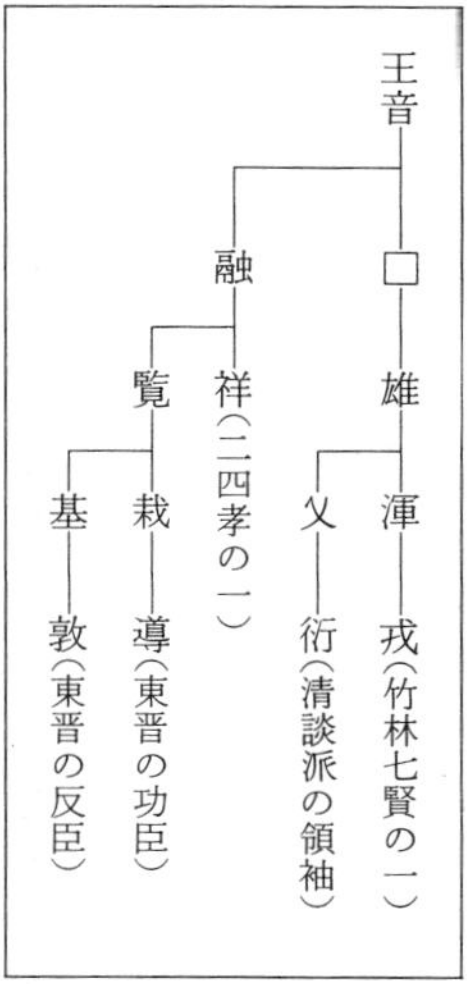

琅邪の王氏系図

王含は凶暴ではあったが、凡庸な性質なので、一戦して敗退した。王敦は立ちあがって軍隊を指揮しようとしたが、また倒れてまもなく息をひきとった。首領が死ぬと反乱軍は総崩れとなって、壊滅し、揚子江中流は確実に建康政府の支配に帰した。

王敦の乱は、雨降って地固まるの結果をきたした。東晋の政府は弱体なるがゆえに、かえって流寓の貴族、軍人らの支持を受け、崩壊しそうにみえてなかなか崩壊しなかった。この政権がなくなれば結果はみなが困るのであり、この政権の中心にはやはり司馬氏の王室を戴くのがいちばん自然で、不平が少なくてすむのであった。

大混乱

西晋が滅びたあとの中原は、ヨーロッパにおけるローマ帝国の末期、ゲルマン民族が侵入したフランス、イタリア、スペインもかくやと思われるばかりの混乱におちいった。

中原の主要部は匈奴劉《りゅう》氏の漢に占拠された。しかしその政権はけっして安定したものではなかった。かれらは武力には強いが、いまだかつて中国式の政府を組織し、人民を支配した経験がないからである。さらに北方民族のつねとして、相続法がきまっておらず、強力で統率力ある者が衆に推されて君長の位につく習慣が残っており、これがいっそう混乱をます原因となった。そのうえ異なった民族が入り乱れての離合集散であるから、随処に思いがけない惨劇が発生するのをまぬがれなかった。

はじめ漢の劉淵《りゅうえん》が死んだあとは、その長子の劉和《りゅうわ》がたったが、弟の劉聡《りゅうそう》のほうが豪傑なので、兄を殺して位をうばった。ところが因果はめぐるもので、劉聡が死んで子の劉《りゅう》粲《さん》がたつと、大異変が起こった。劉聡は後事を一族の劉曜《りゅうよう》と、羯《けつ》人の豪傑、石勒《せきろく》とに託したのであったが、劉粲は側近の中国人靳準《きんじゅん》を信用し、政治をいっさいまかせきりにして、自身は遊宴にふけり、酒ばかり飲んで暮らしていた。

劉氏の一族はみな酒癖がわるくて失敗するが、風習が野蛮で体力に自信があるうえに、ほかに高尚なたのしみを知らないためでもあったであろう。

ところで靳準は漢人なので、最初から劉氏が中国の天子をとらえて殺したりしたのをこころよく思わない。いま全権を委任されたのを幸いとし、機をうかがってクーデターを起こし、劉粲はじめその一族をとらえてことごとく殺し、劉淵、劉聡の墓まであばき、その廟を焼きはらった。そしてみずからは大将軍、漢天王《かんてんのう》と称し、中国人を糾合《きゅうごう》して民族国家をつくるつもりであったが、しかしかれの経歴が劉氏の臣下として働いてきたのであったから、心ある中国人は進んでしたがおうとしない。

時に劉曜は長安にあり、石勒は河北の襄国に拠っていた。いずれも変を聞いて平陽《へいよう》に集まってきた。劉曜は漢の一族なので自立して皇帝の位につき、石勒を趙公《ちょうこう》に封じたが、石勒は表面これを受けただけで内心は服従しない。ただ共通の敵、靳準を攻めるために共同の作戦を行なった。そのうちに靳準が部下に殺され、弟靳明《きんめい》がかわった。まず石勒が攻めて平陽を抜くと、靳明は劉曜のもとに走り、助けを求めたが、劉曜は靳明とその一族を攻めて皆殺しにした。

平陽がおち、靳《きん》氏が滅亡すると、劉曜と石勒の共同戦線がたちまちふたつに割れて、たがいに敵対する仲となった。双方ともその国を趙と号したので、歴史のうえで劉曜の国を前趙、石勒のそれを後趙と呼んで区別する。

劉曜と石勒

前趙と後趙とは、はじめはそれぞれの勢力範囲の拡大にいそがしかった。前趙の劉曜は長安を根拠地として西方を征討し、涼州《りょうしゅう》に拠った張茂《ちょうも》を降して、敦煌回廊を手に入れた。張茂は張軌《ちょうき》の子で、兄張寔《ちょうしょく》のあとをついだ者である。いっぽう後趙の石勒は襄国を根拠地とし、山東省を含めて東方海岸に至る黄河下流一帯をきりしたがえた。

かくして双方の勢力分野が定まると、今度は両者の正面衝突となり、洛陽をはさんで攻防戦が展開された。後趙軍が洛陽を城守しているところへ、劉曜が十余万の大軍を起こして迫り、南北に長い陣を列ねて包囲態勢をとると、石勒は甥の石虎《せきこ》を先鋒とし、四万の軍をひきいて洛陽にはいった。

劉曜は勇将であるが酒におぼれ、決戦の直前まで盃を手からはなさない。油断を見すました石勒が精騎をひきいて、劉曜の中軍を突くと、劉曜はまだ酔いがさめず、馬から落ちて生け捕りにされ、全軍が総崩れになった。なんともいえぬ醜態であった。しかし、石勒から国をあげて降参することを勧められたが応ぜず、従容《しょうよう》として殺された。劉曜の前趙の領土は逐次石勒のために平定され、中原の大部分を統一した石勒は、やがて皇帝の位についた。

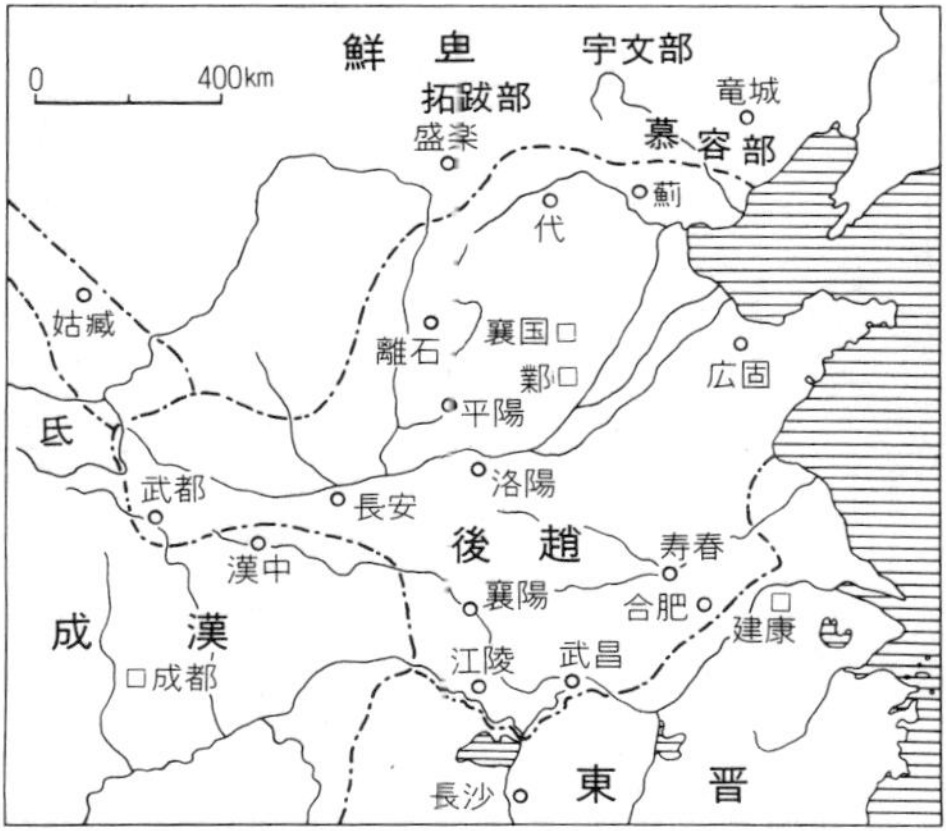

後趙の境域

劉曜は最後にはみそをつけたが、本来はなかなかの豪傑であった。生まれながらにして眉が白く、目に赤光があり、鬚はまばらであるが長さ五尺もあり、ひろく書を読み、文をつくり、書に巧みであった。武勇にかけては、鉄の厚さ一寸をつらぬくほどの強弓をひいた。

晋の愍帝《びんてい》を長安に攻めたとき、晋の将軍索綝《さくりん》がひそかに使いを送り、もし重賞をあたえられるならば、そむいて城を献じようと提議した。するとかれは、

「我輩は兵をひきいて転戦することはこれまで一五年、その間いまだかつて謀略によ

って敵を破ったことはない。正々堂々と戦って相手を屈服させてきたのだ」

といって拒絶した。長安をおとしいれると、索綝をきって見せしめとし、全国に布告した。

「卑怯な人間を憎むことは、敵も味方も区別ないのだ」

かたや石勒も一世の英雄であった。若いときに晋末の内乱にあい、飢饉にみまわれて、つぶさに辛苦をなめた。人さらいにさらわれ、奴隷に売られたこともある。脱走して群盗の仲間にはいり、しだいに頭角をあらわしていっぽうの雄となり、漢の劉淵のもとに投じて部将となり、着々と勢力をきずきあげたのであった。

あるとき、酒宴の席でかれは臣下たちにむかってたずねた。

「我輩は歴史上の人物の中で、だれと比較されると思うか」

すると、臣下の中のおべっか者は、このときとばかり、

「陛下は漢の高祖、魏の曹操はもとより、だれも及ぶところではありません。しいて申さば黄帝のつぎぐらいでしょうか」

というと石勒は笑って、

「とんでもないことを申すな。我輩だとて身の程はちゃんとわきまえているぞ。我輩がもし漢の高祖に出あったら神妙に家来になって奉公するぞ。しかし光武帝だったら相手になって天下を争ってみる。さてどっちが勝つかはやってみねばわからぬ。曹操や司馬懿は問題にならぬ。寡婦《かふ》に後見される孤児が天子になっているのにつけこんで、キツネが人をば

かしたようにして天下をうばったやつらだ。我輩はそんなことはせぬ。大丈夫たるものの行動は、礌々落々《らいらいらくらく》、日月のように皎然《こうぜん》として、公明正大であるべきだぞよ」といった。かれのことばは傲語に似て、傲語ではないのだ。内に満ちあふれた自信をもって、責任ある発言をしたのである。

劉曜や石勒のすることを見ていると、いっぽうではずいぶん残酷なこともする。根が野蛮人であるからだ。しかしこれを当時の中国を代表する晋の貴族たちの陰性で功利的なのにくらべれば、はなはだすがすがしいものを感じる。やはり歴史は人間がつくるものだと反省させられる。

本性たがわず

しかしながら北方民族には致命的な弱点があった。それは武力を過信することであり、何でもすべてが力ずくで解決できるものという信念であった。そのうえにかれらの潔癖性は妥協を認めず、徹底的に所信を通そうとする。いっぽうにおいてかれらは、その個人の行動において、欲望を制する克己心に欠け、志を得るにしたがって酒色にふけり、過去の功業を一朝に泥土にまかして省みぬ欠陥があった。要するに教養がないのである。

石勒はこの点を大いに反省した。かれは中原を平定すると、宛然《えんぜん》として晋王朝の後継者をもってみずから任じ、学校を興したり、官吏登用制度を定めたりして、晋の文化的事業

わ
を受けついだ。しかしかれが死ぬと、あとに残された子孫、一族は野蛮人の本性をあらわして、たがいにオオカミのように食いあった。

石勒の死後、太子の石弘《せきこう》がたったが弱体であり、従弟の石虎が権力をふるった。石虎は伯父の石勒に養われたが、子どものときからあまりに凶暴性を発揮するので、石勒もてあまし、将来をおもんぱかってひとおもいに殺してしまおうかとさえ思った。しかしその母の懇願によって思いとどまったが、さて軍人にして使ってみると勇猛果敢でだれもできないようなことを平気でやってみせる。とうとう石勒にとって欠くことのできない存在となり、片腕になって働いた。

ところで石勒の生存中はそれでよいが、さて性格の弱い石弘の時代になってみると、もう人物の重みからして石虎の相手ではない。はじめ石弘は石虎の威光におされて、帝位につくのを辞退しようと申し出ると、

「天子としてその任務にたえぬようなら、そのときになって考えるさ。天下にはおのずから公論というものがある」

といって相手にしない。そこでしかたなく天子の位につくと、いろいろの難題をもちかけては役に立ちそうな競争相手を天子の手をかりてみな殺させた。やがては石勒の妻を殺したので、見るに見かねた一族が兵を起こして石虎を討とうとしたが失敗して、これも殺された。

石弘はいよいよ恐れて、石虎に禅譲を提議すると、

「天子は推戴されてなるもので、自分勝手に位をゆずれるものではない。禅譲するくらいなら、こっちから廃してやるまでだ」

といって、石弘の位をうばい、やがて殺してしまった。石虎はみずから趙天王《ちょうてんのう》と称し、都を鄴《ぎょう》にうつし、そこで大土木事業を起こして、壮麗な宮殿をたてた。この野蛮人君主にあっては、人民の疲弊などは問題でない。何万人という人民がつかれはて、ひと塊りになっては死んでいった。

しかし君主が宮殿を飾り奢侈にふけるようになると、もう武力は底をついて、以後急激に衰えてくる。おりしも東北方面に鮮卑《せんぴ》の慕容《ぼよう》氏が起こり、慕容廆《ぼようかい》のとき燕国を立てて隆盛になり、その子慕容皝《ぼようこう》は燕王と称した。石虎はみずから燕を討ったが大敗し、士卒三万余人を失って退いた。石虎はさらに西の方涼州《りょうしゅう》を攻めたが、ここでも張寔の孫、張重華《ちょうじゅうか》の善戦にあって敗退をよぎなくされた。

人種戦争

武力の衰退はふたたびはね返って内乱となる。石虎の太子、石邃《せきすい》は驍勇《ぎょうゆう》でしばしば功をたて、石虎もこれを愛していたが、石虎が酒色にふけって精神が衰え、怒りっぽくなって、愛児までも鞭でなぐるようになったので、石邃はたまりかねて謀反をくわだてた。そ

の計がもれたので石虎は石邃を誅し、かわりに石宣《せきせん》をたてて太子とした。ところが見ていると石虎は弟の石韜《せきとう》のほうをいっそうかわいがるので、石宣はいつ廃されるか知れないと不安がり、ひそかに人をやって石韜を暗殺させた。石虎は大いに怒って太子をとらえて殺したが、愛児の仇とばかり惨虐をきわめた。

ときに太子の子どもで数歳になる孫があり、しきりに泣いて救いを求めた。この孫は石虎が目に入れても痛くないほどにかわいがり、孫のほうでもよくなついていたので、これだけは助けてやろうとしたが大臣たちが承知せぬ。やむなく刑場へ送ろうとすると、孫は石虎の帯を力いっぱい握ってはなさない。帯がひきちぎれるほどにつかんでいるのをふりほどいて殺しにやった。

さすがの石虎もこれで精神にしたたか打撃を受けて発病し、一〇歳の石世《せきせい》を太子と定めると、まもなく慨歎しながら世を去った。

「なぜこのおれはこうもわるい子どもばかりを生んだのか。この子がせめて二〇になるまで生きていたいが、しかしそのときは生きていてももう役にたたぬ老いぼれになっていよう」

これはまたなんという弱音であろうか。人の子なら草を刈るように殺しつくしてなんの憐憫の心も動かさぬ、血も涙もない男が、自分の家事となればこのていたらくである。しかしこれを笑ってばかりはおれない。いつの世でも戦争になると、これに似たことがずいぶんよく起こるもので、現にわたしたちもそれを見聞してきたのだ。

石虎の死後、石世がたったが、この乱世に一〇歳の天子ではほじめから無理なのだ。ことに兄たちはいずれも不平である。石虎の養子で中国人出身の石閔《せきびん》というものが、年長の兄、石遵《せきじゅん》に説きつけた。

「いったいあなたが当然たつ順番なのに、主上が耄碌《もうろく》してこんなことになったのです。あんな遺言は無効です」

そこで石遵は石閔と力をあわせ、石世を廃して位にのぼり、やがて石世を殺した。はじめの約束ではこの功により、石閔が太子にたてられるはずであったが、かれは養子であるから反対が多い。そこで甥の石衍《せきえん》をつれてきて太子とした。あてのはずれた石閔は今度はもうひとりの兄弟、石鑒《せきかん》をおだてて石遵と石衍のふたりを殺させ、石鑒が位についた。石閔は大将軍に任ぜられて兵権を統べた。

この石閔は本姓が冉《ぜん》である。その勇敢なのを認められて石虎の養子とされたが、もともと中国人なので石氏の一族の中にはいると、よそ者扱いにされる。腹に一物あるかれは、こうして石氏の兄弟を殺しあいさせたのであるが、石鑒もやがてこれに気づき、石閔をのぞこうとくわだてた。

しかしもう時機がおそかった。兵馬の大権を掌握した石閔は、石鑒を幽閉しておき、中国人出身の軍隊をひきいて異民族をかたっぱしから殺戮させた。凄惨な人種戦争である。

異民族の犠牲者が二〇万人にものぼったと称せられた。石閔は本姓に復して冉閔《ぜんびん》と称し、国を魏と号した（三五〇年）。

前燕の興隆

石氏が内部で争っているあいだに、いよいよ勢力をましたのは東方の燕《えん》国の慕容《ぼよう》氏である。燕は慕容皝《ぼようこう》のとき、遼河《りょうが》の東西の平野を平定し、進んで鴨緑江《おうりょっこう》流域の丸都城《がんとじょう》（現在の輯安《チーアン》県）に拠った高句麗《こうくり》を征してその都をおとしいれた。

高句麗は日本で三韓のひとつにかぞえる高麗《こま》であり、紀元ころから史上にあらわれ、しだいに強盛におもむくとともに、中国本部とその朝鮮における植民地楽浪郡《らくろうぐん》との交通を脅かすに至った。そこで三国魏のとき、将軍毌丘倹《かんきゅうけん》が高句麗を討ってその都、丸都城をおとしいれたことがある。しかし交通不便な山間なので中国軍はながくとどまることができず、まもなく兵を返すと、高句麗はふたたび勢いをもりかえしてさかんになるのであった。

燕の慕容氏は、むしろ中国の本部にむかって南下することに興味をもったが、さればこそ背後を安全にしておくために、高句麗にたいして一大打撃をこうむらしておく必要があったわけである。燕軍は同時に満洲奥地の土着の農業国、扶余《ふよ》を攻めてこれを滅ぼした。

慕容皝の子、慕容儁《ぼようしゅん》のとき、これまで燕の南下をおさえていた後趙《ごちょう》に内乱が頻発したのは、燕にとってまたとない進出の好機会をあたえた。燕王はその弟、慕容恪《ぼようかく》を大将として、後趙をうばった冉閔《ぜんびん》の魏を討伐させた。

冉閔は勇敢をもって聞こえた武将なので、みずから精鋭をひきいて防戦した。燕軍は軍を三部にわかち、冉閔を誘いこんでうまく包囲して攻めたてた。冉閔は左手に両刃の矛をとり、右手に片鎌槍を握り、朱竜《しゅりゅう》という名馬にのって奮戦したが、十重二十重に囲まれて矢を射かけられ、さすがの朱竜もつまずいてたおれ、落馬したところを生けどりになって殺された。その根拠地の鄴も燕に占領され、黄河下流一帯の平野は燕の領土となった。慕容儁はそこで皇帝の位につき、鄴に都したが、史上にこの国を前燕と称してのちにあらわれる数個の燕国と区別する。

しかし前燕の勢力は、西方は洛陽付近までしか及ばなかった。それは当時陝西地方に新たにチベット系の氐《てい》族の苻《ふ》氏の政権が興起しつつあったためと、もうひとつは、前燕自身の国内事情からであった。

燕帝慕容儁には兄弟数人あり、いずれも逸材であった。ことに慕容垂《ぼようすい》がすぐれていたが、慕容儁はこれを使いこなせない。慕容儁が死んで子の慕容暐《ぼようい》がたつと、叔父の慕容恪が後見となり、暐にすすめて垂を重く用うべきことを説いたが、まもなく恪も死ぬと、両者のあいだの溝がしだいに大きく割れてくる。そこへ起こったのが、南方の東晋と、西方の苻氏の秦との三つどもえの外交関係である。

敵国を平らげて奇才あらわる

東晋では王敦の乱がおさまってまもなく、明帝が死んで、子の成帝（三二一〜三四二）がついだ。成帝のはじめに蘇峻《そしゅん》の反乱が起こった。蘇峻は山東の人で家柄はあまり高くない。西晋末の乱に故郷の人民数千家族を集め、南にくだって東晋に依った。王敦の乱に功があったが、その生い立ちが異なるので朝廷の貴族たちから白眼視され、かれもまた朝廷の貴族主義をあなどった。

かれはそれまでついぞ中央政府における栄職に任ぜられたことがなかったが、かれの勢力が強くなりすぎたとみた中央では、改めてかれの地方官の職を解き、中央の閑職につけようとしたので、かれは意を決して前線から兵を返して都の建康を突き、宮城をおとしいれて狼藉を働いた。

このとき成帝は七歳であり、司徒の王導が補佐していたが、蘇峻は廃立を行なおうともせず、王導のつぎに坐して実権を握り、朝政を専断しようとしたのであった。蘇峻もやはり北方からの流寓人であり、東晋王朝が自分にとっても必要な存在であることを意識していたらしい。結局東晋の実体ははなはだ微力であるが、超越した精神的主権者として、かえってその地位をながく保つことができたのであった。しかし建康、現在の南京の地は攻め落とすには容易であるが、守るに難い。まもなく晋の地方軍が名将、陶侃《とうかん》らにひきいられて集まってくると、蘇峻はたちまち敗れて陣中で殺された。

この内乱の平定に大功のあった陶侃は数年後に病死した。かれは東晋初期における第一の名将であり、軍にあること四一年、晩年にはもっぱら荊州にあって揚子江中流一帯を支配して平和を保たせ、路に遺を拾わず——落とし物があっても猫ばばする者がない——と称せられた。

さらに数年して王導がなくなった。かれは元帝、明帝、成帝の三代につかえ、前後二十余年間、東晋の大黒柱となって政治を総攬した。世人は、東晋という王朝は司馬氏と王氏との合作だと批評した。かれの本籍は山東の琅邪《ろうや》なので、以後その一族、琅邪の王氏は天下第一の名門として尊敬された。

陶侃（慶長版『歴代君臣図像』）

やがて、成帝が二二歳でなくなり、太子が即位して穆帝《ぼくてい》（三四三〜三六一）となるが、年わずかに三歳であった。大叔父、会稽王《かいけいおう》の司馬昱《しばいく》が後見人となった。かれは荊州方面の軍事を桓温《かんおん》に委任した。桓温の父の桓彝《かんい》はさきに蘇峻の乱に殉じて世人の同情をかった。桓氏も北方からの流寓であるが、一流の貴族ではなく、もっぱら軍事方面に従事した将家であって、軍功を立てる者が多く出たが、桓温がもっとも奇才と称せられた。

桓温は都督《ととくけい》荊・梁《りょう》等州軍事に任ぜられると、揚子江上流に独立している成漢《せいかん》の討伐を決行した。じつは荊州地方はさきに陶侃が鎮守し、平和を保って、そのあいだに軍備を充実しておいたのであった。陶侃はその威名が中外に重く、その掌握する権力もはなはだ大であったので、つねに朝廷から猜疑をこうむることをおそれ、これ以上に武功を立てることを遠慮していた。気鋭の桓温は、その蓄積を用いて自己の功業にしようとくわだてたのである。

勝利から敗北へ

蜀にたいする討伐戦はまことにあっけなくおわった。李特《りとく》が成都に拠ってから六人の君主をかぞえるが、その最後の李勢《りせい》になって、天然の要害に保護された安心感があったため、外国から侵寇を受けるようなことはまったく考えていなかった。それに乗じて桓温は、少数の精鋭な軍隊を選抜して、まず蜀にはいる第一の難所、三峡の険を突破して、重要な交通関門をうばってしまった。それからあとは平坦な地勢である。桓温の軍はただちに成都を突くと、李勢は窮して、軍門に降ったのである。李勢は建康に送られ、晋から帰義侯に封ぜられた。李氏は蜀に拠ること四六年で滅びたのであった。

蜀の討平は東晋にとって意想外の成功であった。東晋はこれまでなにひとつとして外にむかって誇るにたる武功を立てたことはなかった。しかるにいまや蜀を併合したので、揚子江流域は上流から下流まで一貫して東晋の統治に帰したのである。しかし予期せざる成功は東晋政府を当惑させる点もあった。それは、この偉勲をたてた桓温の威名があまりにも輝かしくなり、朝廷をおおうに至る心配ができてきたからである。

その桓温は朝廷の思惑を知ってか知らずか、今度は中原回復にのり出そうと意気ごんでいる。時あたかも中原では後趙の石氏政権が崩壊し、かわって東方から前燕の慕容氏の勢力が拡大してきたときであるが、これと平行して西方には秦の苻《ふ》氏が興隆しつつある。その中間の晋の故都洛陽付近は、ちょうど両勢力の中間に生じた真空地帯のようになって取り残されている。桓温は兵をひきいて北上し、久方ぶりで洛陽を手に入れた。晋の司馬氏歴代の陵墓のある土地であるから、東晋朝廷上下の喜びはたいへんなものであった。

しかるに穆帝がまた若死にして子がなかったので、成帝の長子が位につき、これが哀帝であるが、数年ならずして哀帝がまたなくなり、弟の海西公、司馬奕《しばえき》（三四二～三八六）がついだ。このように天子が幼年であるうえに、中央には王導にかわるほどの人望ある大臣がないので、前線で兵権を握っている桓温の威望はますますさかんなるものがあった。

このとき前燕の慕容暐《ぼようい》の勢力は鄴を根拠地としてしだいに南下しており、その前鋒は東晋の駐屯軍を破って洛陽を占領した。これを見て桓温は放任しておくわけにいかず、歩《ほ》・騎《き》五万をひきいて出動し、淮水《わいすい》水系をつたって山東方面から黄河平野に進出した。

桓温の軍容はなはださかんなので、燕の慕容暐は恐れをなして北方に退却しようとしたが、それをとめてみずから戦争を買って出たのが叔父慕容垂と慕容徳《ぼようとく》とである。慕容垂もおよそ五万ほどの軍をひきいて晋軍と枋頭《ほうとう》で会戦した。桓温は、燕軍が地の利を占めて頑強に抵抗し、しばしば晋軍に打撃をこうむらせたのを見て、糧食のつきぬうちに急いで退却しようとした。慕容垂は晋軍が国境近くまで退却して疲労困憊におちいったところを見はからい、騎兵をはなって包囲攻撃を加えたので、晋軍は大敗して三万人を失って逃げ帰った。これによって東晋は大いに国力を消耗したとともに、桓温の威名もまたはなはだそこなわれる結果となった。

天子失格

東晋の桓温の北伐をうけて、これと正面から対立した前燕は、単独で抗戦するに不安を感じ、陝西に勃興しつつあった前秦の苻氏に誼《よし》みを通じてその援助を求めた。このころ前秦は、すでにそれだけの大勢力に成長をとげていたのである。苻氏はチベット系の氐《てい》族の首長である。三国時代から陝西地方には中国人に伍して、西方から氐、羌《きょう》などの民族がはいりこみ、ときどき反乱を起こして西晋政府を悩ましていた。当時匈奴の漢の劉氏が中原を支配したと同じころ、蒲洪《ほこう》なる者が渭水の上流に拠って独立勢力をきずきあげた。やがて後趙の石勒が劉曜を破ると、蒲洪はこれに降って部将となり、氐、羌らの諸民族をひきいて中原で役使される身となった。

しかるに石虎の死後、後趙が乱れると、諸民族は蒲洪を擁して君主とし、西方にむかって移動をはじめた。蒲洪みずから大単于《だいぜんう》・三秦王と称し、蒲《ほ》を苻《ふ》と改め苻洪《ふこう》と名のった。かれが暗殺されたのち、その子の苻健《ふけん》が衆をひきいて陝西にはいり、長安に拠って秦天王《しんてんのう》と称し、ついで皇帝の位についた。史上にはこれを前秦と称し、羌族の後秦と区別する。

苻健が死ぬとそのあとに太子の苻生《ふせい》がたったが、これが手に負えぬ暴君であった。幼時、祖父の苻洪に悪口して鞭うたれ、「性、刀槊《とうさく》に耐う。鞭捶《う》たるるにたえず――殺さば殺せ。なんだって人を鞭うちやがるんだい」とくってかかった。祖父はおどろいて父の苻健にむかい、こんな子は家のためにならぬから、殺したほうがいいと勧めたが、苻健の弟の苻雄《ふゆう》がなだめて、成長したら自然におとなしくなって役に立つだろう、といって中止させた。

はたして成人すると、無類の力もちで、走る早さは馬も及ばず、猛獣と格闘してもまけない。戦場では人一倍よく働き、単身敵中にきりこんで敵将を討ちとることが十数度に及んだ。そのかわり乱暴な性根は改まらないで、人を殺すことをなんとも思わない。ちょうど、後趙の石虎とよく似た性格で、この時代の異民族武人の代表的なものといえる。しかしいかに乱世でも、こういう人物は天子としては失格であることに変わりはない。位につくと苻生は、父が後見人と定めておいた大臣たちをうっとうしく思い、かたっぱしから殺し、その子孫にまで及んだ。

「世の中のやつらはおれを暴君だというそうだが、まだ千人までは殺しておらぬぞ」とうそぶいた。君主が暴虐だと、動物まで気が荒くなって、トラやオオカミが道に出て人をおそい殺して食ったという。

理想的人物

苻雄の子苻堅《ふけん》は、もとから令名あり、苻生の評判の落ちるに反比例して、世間から望みを嘱せられた。おりしも羌族の君長、姚襄《ようじょう》と戦ってこれをきり、その弟、姚萇《ようちょう》を降して長安に帰って威名いよいよ高まったので、苻生ははなはだこれを憎んだ。苻堅はさきんじて事をあげ、宮中にはいって苻生を殺し、みずから位について秦天王と称した。苻堅は後趙の都の鄴に人質にされて成長したので中国的教養があり、長安の住人、王猛《おうもう》を挙げて宰相とし国政を委任した。東晋の桓温が北征したとき、王猛を見てこれを登用しようとしたが、猛は固辞した。かれは東晋の王朝、およびその貴族主義がすでに過去のものであることを見ぬいたのであろう。かれが予見した世界は、素朴な異民族が中国化し、素朴と文明の調和した新人によってつくり出される社会であり、過去の伝統や民族を超越して新理想を見出さねばならぬというにあったらしい。そして苻堅その人が、たまたま理想にかなった人物であった。かれは宛然、劉備における孔明のごとき位置にあった。

こうして苻堅の前秦国が陝西において、ゆるぎない地盤を固めつつあったときに、前燕の慕容暐から、桓温の北征にたいして援助を求められたのである。苻堅はさっそく歩《ほ》・騎《き》二万をひきいて燕に加勢した。この援軍はあまり役に立たなかったが、しかしこれが契機となって、苻堅は大国前燕を滅ぼして中原に覇を唱える幸運の緒をつかんだのであった。それはこの枋頭《ほうとう》の戦いの花形役者であった慕容垂《ぼようすい》が、戦後に前秦へ亡命するという変事が起こったからである。

さきに枋頭で武勲をたてた慕容垂が鄴へ凱旋すると、かれの人気はいよいよ高まったので、慕容暐の側近は嫉妬もあり、猜疑も手つだって、これを殺そうとはかった。垂の甥のひとり、慕容楷《ぼようかい》がその計をききつけて垂につげ、さきんじてクーデターを行なうことを勧めた。

これがもし他の国であったなら、十中八九、それが実現するところであった。ところが垂は、それをしりぞけて、「一族同士のあいだで、骨肉相そこなう気にはどうしてもなれない。そのくらいなら外国へ亡命しよう」といって、自分の子や甥らをつれて狩りに出ると称し、そのまま前秦、苻堅のもとに亡命してきたのであった。

苻堅はさきに前燕の慕容恪が死んだのを見て、燕を討つ機会が近づいたと思ったが、まだひとり残っている慕容垂をはばかって躊躇《ちゅうちょ》していたのだった。その慕容垂がむこうから飛びこんできたから、喜んだのも道理である。この機会を失ってはふたたびこぬので、早くもその翌月、王猛を指揮官として東に出てまず洛陽を占領した。

翌年、王猛は進んで前燕を攻め、山西を経て河北に出て鄴をおとしいれ、慕容暐をとらえて前燕を滅ぼした。ここにおいて苻堅の領土は中原一帯をおおい、前秦の極盛時代を迎えた。

江南の別天地

淝水の対決

いっぽう東晋では、実力者桓温の動きが政局を左右していた。かれの最初の出足ははなはだ好調で、蜀を滅ぼし、洛陽を回復して、東晋はじまって以来の大功を立て、宮中席次は王室の一族をのりこえて第一と定められたが、枋頭《ほうとう》の戦いで失敗を演じ、さんざんな目にあいながら、しかもみずから責任を取ろうとしない。これが蜀の孔明などとははなはだ違った態度である。そこで朝廷の貴族たちから、かげでこそこそと嘲笑され、後指をさされる身となってしまった。

もっとも東晋朝廷の空気も、蜀のそれとはずいぶん違ったものである。もし桓温がみずから朝廷に処罰を請うようなことでもすれば、得たりかしこしと、皆でよってたかってふくろだたきにせぬともかぎらない、はなはだ人のわるい人間ばかりが集まっているのだ。そこが一流貴族でない悲しさ、どこまでも強気で押し通すほかはない。腹の黒い貴族どもをおさえるには、武力でおどかしをかけるのがいちばん有効なのだ。

桓温は前線で小さな反乱をたいらげたのを機会に、兵をひきいて朝廷にはいり、なんの理由もなく廃立を行なった。司馬奕《しばえき》は二四歳で即位し、いま三〇歳で玉座から引きおろされた。確かに天子の位についていたはずなのに、歴史上で天子らしい呼び名をしてもらえないで、廃帝と称せられるのが何人かあるが、かれはそのひとりである。

かわりにかれの大叔父にあたる会稽王《かいけいおう》、司馬昱《しばいく》が擁立された。これが簡文帝（三二一～三七二）で時に年五一歳であった。こんな即位のしかたでは、つぎにいつなんどき自分が廃されるか知れないので、簡文帝は泣きながら位について翌年なくなった。かわって子の孝武帝（三六二～三九六）が即位した（三七二年）。

その翌年、桓温が前線から帰って入朝したときには、朝廷の貴族たちは、何事が起こるか知れないとみな色を失った。幸いに桓温は都に滞在中に病気にかかり、なんらなすことなくして任地に引きあげ、まもなく病死したので、東晋の朝廷はやれやれと安堵の胸をなでおろしたのであった。

これで内難《ないなん》はさけられたが、さらに大きな危険が外部から迫ってきた。それは前秦の苻《ふ》堅《けん》の勢力が急に強大になってきたことである。ことに東晋が桓温の力によって回復した蜀地方までが、前秦の侵入軍によって荒らされた。漢の劉聡以来、異民族政権の領土がこんなに拡大したことはかつてなかったことである。それだけに東晋はひしひしとその圧力を感ぜずにはおれぬのである。

前秦ではおりあしく、丞相の王猛が病死した。苻堅がその臨終のまくらもとで後事をたずねると、かれは、

「東晋には手出しをなさらないほうがよろしい。それよりもわが国内には鮮卑や羌族などが機をうかがって謀反をくわだてていますから、その勢力を弱める工夫のほうがさきです」

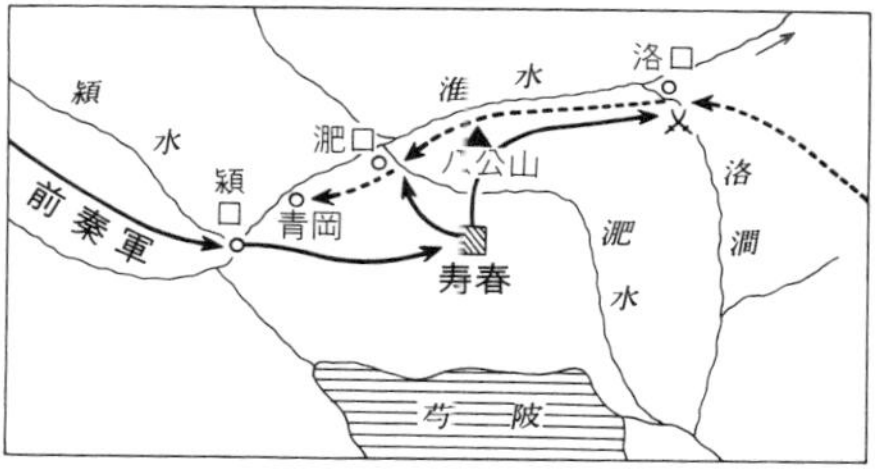

淝水の戦い（点線は東晋軍）

といって、苻堅に自重を勧めた。

しかし前秦はその後涼州の張氏最後の君主、張天錫《ちょうてんし》を降してその国を滅ぼし、山西《シャンシー》省の北部に新たに起こった鮮卑族の代《だい》国を討平し、華北においてはむかう敵がなくなってしまった。こうなると、君主苻堅はさらにこのうえ、東晋を平定して天下一統の天子になりたくなった。

苻堅が南征の準備を進めると、かれの側近にはこれをいさめる者が多かった。揚子江の広さはなかなか容易に渡れそうもない、という者もいた。ところが胸に一物ある慕容垂《ぼようすい》と姚《よう》萇《ちょう》は熱心にそれに賛成した。かれらはなにかの機会をとらえて祖国を再興したかった。苻堅が遠征してもし失敗するようなことがあれば、願ってもない幸いなのだ。それにつられ

て苻堅は、とうとう決心をかためた。

「わが軍のひとりひとりが鞭を投げこんだだけでも、揚子江の流れぐらいはせきとめられるぞ」

と傲語《ごうご》したが、そのじつ、苻堅は揚子江を見たことがないのだ。どうして、鞭ぐらいでとめられる水流ではないのだ。

歩兵六十余万、騎兵二七万。これが苻堅の動員した兵力だというが、だいぶん誇張が混じっているとしても、当時としては未曽有の大軍だったであろう。

もみにもんで淮水《わいすい》の線に到達し、淮水を渡り、ついにその一支流淝水《ひすい》をはさんで東晋軍と対陣した。ときに三八三年、陰暦一〇月のことである。

ひしめき合う小国家群

北軍は夏のおわりから行動を起こしているので、ここまでくるあいだに暑気にあたって病気にかかるものが多く出て、意気はなはだ沮喪した。ことにその軍隊は諸民族の寄せ集め部隊なので、はじめからたいした闘志をもっていない。これにたいし東晋は、広陵に駐屯するとっておきの精鋭、いわゆる北府の軍を出動させた。指揮官には一流貴族の謝石《しゃせき》、謝玄《しゃげん》らが任命されているが、実際に戦闘にあたったのは将軍、劉牢之《りゅうろうし》らである。

東晋軍はめずらしく積極的に出て、淝水を渡って北軍を攻め、その先鋒を破ると、浮き足だった烏合の衆は全軍総崩れとなって退却した。苻堅自身もその乗車をすてて騎馬で遁走した。

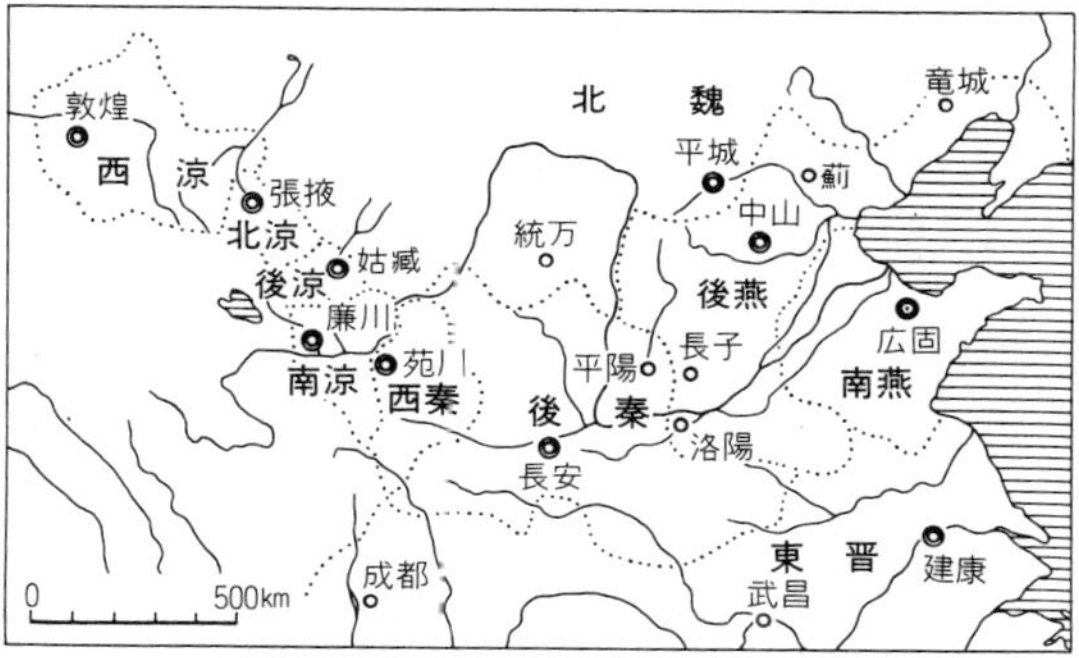

淝水の戦い後の華北の分裂

　東晋ではこの戦勝によって捕虜や斬首数万を獲たと称するが、実際の戦果はそれほどではなかったらしい。むしろ前秦側にこの敗戦が誇大に宣伝され、そこから生ずる結果のほうが重大であった。機会をうかがっていた慕容垂は、苻堅をあざむいてかれの手もとから脱出し、河南において独立を宣し、燕王《えんおう》と称した。

　さらにこの機会をねらっていたのは羌族の君長、姚萇《ようちょう》である。姚《よう》氏は姚弋仲《ようよくちゅう》、その子姚襄《ようじょう》の二代にわたり、氐族の苻氏と勢力を争ってきたがついにやぶれて、姚襄の弟、萇《ちょう》が苻堅に降っていたのである。姚萇は、苻堅が長安に強制移住させられた異種族の兵変にあい、命からがら都を出奔したところをとらえて殺した。姚萇はみずから秦王と称したが、史上ではこれを後秦と呼んで苻氏の前秦と区別する。長安を中心とした陝西一帯はかくして後秦の領有に帰した。

長安で兵変を起こしたのは、さきに捕虜となってつれて行かれた前燕王、慕容暐《ぼようい》とその一族である。そのさい慕容暐自身は殺されたが、その弟、慕容沖《ぼようちゅう》は長安近郊に散在する鮮卑族を集めて強盛となり、燕の皇帝と称した。これがいわゆる西燕である。苻堅はこれに抵抗しきれずに脱走して姚萇にとらえられたのであった。苻堅の族孫、苻登《ふとう》がその衆を統べて姚萇と戦いをつづけた。

慕容沖は鮮卑族一〇万をひきいているが、かれらは根拠地が東方なので、長安を去って故郷に帰ることを欲し、沖を殺して大移動を開始した。かれらは黄河を渡って山西省にとどまり、慕容永《ぼようえい》を推して皇帝とした。

このほか、山西省北部には鮮卑の代《だい》国が復活し、甘粛には同じく鮮卑の乞伏国仁《きっぷくこくじん》が西秦国をたて、涼州には苻堅の将軍であった氐人《ていじん》の呂光《りょこう》が自立して後涼国をたてたほか、匈奴の沮渠蒙遜《そきょもうそん》の北涼国、中国人李暠《りこう》の西涼国、鮮卑の禿髪烏孤《とくはつうこ》の南涼国などが付近にひしめきあい、苻堅によって一時的に統一された大領土は、いまや四分五裂の状態におちいった。

太平楽な貴族たち

淝水の戦いは東晋にたいしても戦勝のあとかえって深刻な影響を残した。それは朝廷と軍隊との反目である。もともとこの戦争に死力をつくして働き、幸いにも勝利をもたらし

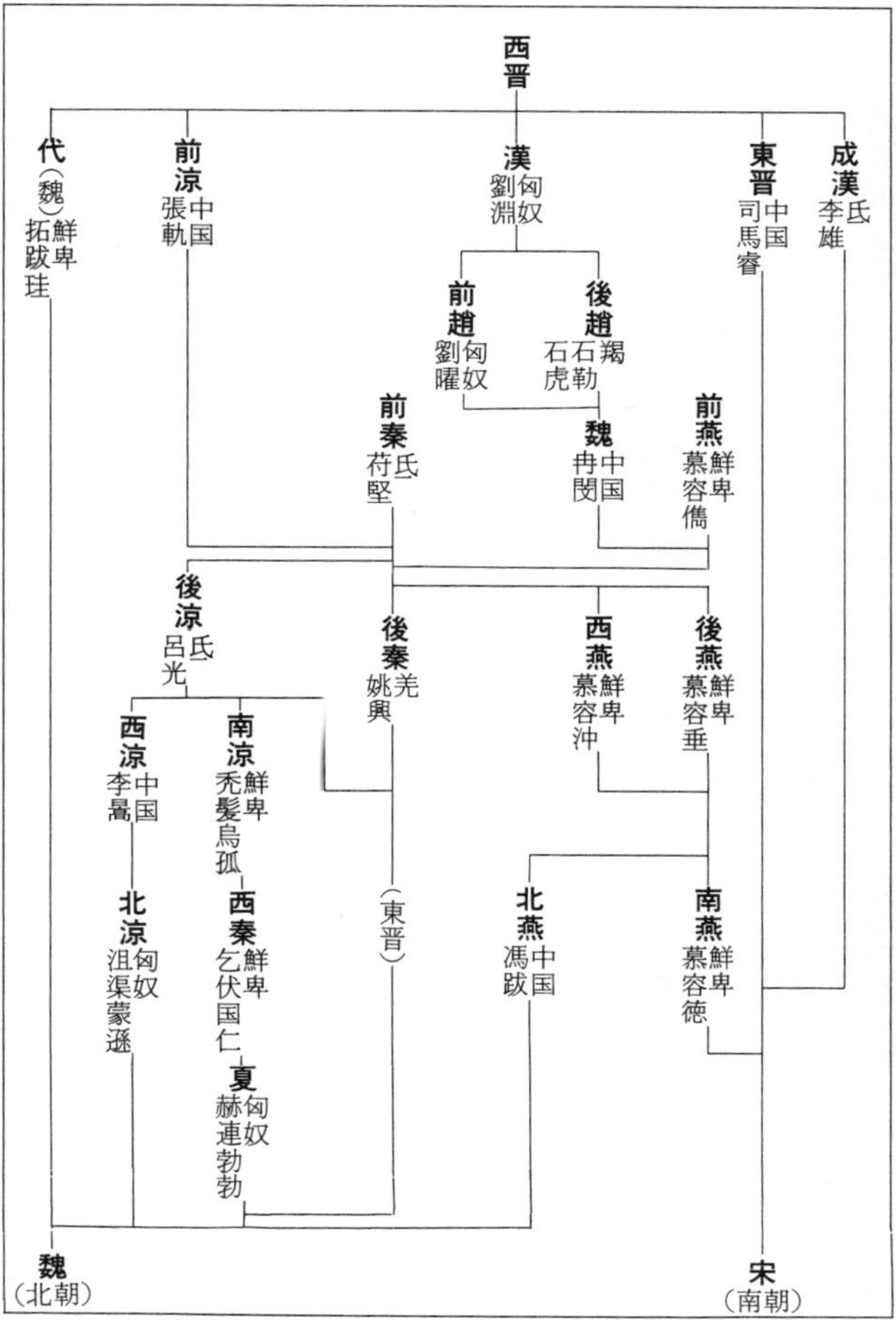

五胡諸国一覧図（種族名および有名な君主）

たのは劉牢之《りゅうろうし》らのひきいる北府の軍隊の力であった。しかるにかれらは、戦後に十分な恩賞をあたえられない。しかも戦勝の勲功はみな貴族の手にさらわれてしまったのである。

当時朝廷には謝安《しゃあん》が司徒をもって大都督を兼ね、政治軍事の最高責任者であった。したがって淝水の勝利は、かれの措置がよろしきを得たからだと評判された。かれは弟の謝石《しゃせき》、兄の子、謝玄《しゃげん》らを前線指揮官に任命したが、戦いの直前に謝玄が帰ってきて戦略を問うたとき、何も答えないで、無理に別荘につれ出して碁をうたせた。夜になって官邸へ帰ってきて、それぞれの将軍に命令を発したが、いずれも適切なものばかりであった。

戦争の直後、捷報《しょうほう》が到着したとき彼は客と碁を囲んでいたが、書を見てかたわらにほうり出したなりで碁をさしつづけた。客が書についてたずねると、

「なに、若い者たちが敵を破ったということです」

とさりげなく答えた。さて客が去るとき、門前まで見送りに出たが、すんで引きかえしてくると、玄関にはいるなりおどりあがって喜び、下駄が割れるのに気づかなかったとか。

もうひとつの話は、前に苻堅のために捕虜にされた朱序《しゅじょ》という貴族についてである。かれは淝水の戦いにも無理に陣中につれ出されていたが、苻堅の軍が動揺しだしたとき、かれは大声で、

「戦争は敗けだ」

と叫んだので、北軍が総崩れになったのだという。こんなことで勝負がつくならば、戦争

もはなはだちょろいものといわざるをえない。

かれはこの敗戦の混乱に脱け出して東晋に復帰して手柄をほめられているが、当時の貴族のあいだには、こんな愚にもつかぬ話ばかりがもてはやされて、ほんとうに働いた軍人たちは、いっこうに話題にものぼされなかったのである。

従来は東晋の名家といえば琅邪《ろうや》の王氏であり、そのあとにつづく者はきまっていなかったが、この戦いののち、謝氏の株がいっぺんにはねあがり、王、謝と並称される超一流貴族となった。

いっぽう軍人たちの不平は内部に鬱積《うっせき》した。いったい軍人は賞罰というものにたいしていちじるしく敏感なものなので、恩賞にもれた軍人たちは、もはや東晋王朝というものを信頼しなくなった。ただしかれらは、職業軍人であるから、その地位を離れるわけにはゆかない。そこで決心したことは、もし将来戦争で働くならば、それは朝廷のためではなく、かれらの親分としてたのみになる将軍のために働くという覚悟である。これは東晋にとってはなはだ危険な傾向で、やがて革命の到来を迎える赤信号であったのである。

謝安（慶長版『歴代君臣図像』）

二代目

北方から挙国の大軍をひきいて南下した苻堅が敗退し、しかも戦後に大混乱を生じたことは、いたく東晋朝廷を安堵させた。淝水の戦い後まもなく謝安が死ぬと、天子孝武帝の弟、会稽王《かいけいおう》に封ぜられていた司馬道子《しばどうし》、その子元顕《げんけん》があいついで政権を握った。

孝武帝は在位二四年、東晋の天子としてはもっともながい。じつはもっとながく生きていられるところを、後宮の女性と痴話喧嘩の末にしめ殺されるという、はなはだ不名誉な死に方をしたものである。子の安帝（三八二〜四一八）がついだが、白痴にひとしい暗愚な少年であった。それでも在位二二年、父につぐながい治世であるからよくしたものだ。もっともこれでは支配とはいえないが、もしかれが有為な人才であったところで、りっぱな支配者にはなれなかったであろう。実権はだんだん天子の手もとをはなれていったからである。

軍隊の反乱がほうぼうで起こってきた。もちろんその首領にかつぎあげられるのは、現状不満の貴族政治家である。これにたいして政府がとる対抗策は、堂々と征討軍をさしむけて鎮圧するよりも、相手の内部の異分子を探し出して買収し、裏切りさせることであった。

このあいだに隠然たる勢力を伸張してきたのは、桓温の子、桓玄《かんげん》である。さきに桓温にしたがって中原に進出して働いた軍隊もまた、朝廷の措置に不満であった。それは一度は赫々《かくかく》たる武勲をたてながら、最後に一敗地にまみれたため、かれらもほとんど恩賞にあずかることができなかったからである。

かれらはかれら自身でその首領を探し求めたが、あたかもよし、桓温の子、桓玄は父に劣らぬ手腕があり、かつ野心家であった。朝廷のほうでも軍隊の動揺に危惧を感じていたので、これまで不遇をかこっていた桓玄を抜擢することによって、軍人の不満をおさえようとはかった。

ところが桓玄が揚子江上流で一州の兵権を握ると、父の旧部下であった諸方の軍隊は、それぞれ自己の長官を追い出して桓玄の麾下《きか》に属することを願うものが多く、たちまちにしてかれは父の盛時の権力をそのまま掌握するにいたった。東晋の領土の三分の二はかれの勢力範囲に帰したといわれる。

東晋政府を代表する司馬元顕《しばげんけん》は、このありさまを見て桓玄の異心あるを察し、征討大都督となって桓玄を討伐することに決した。その先鋒を命ぜられたのが北府の将領、劉牢《りゅうろう》之《し》である。桓玄のほうでも司馬元顕の罪状を列挙し、兵をあげて揚子江をくだった。都の建康の間近に迫ったとき、政府軍の先鋒、劉牢之はそむいて桓玄に降った。

かれはその部下、北府の軍隊の実力に自信があった。桓玄といえどもかれには指一本ふれることができまい。そのうちに桓玄が朝廷で失敗したころを見はからって、自分が出てのっとろうという計算をはじいたらしいのである。ところがかれの参謀、劉裕《りゅうゆう》はそれをとめ、このさいはまず桓玄を打倒することが先決問題だといさめたが、劉牢之《りゅうろうし》は聞きいれなかった。

劉牢之が降ると、東晋朝廷にはまったく防禦力がない。桓玄はゆうゆうと建康にのりこんで、まず司馬元顕を殺し、みずから丞相となって内外の兵権をおさめ、一族を地方要地に配置し、最後に劉牢之を地方文官として転出させた。劉牢之は大いに悔んだがもう追いつかない。脱走して北におもむき、広陵《こうりょう》に帰って旗をあげようとはかったがその見こみも失せ、途中でみずから縊《くび》れて死んだ。

東晋朝廷にはもう桓玄に反対する勢力はない。こういうさいには貴族政治家はまったくいくじがなく、ただ桓玄の鼻息をうかがうだけである。桓玄の背後には軍隊がひかえているから、武力のない貴族にはなにもできないのだ。桓玄はここまで専権をきわめてしまうと、もうあとへは引かれない。簒奪を行なって自分の地位をはっきり固めるよりほか、安全なやり方が考えられないというところまできてしまった。

かれは自分の位を丞相からさらに一段高い相国に進め、楚王となり、百官はすべてかれの指揮下にはいることに定めた。つぎにはいよいよ天子安帝に迫って位をゆずらせ、皇帝の位について国を楚と号した。

劉裕起つ

これまで東晋の都、建康はたびたび地方の将軍に占領されたことがあったが、しかし王朝のかわる易姓革命はついぞ起こらなかった。東晋朝廷は無力であるだけ、それは流寓《りゅうぐう》の貴族、軍隊のあいだの共有物であるから、それを私物化することは許されなかったのである。しかるに年がたつにつれ、貴族のあいだにも不平家があらわれた。そういう者にかぎって才能のすぐれた者である。また軍隊のあいだにも不満が高まり、べつにいつまでも東晋朝廷を存続させる必要がないと感じられてきた。

桓玄の簒奪はこういう風潮に乗じたものであったが、しかしさすがに東晋百数十年の伝統は一朝に消え去るものではない。諸方に桓玄打倒の兵を起こすものがあらわれたが、その中でももっとも注目の的となったのは、京口における劉裕の旗上げであった。

劉裕　のちの南朝宋の武帝（慶長版『歴代君臣図像』）

劉裕《りゅうゆう》（三六三～四二二）は京口で生まれたが、その祖先はやはり北方からの流れものである。少時はきわめて貧乏だったとあるが、代々軍人の家であったと思われる。かれは長じて将軍劉牢之の部下となった。はじめてかれがその才能を認められたのは、孫恩《そんおん》の乱にさいしてである。

孫恩は叔父の孫泰《そんたい》のときから、張角の流れをくむ五斗米道《ごとべいどう》といわれた道教を信じ、その徒党は上下貧富の階級を問わず広範囲に及び、とくに水上労働者のあいだに深く根をおろした。船のりというものは、いつの世においても迷信を好むので、現世の利益を説く道教のような宗教はもっとも耳にはいりやすかったのであろう。はじめ孫泰が反乱を起こして失敗すると、孫恩は海上に逃れ、貿易業者のあいだに身をひそめて再挙をはかった。

司馬元顕が実権を握った安帝の時代、政府が人民から奴隷を徴発し、軍人として使役したりして、民間に不満が高まったとき、孫恩は地方の信徒と示しあわせて一時に蜂起し、地方官を殺し掠奪を働いた。朝廷は軍隊に出動を命じて平定にむかわせたが、その中に劉牢之、劉裕も加わっていた。

劉牢之らの勇戦によって、孫恩はその陸上の勢力を粉砕されるとふたたび海上に逃れ、時機を見て突如入寇するので、東晋朝廷はいたく悩まされたが、やがてこれに壊滅的な打撃をあたえたのが劉裕であった。

桓玄が東晋朝廷をあなどって、公然反旗をひるがえしたのも、建康付近が孫恩の乱の被害をこうむり、疲弊がもっともはなはだしかったのが一原因であった。しかし桓玄にとって、唯一の弱点は、かれは揚子江上流地方の軍隊のあいだには、父桓温以来の私的関係があって統率しやすいが、建康付近、広陵、京口のもっとも精鋭な部隊には深い縁故をもたないことであった。それどころではない。かれは劉牢之を自殺に追いこんだことによって、かえって深い恨みをかれらから買ってさえいるのである。そこでかれは、かれのもっとも信頼する一族の中の腕利きをこの地方軍団の長に任命して、かれらの蠢動《しゅんどう》を封じこめようとはかったのである。

ところがそういう桓氏一族を大将にいただいた京口、広陵を中心とする軍隊の将校のあいだで、ひそひそと桓玄打倒の計画が進められたのである。これは桓玄政権の勢力の限界を示すものであり、いいかえればかれの革命はあまりにも強引にすぎたのであった。まだほんとうには機が熟していなかったのを、無理おしして天子になった弱点がここにあらわれてきたのだともいえる。

秘密のうちに進行した計画だったが、ふとしたことから陰謀がもれてしまった。そこで京口と広陵ではもはや猶予できず、期日にさきだって事をあげたが、幸運にもそれが成功した。桓氏出の大将を血祭りにあげて両所の軍団が義旗をかかげ、劉裕がその司令官にあげられた。

恩威ならび行なう

劉裕らの義軍は破竹の勢いで、ほど遠からぬ都の建康におしよせた。天子になって三月目の桓玄はあわてふためいて都を落ち、もとの根拠地荊州に逃れた。入れかわりに都には

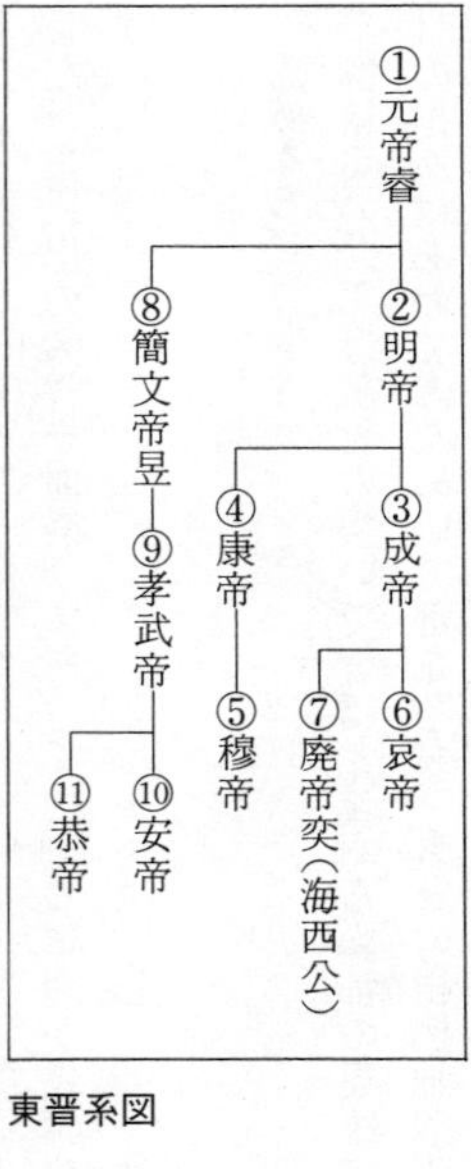

東晋系図

いった劉裕は、やがてここに新政府を組織するさいの地ならしを行なう必要があった。それには朝廷に巣くっている貴族群を確実に自己の威令の下に服従させるのが第一の仕事であった。そのためにとるべき方法はただひとつしかない。「恩威ならび行なう」というやり方である。

劉裕はまず、桓玄と姻戚関係にあるゆえに桓氏を笠にはぶりをきかせていた太原から出た王氏一族を誅滅して、威を示した。しかし琅邪の王氏を優遇した。かつて劉裕が貧賤で窮乏していたとき、金銭を出してかれの災難を救ってくれた徳にむくいたものである。そのうえにこの琅邪の王氏を籠絡すれば、ほかの貴族はぞろぞろとあとにつづいて降参してくることが予想されたのであった。はたして表面的には誇り高い貴族らが、これからのちはひたすら劉裕の鼻息をうかがい、一挙一動にその意を迎えようとこれ務めるようになった。

荊州に落ちのびた桓玄の運命は、すでに時間の問題であった。朝敵の汚名をあびた者が落ち目になったならば、だれも助けようとする物好きはなくなる。桓玄は荊州にも安住できず、脱走して途中で殺された。桓玄につれ去られた安帝は無事都にもどって帝位に復した。しかし一度滅亡したも同然の東晋王朝に白痴の天子が復位したからといって、それがなにほどの意味をもとう。いわんや、貴族も軍隊ももはや東晋王朝にたいして従前ほどの執着はもたないことが、現に桓玄の簒奪のさいにあきらかにされた事実なのだ。

しかしながら劉裕は、勢いにのってすぐみずから天子の位につくような性急な行動には出なかった。かれは桓玄の失敗に鑑みるところがあった。まだまだ天下には、別に東晋のためを思うのでなくても、新興の劉裕勢力にたいしてはむこうをはろうという野心家がいくらもいる。うかつなことをすると、かれらに劉裕打倒の口実をあたえる結果になる。

天下の人心を十分に帰服させるには、劉裕自身がだれにもできないことをやってみせる実力があることを示す必要があった。それには東晋流寓政権の成立以来、口さきだけではあるがつねにスローガンとして掲げてきた、中原可復を実現してみせるのがいちばん有効である。幸い、当時の中原は前秦滅亡のあとの混乱がまだ落ちつかず、いぜん動揺状態をつづけているのだ。

民族興亡戦

前秦の苻堅が倒れてなきあと、中原における最大のホープと目せられるのは、個人的な力量からいっても、背景となる地盤からみても、燕国の慕容垂《ぼようすい》が第一人者であった。

慕容垂が河北の中山に拠って皇帝と称すると、さきに前燕にしたがっていた鮮卑族は各地から集まってきて大勢力となった。史ではこれを後燕と称して他の燕国と区別する。慕容垂は山西に出動すると、西燕の慕容永《ぼようえい》を討ってこれを殺した。西燕は長安を脱出してのち、移動中にしばしばその主をかえたが、一一年目に滅びた。慕容垂がどこよりもまず親戚の西燕に兵をむけたのは、これにしたがっている鮮卑族を自国に吸収するためであった。

当時中原が分裂におちいって容易に統一されない最大の理由は、種々の民族がたがいに抗争しあい、しかもそのいずれもが圧倒的な人口を有しない点にあった。民族闘争の色彩をおびる内戦においては、同じ種族をひとりでも多く自国の陣営に加えたかったのである。

ただ慕容垂にとって不幸なことは、かれは働きざかりの壮年時代を不遇の中に過ごし、やっと幸運に際会して返り咲いたときは、もう老境にはいっていたことである。かれが苻堅のもとから脱出して燕王と称したのは、その五八歳のときで、そのうえに辛苦やつれがしていたと思われる。その活動はすでに精彩を欠くものがあった。さらに不幸なことは、燕の隣国としてさらに恐るべき強敵、代国《だい》が存在したことである。しかもこの代国は同じ鮮卑族であり、山西省《シャンシー》の北部で長城の南北にまたがって国をなし、まだあまり中国化しない未開のままの勇敢さをもっている。燕が熟蕃《じゅくばん》ならば、代国はまさに生蕃《せいばん》なのである。しかも代国の背後には、無限に拡がるモンゴル平原が横たわり、そこから軍馬と、さらに戦闘性に富む未開民族を戦士として徴発できる利点をもつのであった。

代国は時に英雄拓跋珪《たくばつけい》が王位にあり、国名を魏と改め、中国人を招いて土地を開発し、着々と興隆の運にのりつつあった。慕容垂はそれがやがて危険な存在となるのを察知し、太子慕容宝《ぼようほう》に八万の軍を授けて征討にむかわせた。

しかるに燕の遠征軍は魏の計略におちいり、参合陂《さんごうは》の戦いで全滅に近い大打撃を受けて敗退した。慕容垂は大いにおどろき、老軀に鞭うってみずから再度の遠征軍を起こし、魏軍を破って威を示したが、帰還の途中に病死した。年七〇歳であった。太子慕容宝がついで燕皇帝と名のった（三九六年）。

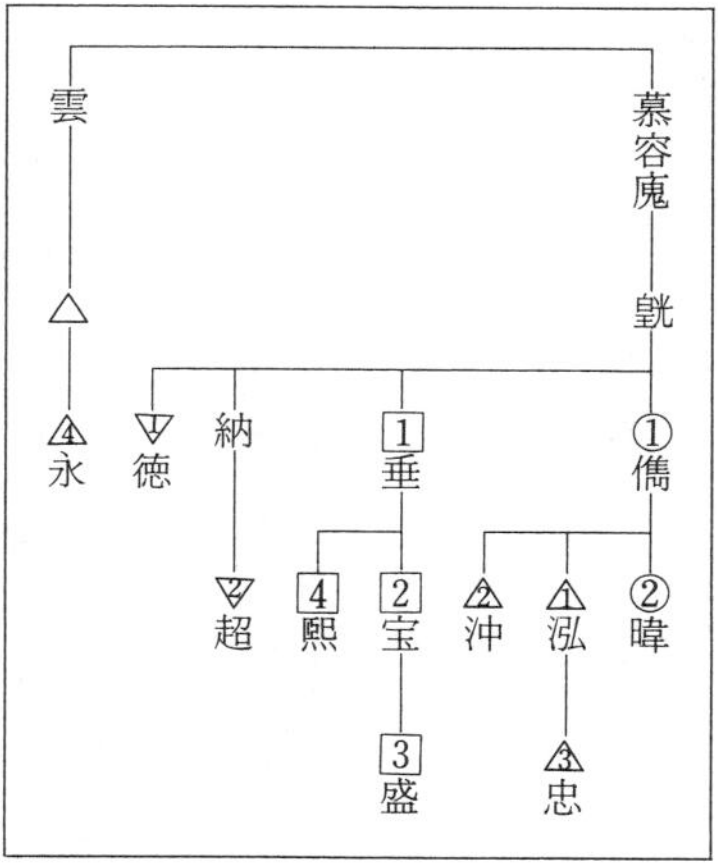

燕慕容氏系図（○前燕、□後燕、△西燕、▽南燕）

老耄《ろうぼう》のそしりはあっても、さすがに慕容垂が生きているあいだは、その威名だけでも四隣をはばからしめる力があったが、いったんかれがなくなると後燕の国力はがたがたとゆるぎはじめた。これにかわっていよいよ勢力を得たのが、魏の拓跋珪である。朝に一城をおとしいれ、夕に一州を平定する勢いで後燕の領土を侵略した。

これに反し後燕では、弱り目にたたり

目、慕容宝が暗殺され、子の慕容盛《ぼようせい》が内乱をおさめて位についたとはいうものの、その領土は魏のために南北に分断され、わずかに北辺の三州を支配するにすぎない。南部の領土には慕容垂の弟、慕容徳《ぼようとく》が自立して皇帝の位についた。史上にはこれを南燕と称する。しかしこれもわずか五州を支配するだけの小国である。

いっぽう苻堅なきあとの長安付近では、前秦の氐《てい》族と後秦の羌《きょう》族とのあいだに、宿命的な果てしない死闘がつづいていた。氐と羌とは同じチベット系に属する、いわば兄弟関係の民族でありながら、あるいはそれであるがゆえに、たえず覇権を争って対抗しつづけねばならない運命におかれてきたのだった。さきには苻堅が姚襄《ようじょう》をきったので、つぎには姚襄の弟、姚萇が苻堅を殺した。こうなると両族はもはや不倶戴天の仇ということになる。

姚萇は長安をとって都とし、皇帝と称したが、苻堅の甥、苻登《ふとう》も、渭水の上流にあって皇帝と称してたがいにあいゆずらない。しばしば戦って勝ったり負けたりしたが、姚萇が死んで太子姚興《ようこう》が立つと、父の喪をかくして兵を発し、苻登を討ってこれを攻め滅ぼした。

しかしながら連年の戦いで、ようやく苻氏を滅ぼしたとはいうものの、姚氏の後秦もまた疲弊がはなはだしく、その北方には新たに匈奴の赫連《かくれん》氏が勃興することもあり、その支配するところは長安付近を中心とし、前秦の領域の半ばにも達しなかったのである。

南燕滅亡

劉裕が東晋王朝の実権を掌握したとき、北方中原はこのようにかつてない混乱状態におちいっていた。もし北伐を実行するならば、これはまたとない好機といわねばならない。ことにもっとも弱体を暴露しているのは、山東の広固《こうこ》に都して孤立している南燕である。

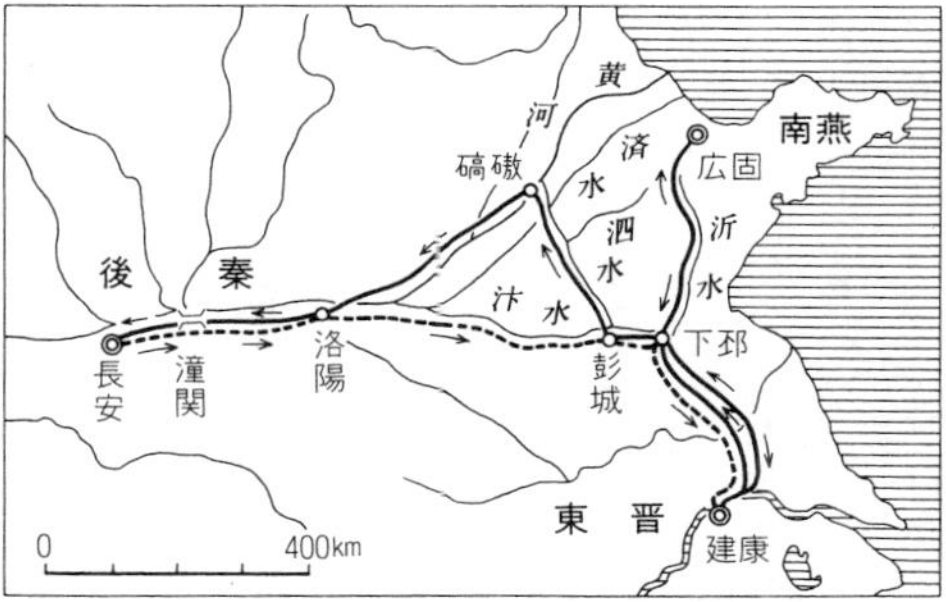

劉裕の北伐

南燕では当時、初代の慕容徳が死んで二代の慕容《ぼよう》超《ちょう》の時代である。かれは先代の甥であるが、人物ははるかに劣っていた。この一族は前燕の滅亡、後燕の崩壊と、混乱にあうたびに離散をかさねたので、適当な後継者を見出すことさえできぬ不遇な運命のはてなのであった。

劉裕は朝廷における反対論を排して北伐を決行し、まず南燕を目標に選んだ。淮水《わいすい》からその支流をさかのぼって北上し、泰山山脈を難なく通過した。南燕の都、広固はこの山脈の北側平野にある。山脈の難所を越えればもうしめたものだ。いっぽう南燕は兵力が少なくて、分散して各地を守ることができなかったのであろう、都に全力を集中し、防禦工事を厳重にしてまちかまえた。それからあとは持久力の問題だ。南燕が籠城をもちこたえられるか、北征軍の軍需輸送が持続できるかのどちらかだ。ところが、劉裕のほうはすべてが計算ずみであった。戦争を夏のうちにしかけて、敵を城内に封じこめ、秋の収穫はこっちの手におさめて、相手を飢餓におとしいれようというのである。そしてこの作戦はうまく成功した。

翌年の二月になると、広固城内は生鮮食糧が欠乏して病気にかかる者が多く、北征軍の攻撃を支えきれずに落城した。慕容超は建康に送られて死に処せられた。これは劉裕にとってこのうえない武功の宣伝に使われたのである。そのじつ南燕といっても、わずか一一年生きのびた地方的割拠政権にすぎなかったのだ。しかし、それでも、今日の山東省《シャントン》にあたる地が領土に加わったのだから、東晋朝の人たちにとっては近来にない大成功ととりざたされた。

水上労働者の反乱

ところがこのとき、都の建康から急報があり、劉裕に即時帰還を求めてきた。それは孫恩の余党が広州から北上して都に攻め入ろうとし、湖南と江西と両道にわかれて進み、政府軍を大いに破ってその勢いあなどり難いものがあるというのであった。

当時建康から広東への正規の交通路は、江西を縦断する贛江《かんこう》の流れをさかのぼり、大庾《たいゆ》嶺《れい》を越えて嶺南へ出るのであるが、別に広州から海上を揚子江口に至る沿岸交通路が民間運輸業者によって開拓され、かれらのあいだには政府の権力が及ばなかったらしい。そこへ五斗米道の宗教がくいこんで、反政府勢力を結集したのである。

それなら何がかれらに反政府的行動をとらせるに至ったかといえば、後世の倭寇の実例が示すように、かれらの自由貿易を、政府が統制貿易政策によって弾圧を加えたためであると思われる。そして倭寇のばあいの王直《おうちょく》にあたるのが孫恩であったが、かれの死後、その妹婿の盧循《ろじゅん》がかわって衆を統べた。東晋朝廷には有力な海軍がなく、またかれらの反乱によって南海貿易が中断されるのは財政的な痛手なので、つとめてかれらを懐柔しようとし、盧循を広州刺史に任命して機嫌をとり結んでいたのであった。それが劉裕の留守をねらって謀反をおこし、建康をめざして進撃してきたというしだいである。

劉裕が都へ引きかえしてみると、敵はいつのまにか雲霞《うんか》のような大軍を集め十余万と号し、政府軍を破ってぶんどった大軍艦にのって揚子江上の流れをくだり、すぐ建康の間近まで攻めよせてきているのである。劉裕は急いで建康城に近い船着き場に要塞をきずいて敵の上陸を阻止した。

盧循の中堅戦力は水上労働者なので、劉裕が帰ってきて陸上の防備を固めると、さすがにこれに決戦をいどむ勇気はない。揚子江上流の要所要所を占領して、気長に建康を経済封鎖して物質的に窮乏におとしいれようと考えて、艦隊を上流にむけて退却させた。

劉裕はこの反乱平定のきめてになるのは、海上戦力の増強にあると考えた。かれは急に海船をつくり、水夫を集めて、海路を迂回南下して広州にある敵の根拠地を衝くというだいたんな戦術を考え出した。強い異論も出たのを、かれのもちまえの強引さでおしきった。はたして広州では、政府軍がまさか海上から強襲するとは思っていなかった。盧循の留守部隊はここで全滅におちいった。

劉裕自身は水軍と騎兵をひきいて揚子江に沿って西に進み、盧循の本軍と決戦した。陸上で騎兵が優勢なことが劉裕に決定的な利点をもたらした。敵の軍艦は風のないときはどうしても岸に碇泊《ていはく》して動かずにいなければならないが、そこをねらって陸上から火をかけて攻めるのである。

結局、盧循のほうは烏合の衆、百戦錬磨の専門家である劉裕にかかってははじめから勝ち味はないのだ。さんざんに打ち負かされて、広州へ逃げかえってみると、ここはもう政府軍に占領されていて、足をとどめる場所もない。やむなく交州、現在の北ベトナムへ逃げこんだが、政府駐屯軍に迎え討たれて完敗し、水に身を投げて死んだ。

もともとかれの部隊は水上労働者であったのが、勢いに乗じて内地へ深入りしすぎたのがまちがいのもとであった。河童が陸へあがったも同然、その勢力が根だやしにされてしまった。そしてかれらが開拓した海上交通路は以後、政府の支配下におかれた（四一一年）。

その翌々年、日本から倭王讃《さん》と名のる者の使者が東晋の朝廷を訪れたのは、けっして偶然ではないのである。

粛清

劉裕はさきに外征で成功し、いままた内乱を鎮めて武勲をあらわしたので、この機に乗じて、国内の異分子の排除を断行した。その主なものは第一に荊州の都督、劉毅《りゅうき》であり、この人はさきの桓玄の簒奪にさいし、率先して義旗をかかげ、劉裕の片腕となって働いた人である。

劉裕がもっぱら軍事に没頭するにたいし、劉毅は文学に長じ、貴族社会にもてはやされたので心おごって、劉裕を軽視するふうがあった。そこで劉裕に反感をいだく分子は自然に荊州に集まり、陰謀の策源地のごとき観を呈した。ここに劉裕は腹心の将軍、王鎮悪《おうちんあく》をやって荊州を急襲し、劉毅とその党派を一網打尽に打ち滅ぼしたのであった。

劉毅の失脚後、荊州に派遣されて長官となったのは東晋王室の一族、司馬休之《しばきゅうし》である。天子がまったくの白痴でロボットにすぎない今、王族のホープと目せられるのはこの人である。そこで劉裕はわざわざこの重要人物を、とかく反中央運動を起こしやすい土地、荊州の都督に任命したのである。

そのうえで劉裕は、都にとどまっている司馬休之の子、司馬文思《しばぶんし》の凶暴なのを責めて位号を剝奪し、荊州に送って父の手で処分を行なうことを要求した。司馬休之はさすがに子を殺すに忍びず、反劉裕の態度をあきらかにした。劉裕はここにおいてみずから兵をひきいて荊州を攻め、司馬休之は敗れて北走し、後秦国の姚興《ようこう》のもとへ亡命した。

劉裕がつづけざまに二回にわたって荊州を攻めてこれをおとしいれたのには、深い考えがあった。荊州を中心とする軍閥は桓温、桓玄二代かかって養成したもので、揚子江中流における最強の軍団であり、桓玄が滅びたのちもなお根柢がしぶとく残っている。もし劉裕の北府軍閥に対抗する勢力が起これば、ここが中心になると見られる。そこでなんべんもたたいてはゆすり、ゆすってはたたいて荊州軍閥を無力化する必要があったのである。

さらにそのうえに劉毅を倒すことによって、北府軍閥の中には、劉裕のライバルになりそうな有力者はいなくなった。司馬休之の逃亡によって東晋の王族は最後のホープを失った。要するに劉裕に反抗しそうな潜在勢力が、洗い出されたうえで一掃されたのである。かれの地位はいよいよ安泰となった。

果敢な内治

劉裕はこうして外征内戦に席があたたまらぬほど活動をつづけ、それがいずれも成功したが、戦争に必要なものは、一にも金、二にも金といわれる。

かれは戦争を起こすにあたっては、いつも慎重に、あらかじめ軍資金の調達方法を考えていた。

当時、政府の歳入を豊かにする方法として、土断《どだん》を実施すべきだという議論が早くから行なわれていた。土断とはかんたんにいえば、土着と流寓との区別をなくし、寄留者にも税役を課することである。

西晋末の大乱以後、黄河流域の中原地方から人民は群れをなして大量に東晋の領土内に流れこんで寄留した。当時の制度として、これらの流寓者はいずれも故郷の本籍を名のり、太原の王氏、あるいは琅邪の王氏のごとく称したが、単に名目ばかりでなく、実際にその扱いを受けた。すなわちかれらは、税をおさめ、役に服するのは、中原を回復してそれぞれが本籍に帰ったときをまったあとでよく、それまでは居留地において税役を免除されるのであった。

しかし実際には土地を所有し、産業に従事しているのであるが、かれらは白籍と称する特別の戸籍に登録され、土着人が黄籍に登録されて税役を課せられるのとは、まったく異なる取り扱いを受けるのである。その数は何十万、何百万と知れないのであるが、国家財政にはなんら寄与しないでいる。

これははなはだ不公平な処置であることははじめからわかっているが、いかんせん、朝廷がすでに流寓政権であり、朝廷政治家が流寓貴族なのである。そしていったん認められた特権というものは、いずれの世においても、それを取り消そうとすると重大な反抗が生ずる。下手をすれば政府の命とりともなりかねないのだ。

しかしはじめは流寓といっても、東晋が江南に落ちついてから数十年もたてば、朝廷も貴族も人民も、すっかり根をおろしてしまって、土着したと少しも変わったところはない。もしも最初のスローガンのように、万一、中原回復が実現したとしても、流寓人民ははたして寒気のきびしい北方の故郷に帰って行くだろうか。おそらくだれしもそうは考えまい。とすれば流寓人は土着人と同じように政府に義務を負うべきは当然の道理である。ただ問題は政府の実行力にかかっている。

流寓人の特権を廃止することは、流寓貴族が朝廷に勢力を占めているあいだはできない相談である。それはただちにかれらの私経済に大きく響いてくるからだ。少なからぬ土地をもち、多くの人民を荘園にかかえこんでいるかれらは、戸籍の実態調査をやられると、いろいろなぼろが出るので、極端にそれをきらう。もしやるとすれば、異端者が政権を握ったときである。

さきに桓温が実権を獲たときにも、じつはそれをやり出したのである。これは貴族たちにとっては大きなショックであり、命令の出た日の干支《かんし》によって、庚戌《こうじゅつ》の土断と称せられる。しかしこのような改革の徹底の度合いは、為政者の実力と比例する。桓温のばあい、かれはまだ朝廷の貴族群にたいして十分なにらみがきいていなかった。先輩の謝安などにあえば、相当の敬意をはらい、遠慮して物をいわねばならぬ立場にあった。

ただし、このさいの土断によって、たとえいくらかでも、やればやっただけの効能があることがわかり、またそれを実施することが公平な政治であって、いつかはそれを徹底的に実施すべきものだという印象を世間にあたえた点は、後世に大きな影響を及ぼしたといえる。

劉裕はこのような歴史の推移を背景とし、従来何人ももたなかった偉大な権力を利用して、懸案の土断を断行した。流寓の白籍が廃止され、人民は土着人と同じ黄籍に登録されて、政府の課する税と役とに服することになった。政府の財政がこれによって、飛躍的にゆとりができたことはいうまでもない。劉裕はそのうえにたって、さらに大がかりな北伐に取りかかろうとする。

その目標に選ばれたのは、西晋朝廷がかつて異民族のために汚辱をこうむった中原の中心部、洛陽と長安を支配している後秦の姚《よう》氏政権である。

船と馬

当時後秦は二代姚興《ようこう》が死んで、その子姚泓《ようこう》があとをついだときであった。姚興は在位二三年、乱世としては例外的にながいほうであった。そのあいだ、都の長安は表面的には華やかな繁栄を誇った。

姚興は熱心な仏教信者であり、西域の高僧、鳩摩羅什《くまらじゅう》が後涼の呂隆《りょりゅう》のもとにあるを自国に迎えんがために、兵を出して涼州を攻めに行かせたといわれる。羅什の父はインド人で、中央アジアにはいり、亀茲《クチャ》国にとどまって、ここで羅什を生んだ。羅什は幼時に出家してインドへ帰って仏教の奥義をきわめ、ふたたび亀茲に帰り、さらに中国伝道のために涼州へはいったのであった。

五胡の君主には仏教信者が少なくない。稀代の暴君であった後趙の石虎も仏教に心酔し、西域僧、仏図澄《ぶっとちょう》をその都の鄴に招き、幾多の壮麗な仏寺を建設したりした。殺伐な異民族の君主と仏教との結合ははなはだ似つかわしからぬ取り合わせであるが、当時の仏教は貴族仏教であり、単なる思想や信仰でなく、建築、彫刻、絵画、音楽、経済、デザインなどあらゆる部門を含む綜合文化であった。そのうえに僧侶は、民族、国家を超越し、国境を自由に越えて往来するので情報の伝達者として利用される価値もあったらしい。姚興が羅什のために大訳経事業のパトロンとなったことは後世に大きな影響を残した。今日、日本の真宗仏寺で用いられる『仏説阿弥陀経』はこのとき羅什が漢訳したものである。しかし同時にこのような小国に不似合いな文化事業は、その国力を疲弊せしめたであろうこと、想像に難くない。劉裕はまさにこの機をねらったものである。

劉裕はその軍を三手にわけて進発した。主力の東路軍はみずから将としてこれをひきい、淮水から運河をつたわって黄河へ出て、黄河をさかのぼって敵の本拠にむかう。この一軍は船隊を主としたもので軍需品の補給を任務とする。いったい中国の地形は南船北馬といわれるように、揚子江流域ではクリークが多いので、船を重要な交通手段とするにたいし、北方黄河沿岸平野では馬が輸送の動力を供給する。戦時においても同様である。

ところで、劉裕が考案した新戦術はつねに船と馬とを並用することである。江南で戦うには船を助けるに馬をもってして成功をおさめたが、今や北方では馬を助けるに船をもってしたのである。船は積載量が大きいから、これで軍需品を運搬すると、駄馬や馬車より何層倍も効率的である。そして戦争はつねに補給戦であること、古今の鉄則といえよう。糧食が十分にあり、損傷した武器をただちに補充できるほうが勝つのである。

実現した百年の夢

中路軍は王鎮悪《おうちんあく》、檀道済《だんどうせい》がひきいて河南省を北上し、ただちに洛陽を突き、西路軍は沈《しん》田子《でんし》がひきいて長安にむかう。この中の王鎮悪とはだれあろう、苻堅の名宰相として雷名を天下に轟かした王猛《おうもう》の孫である。王猛の死後、苻堅が後秦のために殺されると、まだ幼かったかれの身にも危険が迫ったので、東晋に亡命して機をうかがっていたのであるが、今や劉裕の部将として仇敵後秦征討の先鋒をうけたまわり、勇躍征途についたのである。

かれは建康を出発するとき、

「今度こそは後秦を滅ぼさぬかぎり、生きて揚子江を渡って帰ることはあるまいぞ」

と傲語した。このような決意を抱く将軍、王鎮悪にひきいられた中路軍は、洛陽に到着するなり猛攻をあびせて、たちまちこれを占領し、逃げる敵を追って、長安の関門、潼関《どうかん》に迫った。

劉裕の本軍はここではじめて、王鎮悪の中路軍に追いついて合体し、船団は黄河から渭水にはいり、長安の北方で部隊を上陸させた。そのあいだに西路軍は敵の後方を攪乱していた。

一戦して敗北した後秦の君主、姚泓は観念して王鎮悪の軍門に降った。劉裕は王鎮悪らの出迎えを受けて威風堂々と長安に入城した（四一七年）。東晋の流寓政権が成立してから、ちょうど満一〇〇年、夢にも忘れなかった洛陽、長安の回復が、かくして劉裕の手によって実現されたのである。姚泓は建康に送られて殺された。

しかしながらこの事実は、東晋王朝自身にとっては、慶すべきか、はた弔すべきか、はは、自ら別問題であった。それは、東晋王朝の国威がはって自然に生まれ出た結果というよりは、東晋とは異質的な勢力が発生し、それが東晋にかわって東晋の理想を実行したという感が深かったからである。

そして、一〇〇年という歳月は、昔も今もひとつの完結を意味するながさである。どうやら東晋はすでにその歴史的な役割を果たし、自己の運命を閉じる時期がきたように思われた。そして事実はそのようになってあらわれたのである。

南風競わず

栄華の都は荒野原

劉裕は北征の途中から、将来凱旋してきたときに何を行なうべきかについて着々と用意の手を打っておいた。

劉裕が淮水の前線を離れて出発するさい、かれの参謀の王弘《おうこう》が都の建康へ引き返していった。王弘は東晋開国の元勲、王導の曽孫である。かれは劉裕の密命をおび、都へ着くと朝廷を動かして、劉裕に「九錫《きゅうせき》」という九種の特権をあたえる詔を出させる運動をした。この九種の特権とは天子とほとんど異ならない礼遇のことで、大臣としては位人臣をきわめたうえに、天子をへだたること紙一重のところまで進んだことを示す栄典である。魏以来、禅譲が行なわれる直前に、この栄典があたえられるならわしであった。

しかし劉裕はわざとこの九錫の礼遇を辞退し、同時に発せられた、位を相国に進め、宋公に封ずるの勅命をもあわせて辞退してみせた。このばあいはただ箔をつけておけばそれでよいのだ。かれは洛陽を占領すると、東晋王族のひとり、司馬恢之《しばかいし》を招いて、西晋時代の陵墓を修復して祭祀させた。この陵墓は西晋滅亡後、盗掘されて副葬品の宝物が掠奪され、さんざんに荒れていたものである。こんなことができるようになったのも、東晋の王室の力ではなくて、劉裕のおかげだぞ、という意味がその裏に含まれていた。

劉裕はつぎに長安を占領したが、ながくここにとどまっている気はない。かれもまた、すでに流寓という意識を失って、江南土着の人間になりきっていた。いまでは建康の都こそ、働きがいのある檜舞台なのである。洛陽や長安はもう片田舎でしかない。かれは子の劉義真《りゅうぎしん》を長安にとどめ、補佐役として王鎮悪《おうちんあく》と沈田子《しんでんし》とを選んだ。

劉裕がいよいよ長安を引き上げると知れると、土地の父老たちは涙を流してかれを引きとめようとした。最初の中国王朝秦、漢が都と定めた由緒ある土地が、異民族の蹂躙《じゅうりん》を受けてすでに百数十年、やっと中国人の手に回復されたときに、その殊勲者に立ち去られてはふたたびどうなるかわからない。その気持は劉裕もよく同情できる。しかしそうしてはおれない事情がある。都の建康にはもっと大事な仕事がかれを待ち受けているのだ。そして都における根本的な仕事が解決されれば、枝葉の問題は自然にうまく運んでいくようになる。

ところが劉裕が長安を去って、前線基地に引き上げ、新占領地の支配体制を確立しようと努力しているうちに、長安に異変が起こった。それは長安の北方に蟠踞して南下の機をうかがっていた匈奴の赫連勃勃《かくれんぼつぼつ》が、劉裕の退去を見すまして、時機こそきたれと、攻撃をかけてきたのである。おりもおり、長安の内部に紛争が起こった。もともと長安育ちの王鎮悪には自立の野心があるのではないかと疑われて、同僚の沈田子に殺され、その沈田子は専断の罪で王修《おうしゅう》に殺され、さらにその王修はあまりにわがままだと劉義真ににらまれて、その命によって殺されたのである。

こうつづけざまに有力者がつぎつぎと殺されては、それまでかれらの部下であった軍人はだれも働く気がしなくなる。そこへ赫連勃勃が攻めこんできたので、ひとたまりもなく敗北し、劉義真は命からがら東晋領へ逃げ帰ってきた。長安を占領した赫連勃勃は皇帝の位につき、国を夏《か》と号した。

あせる劉裕

この敗報を聞くと、劉裕はさすがにあせり出した。かれがせっかくこれまでひとつひとつきずきあげてきた事業が、最後の段階でつまずくと、あわせてかれの名声までが泥土にすてられるおそれがある。これからさき、何事が起こるかも知れないなら、いま勢威の絶頂にあるあいだに、行なうべきことは行なって、きまりをつけておかなければならない。

劉裕はさきに辞退した宋公に封じ、相国の位に進め、九錫の礼遇をあたえるという天子からの申し出をいっぺんに受諾した。いままでの謙譲な態度は急に変わって積極的になり、陰険残酷になった。天子安帝は劉裕のさしがねで縊死させられ、あとに司馬徳文《しばとくぶん》が位につけられた。これが東晋最後の天子、恭帝（三八五〜四二一）である。

恭帝は時に三六歳、安帝のように暗愚ではなく、まともな天子であった。劉裕はその女《むすめ》を迎えて自分の長子、劉義符《りゅうぎふ》の妻とした。これは単に天子の家との婚姻によって、自家の家格を高めるばかりでなく、姻戚として、王室の内部に公然と干渉する権利を獲るための手段にほかならなかった。王族のうち、少しでも骨のありそうな者、才能を認められた者は、つぎつぎにねらわれて命を失った。

劉裕の決心が定まると、あとはばたばたと事がはこんだ。宋公から宋王に爵が進められたと思うと、一年ののちには禅譲が実現し、宋王朝が誕生した。

東晋はすでに桓玄のときに一度滅びた王朝だ。それが劉裕の力で再興され、さらに二〇年も生きのびたのだから、いま天命の落ちつくさきを考えて、劉裕に位をゆずるのだ。恭帝の禅譲の詔にはそう書かれてあった。それは確かに事実であったにはちがいない。しかしこの前後の劉裕の行動は、何か憑きものにつかれたようないらだちが見える。それはいったいなぜだろうか。

帝位を去った恭帝はその翌年に、劉裕の使者によって毒殺された。はたしてそんなことをする必要があったのであろうか。魏が漢のゆずりを受け、晋がまた魏のゆずりを受けたさいには、前代の天子はいずれも天寿をまっとうして病死した。しかも禅譲というのは虚飾にみちた偽善行為だとはいうものの、それが平和革命である点に長所があった。すなわち圧倒的な実力があればこそ、クーデターのような闇討ち行為によらず、白昼堂々と天子の位をゆずりうける。

それくらいの実力者であれば、別に前王朝の反撃を恐れる必要もない。前の天子にはゆうゆうと余生を送ってもらって少しもさしつかえない。また新天子には当然そのくらいの自信と雅量があるべきはずなのだ。しかるにすでに無抵抗になった前代の天子に、無慈悲にも討手をさしむけるとは——。

どうやら劉裕は、自己の余命もいくばくもないと自覚したらしいのである。即位の年、かれは五八歳であった。平均寿命の短い時代であるから、いまなら七〇歳と八〇歳の中間ぐらいに相当するであろう。若いときに無理をして身体に負担をかけ、戦傷を負ったりしていたのが老いの身にこたえてきたのである。しかも子どもは割合に若すぎる。長男で太子に立てられた劉義符が一五歳になったばかり、末子の義季《ぎき》は六歳の幼児である。

かれの家は貧乏な士族だったから親戚も少なく、いわんや譜代の家来なんていうものはない。すべてはかれ一代のあいだに使いならした家来だけである。だから自分なきあとの事を考えると、いたたまれなくなるほど心細いのだ。そこで経験の浅い子どもの代になったときに、その負担をひとつでもへらしておこうとすると、つい無益な殺生をしなければならなくなる。

まさにただ自分一家のことだけしか考えぬ凡夫になりさがったいま、蓋世《がいせい》の英雄の姿もなんとみじめなことか。しかもこのような、単に利己的にすぎない世の営みが、つぎからつぎへと現実の推移に裏切られていく経過を、われわれは魏のばあいにも、晋のばあいにも見てきた。やがて宋がまたその先例を追うことは当然の運命といわねばならぬ。

身軽になった朝廷

劉裕の立てた宋王朝は、のちの趙《ちょう》氏の南宋にたいして「南朝宋」、あるいは「劉宋」とよばれる。劉王朝の性格は、前代の東晋と比較してひじょうに大きな違いが認められる。東晋はその中興のはじめから、天子個人はロボット的存在にすぎない感があった。はなはだ弱体であり、弱体であるがゆえにかえってそこが強味になった。天子個人の意志はほとんど政治上に反映せぬので、どこからも憎まれることがなかった。東晋王朝は貴族全体の共有物であり、一、二の貴族がこれを独占してはならないものであったからだ。

それでもまだ起こりがちな独占を防ぐために、貴族のあいだに家格が設けられた。それぞれが家格にしたがってその範囲内で行動することが要求され、自由競争の原理はここでは通用しなかった。したがってその政府ははなはだ能率のわるい政府であった。仕事らしい仕事は何もしない。ただ人事のやりくりが政府の仕事である。その人事もおおむね家格によって大きな枠が定まり、その枠内で個人の才徳によって多少の手心を加えるのが公平な政治と考えられた。

しかるに劉氏の宋朝は、天子が軍人あがりである。そこで必然的に軍隊のやり方を朝廷へもちこむ結果となった。軍隊を指揮するにはなによりも迅速を尊ぶ。ながい思案の末にうまい方法を考え出すよりは、まずくても速い決断のほうが有効なのである。東晋の朝廷は貴族の集まりであったから、小田原評定に明け暮れする弊害が多かったが、宋朝廷では天子の専断によってただちに方針が決定される。いわば、はなはだ身軽な朝廷になったのである。

そこで朝廷は天子の私物と化し、天子の意志によって運営されるようになった。しかし物事の決断ということは、じつはひじょうなエネルギーを要する仕事なのである。そこで天子は側近を重用しはじめた。本来なら天子を補佐するのは朝廷の大臣の任務なのであるが、軍人出の天子と貴族出の大臣とではそりが合わない。天子は大臣を単なる飾りものとし、宮中の奥深いところで側近たちと語りあって、すぐ重要方針を決定するくせがついたのであった。

天子と大臣とが対立し、天子が大臣の権力をうばって単なる名誉の地位に棚上げしてしまうことは、古くから行なわれていたので、このときにはじまったことではない。しかも漢代のはじめには朝廷の大臣といえば三公であり、三公が政府の中心となって働いた。しかるに後漢の光武帝のころから天子は側近の秘書官、尚書《しょうしょ》に政策決定をゆだねるようになって、三公はしだいに実際政治から浮き上がり、尚書に権力がうつってきた。しかし魏の曹操が漢朝廷の尚書のほかに、自己の秘書官、中書を設けてから、天子のもっとも親密な側近として中書が威権をふるうようになった。東晋時代、天子の無力化とともにその弊が一時やんだのであるが、宋朝になってそれが復活された。そして天子の側近に侍るものは、一流の貴族ではなく、ずっと身分の低い困り者からの出身、いわゆる寒人《かんじん》が多かったのである。

こうして天子が側近と政策を決定してしまうと、貴族出身の朝廷の大臣はいよいよ実際政治から浮き上がってしまう。浮き上がるとともに無力となる。しかし無力なるがゆえに、いよいよ家格を守りぬこうとする執着が強くなる。そのありさまは、あたかも日本の幕府時代における公卿階級をほうふつさせるものがあった。中身は何もなくて、ただ自尊心だけが人一倍強いのである。

からまわり

しからば軍人皇帝を出した基盤となった軍隊は、これによって地位が向上したかというと、けっしてそうではない。なるほど新王朝の建設に手柄のあった者は賞与ももらい、地位も向上したが、それは個人個人のことである。軍人階級はいぜんとして社会の下積みにされていた。しかも軍隊は漢代までは国民皆兵主義の下に徴兵制度が行なわれたのであるが、三国にはいってから傭兵制度が流行した。これは異民族の軍隊編入と関係がある。

傭兵は農民ではないから、事がおわったからといって帰農させるわけにはいかない。それとともに軍人の地位は世襲となり、兵戸と称せられ、特別の戸籍に登録されて自由に離脱できないように定められた。かれらはもはや自由民ではなく、不自由民となり、一般から賤民視される階級に落ちぶれたのである。この状態は東晋になっても変わらず、いま軍人皇帝を出した宋朝にも、そのまま継承されたのであった。

軍人階級の地位が低下したと同様に、一般人民の地位も低下した。そしてこれも三国以来のことであって、戦争に明け暮れする政府はなによりも軍事を重視する。そこで人民は常時戒厳令下におかれた状態になった。これはちょうど、今度の太平洋戦争中、非常時という名の下に人民の権利がつぎつぎに剝奪されていった状態と比較するとよくわかる。

太平洋戦争は短時日ですんだからよかったようなものの、あれが当時の呼号のように、一〇〇年もつづいたらどうなったであろうか。人民はまったく奴隷的な地位に落としいれられて浮ぶ瀬がなかったであろう。しかも戦時の非常時のさなかでも、軍人や高級官僚には別に苦痛を感ぜず、かえって莫大な特権を享受していた。他人があらゆる統制を受けるときに、統制をこうむらない特権があったなら、その特権ほど貴重なものはない。三国以後、貴族が社会上に幅をきかすようになったのは、じつは一般人民の地位低下と同時的な産物なのである。いっぽうに下がるものがなければ、他方に上がるものはできないのが道理だ。

さてそれならば、宋朝の劉氏政権は貴族を棚上げして身軽になり、天子の決断で政治が運営されるようになって、どんな能率的な政治ができたか、という段になると、じつはさっぱりだめなのである。これも今度の戦時中の軍人内閣のやり方を思い出せばすぐ理解できる。あらゆる機構が大車輪のように回転していて、いかにも生き生きと働いているように見えて、じつは何もしていなかったのである。動いてはいるがそれはからまわりであって、歯車が少しもかみあっていないのだ。

即決政治が危機をまねく

宋朝劉氏のばあい、その出身がいやしく、家庭教育が全然だめだった点が、この王朝の運命を暗いものにした。劉裕自身は貧困の中で成長したので、帝王になってからも庶民感覚を失わず、個人生活に倹約をおし通したのはほめられてよい。しかしその子どもたちは、最年長の太子でも父と四〇歳も年がちがい、おかれた境遇がちがうので、そこに大きなアンバランスが生じてとまどいしたらしい。

劉裕は六〇歳で死ぬが、在位わずかに足かけ三年、武帝と諡《おくりな》された。あとを一七歳の太子がついだが、これが少帝（四〇六〜四二四）である。功臣の中から檀道済《だんどうせい》、徐羨之《じょえんし》、傅亮《ふりょう》、謝晦《しゃかい》の四人が選ばれて後見役となっていた。ところが少帝は父が出世してからのちに安楽に成長したので、周囲からちやほやされたため、すっかりスポイルされて放蕩息子に育てあげられてしまった。

一七歳というわるいさかりの年ごろであるから、天子になったからといって、それがすぐなおるわけではない。そこで四人の大臣は心をあわせ、即位の三年目にこの天子を廃して殺し、荊州からその弟の劉《りゅう》義《ぎ》隆《りゅう》を迎えて位につけた。これが宋朝では名君と称せられた文帝（四〇七～四五三）である。かれと同い年の兄弟の劉義真がこの騒動のまきぞえにあって大臣らに殺された。

宋の文帝（慶長版『歴代君臣図像』）

文帝は位につくと朝廷をきりまわす四人の大臣の専権が気にくわない。そのうち檀道済は単純な武人にすぎないので、これを味方に引きこみ、他の徐、傅、謝の三大臣を殺し、朝廷の人事の総入れかえを行なって、天子が専断できる南朝式の政府を組織するのに成功した。そこで宋朝でももっともながい三〇年にわたる文帝時代がはじまる。比較的平和も継続したので、当時の年号によって「元嘉の治」と称せられる。

このせっかくの元嘉の治をだいなしにしたのが、北方から拓跋氏の北魏が侵入して、宋の揚子江北の領土を荒廃させたことであった。当時北魏は新興の勢いに乗じて南下し、さきに武帝が征服した河南の宋の領土を争った。はじめ宋は檀道済らの武将の力で、たとえ逐次後退しながらも、大なる失敗を演じないですんだのであるが、この人が武人として宋王朝になくてはならぬ人物と見なされると、そこに嫉妬と猜疑とが醸成される。ついに危険人物と認められた檀道済は何の証拠もなく、何の裁判もせずに、一族もろとも死刑に処せられてしまった。決断の速い政治にありがちなもっともわるい欠点がここに露呈されたのである。やがて宋は重大な危機に見舞われることになった。

北方の情況

ここで目を北方に転ずると、さきに西晋の末に匈奴の劉淵が漢をたてて以来、中原に興亡する国家は一六あまりをかぞえた。その多くは異民族であって、匈奴、羯、氐、羌、鮮卑の五胡のいずれかに属する。かくして中原に混乱状態が継続することおよそ一三〇年ののち、鮮卑族出身の北魏によって統一される。

北魏の歴史ははなはだ古くまでさかのぼることができるが、普通に後趙の石虎の全盛時代、山西省の北部に代王《だいおう》、什翼犍《じゅうよくけん》なる者が君長となり、年号をたてて建国元年とした三三八年ころからはじめる。前秦の苻堅の討伐を受けて、一時衰微したが、苻堅の滅亡とともに再興し、拓跋珪《たくばつけい》の一代のあいだに、後秦《こうしん》や後燕《こうえん》などの強国と互して、おしもおされもせぬ大勢力をきずきあげた。

当時外蒙地方に柔然《じゅうぜん》という遊牧民族の国家がさかんとなり、しばしば中国に侵寇してきたが、その鋒先のむかうところに位置したのが代国であった。このために代国の成長が阻害され、大なる損害をこうむったこともあるが、しかし結局、代国が中原に覇をとなえるようになったのは柔然のおかげであったといってよい。代国は中国の経済力を背景として柔然を討ち、その軍馬や牧畜を鹵獲《ろかく》したほかに、その部族を招降して自国の戦士として利用することができたからである。

これまでの五胡の諸国がかわるがわる覇をとなえるにあたって、致命的な弱点は同族人口の不足であった。根本を固めるために都に同族を集中すれば、地方遠隔の地にたいしてにらみがきかず、さればとて兵力を分散して各地方に駐屯させれば、中心が不安になるのであった。その点において代国は、無限に近い人的資源を外蒙古において獲得し、これを急ぎ同化して戦線に補充することができた。

しかも、代国の構成員たる鮮卑はもっとも文化の遅れた、したがってもっとも勇敢な戦士であるうえに、外蒙古から獲得する戦士はさらに未開な生蕃《せいばん》であったから、早くから中国内地にはいって熟蕃《じゅくばん》となった五胡は、これと戦場で出あえば戦わずして怖じ気をふるうありさまであった。

代王拓跋珪《たくばつけい》（三七一～四〇九）は、当時全盛の後燕《こうえん》の慕容垂《ぼようすい》がさしむけた、太子慕容宝《ぼようほう》の指揮する遠征軍をひきつけて大いにこれを破り、壊滅的な打撃をあたえた。まさに国際間のバランスをひっくりかえす大番狂わせであり、これにより代国と後燕とは、これより攻守ところを変えるにいたった。同じ鮮卑族とはいえ、代国の精悍な遊牧民騎兵の攻撃によって、さしも強盛にみえた後燕政権はがたがたと崩れ落ちたのであった。

慕容垂の子、慕容宝の時代には領土の中央部を代国に占領され、自身は北に走り、燕国最初の根拠地であった遼河《りょうが》の西の竜城《りゅうじょう》に退いたが、そこで内乱にたおれ、混乱を重ねたのちに中国人、馮跋《ふうばつ》が割拠政権を樹立した。これが北燕《ほくえん》とよばれる。別に慕容垂の弟、慕《ぼ》容徳《ようとく》が南にのがれ山東省にたてこもって、しばらく命脈を保ったが、これがやがて東晋の劉裕に滅ぼされた南燕である。

酒色と長生と

こうして代王、拓跋珪はその領土を中原に拡大すると、国号を魏と改め、平城に都を定め、やがて皇帝の位についた(三九八年)。これが北魏王朝の第一代、道武帝《どうぶてい》である。かれは中国人の貴族、崔浩《さいこう》らを用い、しだいにその政府を中国式に改めた。

しかるにこのような新興の勢いにのった北魏王朝にも、弱点があった。それは天子もその一族も未開人そのままで、文化的な教養のたりないことである。いったい遊牧民は寒冷な原野で畜群とともに暮らしているときには、その粗野な生活がかれらの社会を支える。もしもかれらになまじ教養などがあっては、不満だらけで生きてゆけなくなる。

ところが、文明社会はなんといっても生活にゆとりがあり、物資も豊富で、したがって誘惑が多いから、それにまけないために教養が必要なのである。代国の支配者たちの一群は、粗野な遊牧民から一転して、文明社会の支配者になった。そこでかれらの精神生活と物質生活とのあいだに、大きなアンバランスが生じた。これは五胡の君長たちのあいだにも見られた共通の現象であったが、北魏のばあいはとくに両者のあいだの落差がひどかった。

野蛮人が急に何不足ない暮らしになると、まず耽溺するのは酒色の享楽である。そして同時に長生きがしたくなる。中国には古くから不老長生の方法を説く神仙の術が、老子の説に付会されて行なわれていたが、道武帝はその方士《ほうし》の説を信じ、寒食散という薬を飲んでから、精神状態に変調をきたし、喜びや怒りを自制する力を失ってしまった。その怒りにふれた太子の拓跋紹《たくばつしょう》はその母とはかり、帝をころして自立したが、その弟、拓跋嗣《たくばつし》（三九二～四二三）がふたりを殺して位についた。これが明元帝である。

明元帝のとき、北魏は南朝宋を攻めて、山東、河南の地方を占領した。この明元帝もまた寒食散が好きで中毒患者になり、国政を見ることができない。皇太子に摂政させること一年あまりでなくなり、皇太子が即位した。これが太武帝《たいぶてい》（四〇八～四五二）で、帝の一代に華北中原地方一帯を統一した。

北朝の成立

当時華北で魏国以外に強盛を誇ったのは陝西の匈奴、赫連《かくれん》氏の夏国である。赫連勃勃《かくれんぼつぼつ》が

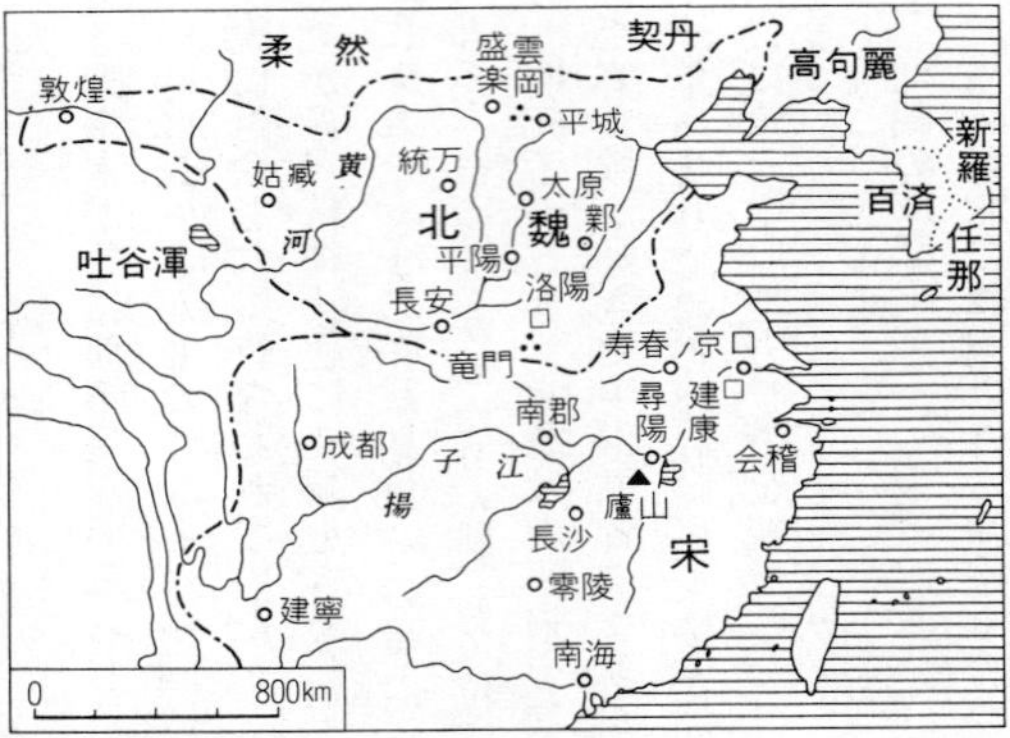

南北朝の対立図

長安で皇帝を称したが、この地は文明の弊害が古くから発生した場所であるのでさけ、長城の北、オルドス砂漠の中の統万城《とうまんじょう》を都とした。粘土を蒸してこねて煉瓦をつくり、それで城壁をきずいたが、きりでついてためし、鋒先が通ると受持ちの工人を殺したという。赫連勃勃が死んで、子の赫連昌《かくれんしょう》がたったとき、魏の太武帝が親征して統万を取り、赫連昌を走死させた。その弟の赫連定《かくれんてい》が西に逃れ、鮮卑族出の乞伏《きっぷく》氏のたてた西秦を滅ぼして土地をうばい、回復をはかったが、吐谷渾《とよくこん》という鮮卑族の遊牧国家におそわれて捕虜となり、魏に献上された。東方では北燕の初代、馮跋《ふうばつ》が死んで、弟の馮弘《ふうこう》の時代であった。しかも燕は前燕、後燕ともにその領土が遼河を境として、満洲の高句麗《こうくり》と接しており、北燕もまた同様であった。このころの高句麗は、朝鮮半島の中部まで領土を拡張し、古い中国人の植民地、楽浪、帯方の二郡を含み、その南の百済《くだら》、新羅《しらぎ》と勢力を争った。日本ではこれらをあわせて三韓と称した。

北燕ははじめ高句麗の後援をたのみ、また南朝宋と通好して魏を牽制し、その独立を保とうとしたが、もとよりこのような小国の外交の効果には限度がある。太武帝が軍を送って北燕を征すると、馮弘は都城をすて、人民をひきつれて高句麗に亡命した。しかしその土地は北魏にはいり、自身も二年後に高句麗の殺すところとなった。

あとに残るのは北涼だけとなった。この国は匈奴の沮渠蒙遜《そきょもうそん》がたてた国で、敦煌《とんこう》に自立した漢人、李氏の西涼国を滅ぼして敦煌回廊を支配し、涼州に都して、西域との交通を独占して利益を得ていた。その子沮渠牧犍《そきょぼくけん》のとき、北魏の太武帝はこれを攻めて降し、進んで吐谷渾を征し、寧夏地方を領土に加えた（四三九年）。時に南朝では、宋の文帝即位の一六年目にあたる。

ここにおいて北魏の帝国は、東は遼河に至って境外の高句麗を服属させ、西は敦煌に至り、そのさきの西域諸国を朝貢国とした。北は大砂漠以南の草原を領して、漠北の柔然とたいし、南はおよそ淮水の線で宋と境を接する。この形勢がそのままほぼ安定して、以後の中国は北方異民族国家と、南方中国人国家の対立が継続するので、北を北朝、南を南朝と称する。

活発化する西域貿易

北魏が華北を統一すると、がぜん西域との交通貿易が盛況をきたした。従来は中国内地

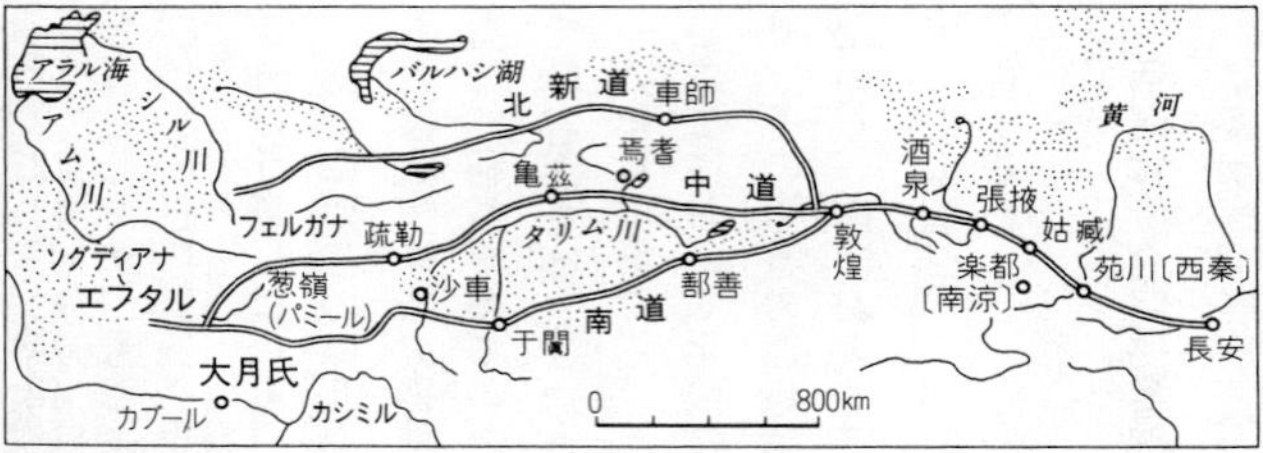

北魏時代の西域

が混乱におちいり、治安も十分に維持されなかったため、西域の商人は東へやってきても、大方は涼州どまりであった。そこで涼州に割拠した政権、前涼の張氏、後涼の呂氏、西涼の李氏などは、西域の商人の弱味につけこみ安価にかれらの商品を入手し、従って豊富に奢侈品を所有するので裕福であった。しかしかれらはこれらの宝貨《ほうか》を中国内地に販売する手段に窮した。華北の混乱は果てしなくつづくので、比較的政情の安定した東晋に望みを嘱し、使者を送って朝貢し、交通路の打開をはかったものである。

前秦の苻堅による一時的な統一が破れたあと、甘粛から四川の境にかけての山峡地帯に西秦、南涼などの芥子粒《けしつぶ》ほどの小独立国がたとえ短い期間でも成立をみたのは、そこを通る交通路の重要性を物語るものである。さらにその南、仇池《きゅうち》を中心として五胡十六国の中にはかぞえられないが、相当の重要性をもった氐《てい》族の楊《よう》氏の政権が発生し、西晋時代から北魏時代まで連綿と継続したことも、やはり新交通路の発生と関係がある。しかし大局的に見て、この交通路はあまりにも不便であって、それほどの効果をあげないでおわった。

しかるに今や華北は百数十年ぶりに、確固たる統一政権の下におかれることになった。これを知った亀茲《クチャ》、疏勒《カシュガル》、鄯善《シャンシャン》、焉耆《カラシャール》、車師《しゃし》などの西域諸国は使者を送って朝貢した。いずれの世においても、中国にたいする朝貢というのは、貿易の別名なのである。以上の五国はいずれも今日の新疆《シンチャン》省内に含まれるが、そのほかに、葱嶺《パミール》を越えたシル川上流に国をなす破洛那《フェルガナ》、アム川中流の粟特《ソグディアナ》などの国が貿易の仲間にはいっていた。

これらの国の西には、中世ペルシアと称せられるササン朝の帝国があった。太武帝は使者、董琬《とうえん》、高明《こうめい》らをやってこれらの地方を巡歴させたが、そのときの報告が、今日の『北史』の西域伝となって残っていて、当時の西域の事情を知るための貴重な史料とされる。

西域と南海

北朝の西域にたいする関係は、南朝の南海にたいすると同じだった。南朝は、四川、甘粛方面の山地から西域へ通ずる試みは多く失敗したので、南海方面との貿易振興に力をいれた。

中国の南海貿易の門戸は広州である。広州は古来、南洋、インド、さらには西アジアの珍異な貨物の集まる場所で、この地に官吏となって赴任する者は短時日のうちにひと財産をつくる、と称せられた。広州から南方にむかうには、海岸づたいに迂回することなく、

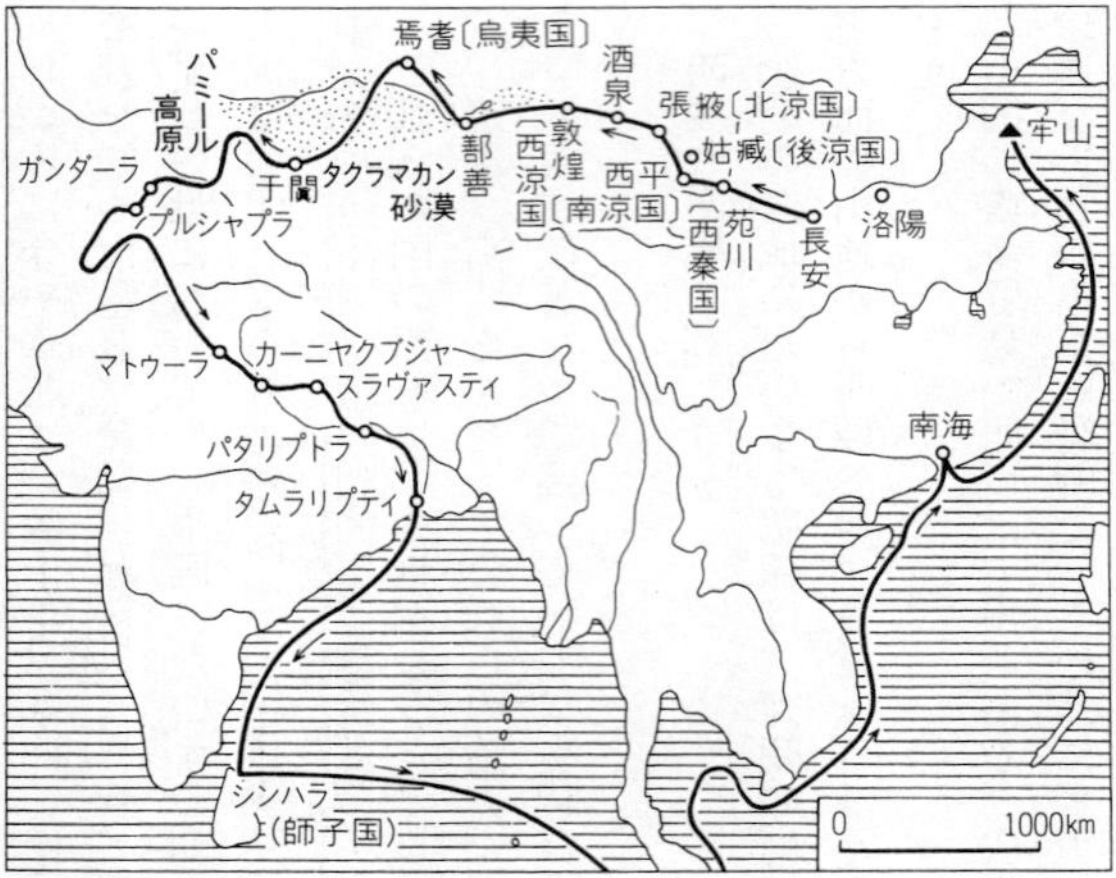

法顕の旅程図

貿易風にのって一直線に南下するのがつねであるが、途中で現在の南ベトナムの北部に立ちよることが多い。それは淡水を貯えるためである。

　当時北ベトナム地方は中国領の交州であるが、南ベトナムには独立の林邑《りんゆう》国が存在した。しかるにこの国人は地の利を恃《たの》み、往来の商船を掠奪するので、宋の文帝は交州の刺史、檀和之《だんわし》を将として林邑を討たせた。宋軍は林邑王、范陽邁《はんようまい》のひきいる象軍と戦ってこれを破り、その都をおとしいれ、無数の珍宝を掠奪して引き上げた（四四六年）。

　西域への陸路は敦煌《とんこう》から出発し、南海への海路は広州から出帆するが、このふたつの交通路はずっとさきのほうへ行くと、ところどころでたがいに結合される。

まず陸上交通路はパミールを越えて中央アジアに出ると、たとえばサマルカンドあたりから、南へヒンドゥークシュ山脈を越えてインドへ出ることができる。インド海岸には、いたるところ広州を出発した商船が頻繁に往来している。

東晋の末に仏法を求めてインドにおもむいた法顕《ほっけん》（四二二年頃入寂）は、出発には陸路をとり、長安から西にむかい、敦煌回廊をぬけてタクラマカンの砂漠にはいり、南道のオアシスにたてられた都市をつたいながらつぎに葱嶺《そうれい》すなわちパミール高原を越えた。そこからすぐ南の方カラコルム山脈を越えると、インダス河の上流、カシミル地方に出る。ここには仏教がさかんに行なわれている。

さらにインダス河流域からガンジス河流域の大平野に出ると、そこはまさに仏教の本場である。法顕は多くの梵語の経典を求め、ガンジス河口から、海岸をセイロン島にわたり、そこでふたたび経典を手に入れ、便船を求めて中国へ帰った。

船はマレイ半島を迂回し、一路広州にむかうつもりであったところ、暴風にあって、山東省の海岸まで吹き流された。そこから引き返して東晋の都へはいったが、長安を出発してからかぞえて、すでに一五年の歳月がながれていた（四一四年）。そのときの旅行記『仏国記』は、当時の東西交通の状況を知るための貴重な史料である。

仏教弾圧

北魏の太武帝は外部にむかっては武力を発揮して中原を統一する事業をなしとげたが、ひるがえってその個人生活をみると、父や祖父に似てはなはだ弱点が多かった。かれも御多分にもれず、長生きがしたくてたまらなかったのであろう。熱心な道教の信者になった。

さきに後漢の末に張道陵によって開かれた道教は、その後、いっぽうには仏教の影響を受け、いっぽうには方士の不老長生の術などを取り入れ、はなはだ中国的な宗教結社を組織するようになった。太武帝のときに、道士の寇謙之《こうけんし》なる者が、大臣崔浩《さいこう》の紹介によって太武帝に取り入り、たちまちその信仰を受けるにいたった。道教にもむずかしい教理があるが、太武帝の欲したのは、そんな理論とは別で、食物をとらないでもつねに健康で、身体が鶴のように軽くとべるようになるという、超人間的な能力を獲得したかったためである。

崔浩は儒者をもって任じながら、なにゆえにこのような得体《えたい》の知れぬ道教を天子とともに信ずるようになったか。思うに当時の華北中原地方は異民族の蹂躙下にあること百数十年、正しい中国の伝統はいつのまにか見失われてしまった。しかし一般中国人は、中国の伝統復活を将来にむかって望む心ははなはだ切なものがある。

同時に百数十年の苦い経験は、かれらをはなはだ現実的なものとした。異民族が本来もっている底ぬけの馬鹿力は、外部からほとんどいかんともしがたいほどの強さである。それをよくよく知りぬいた中国人知識階級は、この未開民族を少しでも中国の伝統に近く引きつける手段があれば、その純なるか不純なるかを選ばない。

仏教はあきらかに外国から伝来した宗教であるから、これはぜひ排斥しなければならぬ。しかし道教は、中国人の宗教であると名のるからには、これを仏教の代用品として君主に勧めるのは方便としてやむをえない。これにたいして儒教は、正直にいってはなはだ魅力がない。中国の読書人でさえあきあきするほどであるから、これはとうてい異民族君主などに勧めてどうなるというしろものではないのだ。これが崔浩らのはなはだ現実的な物の見方であった。

そこで崔浩は太武帝に進言して、仏教の弾圧を行なわせた。もっとも当時仏教の側にも世の非難を受けるだけの弱点があった。仏寺はあたかも治外法権のような保護を受けていたのをよいことにして、武器を蔵匿《ぞうとく》したり、歓楽の場を提供するようなことさえあった。もっともこれははたして僧徒そのものの堕落であったか、あるいは有力な施主、貴族有力者の希望に応じたものかは、にわかに断言できない。おそらくどちらのばあいもあったのであろう。

太武帝は大いに怒って、ことごとく境内の僧侶を誅し、経像を焼きすてるという荒っぽい詔を出した。時の皇太子は仏教信者であったので、この詔書の発表を遅らせて、僧侶ににげかくれする余裕をあたえたというが、これが中国における仏教の法難の最初の例である。

崔浩が太武帝を導いてしだいに中国化の方向へもっていこうとしたやり方は、鮮卑族を中国人と対立するものとは見ないという点から出発した。インドにはインド色があり、中国には中国色があるが、鮮卑族は無色であり、しかし中国と近いから、やがて中国色に染まるべき運命をもっている。うまくそのかじをとって軌道にのせるのが自分の任務だとかれは考えていたらしい。

しかしかれの考えがあまかったのか、事実はかれの思うようには運ばないで、かえってかれの身の破滅におわったから、運命というものはわからぬものである。

戦機熟す

北魏が黄河流域の中原を統一すると、自然にその圧力は南方、揚子江沿岸を支配下におく南朝宋のうえにのしかかってくるのをまぬがれない。ところで宋も文帝の治世二十数年に及び、比較的平和が継続したので、国力も充実し、北方からの侵入があれば受けて立つかまえは十分というところで、淮水の線に沿った国境には、戦機しばしば動いてたがいに勝敗があった。しかし概していえば、南風競わず、北方からの攻撃にたいして南朝はいつも受け身でおされぎみであった。

この対南朝問題によって、北魏太武帝とそのもっとも信頼してきた大臣、崔浩とのあいだに決裂が起こった。崔浩は北魏の対外姿勢についてはつねに積極策を唱えた。とくに北方モンゴル地方の遊牧民、柔然にたいしては、しばしば太武帝に勧めて遠征させ、それが多く莫大な成功をもたらした。

しかるに崔浩は、こと南朝との問題となると、がぜん一変して軟弱となり、太武帝の南征には強い反対意見をはいてその行動を牽制しようとする。太武帝はようやくにして崔浩の本心は南朝を心の故郷として、北朝をばひそかに軽視しているのではないかと疑いはじめた。そこへ起こったのが国史問題である。

崔浩は北魏朝廷のあらゆる内政、とくに文化問題には責任者となって総攬《そうらん》した。律令の制定や暦法の改正などを行なうとともに、魏王朝の歴史を編集して国史をつくった。しかるにその内容が、この民族の未開な時代の野蛮な事実をそのままに記してあったことが摘発されて大疑獄をひき起こした。結局さしもはぶりをきかせていた崔浩も、急転直下して大罪人となり、一族全部が誅せられ、ほかにも連坐して殺される者多数にのぼった。

崔浩が殺されるとすぐ、大々的な北魏軍の南征がはじまった。太武帝もみずから軍をひきいて前線に出て軍を指揮した。宋側では重要な要塞には防禦工事を施して固く守ったが、北魏軍はそのあいだを通りぬけ、いたるところで糧食を得るために掠奪し、無益の殺生をして娯楽とし、その過ぎたあとは焼け跡のように何も残らず、翌春にツバメが帰ってきても巣をつくる家がなくて、カラスのように木の梢に巣を営んだという（四五〇年）。

三〇年近くつづいた文帝の元嘉の治世も、これで差し引きマイナスが残ることになった。

文帝は歎息して後悔した。

「檀道済将軍を生かしておいたら、こんなみじめなざまはさせないでくれただろうに」

といったが、もうあとの祭りであった。

強さの裏の弱さ

このとき敵対した南北朝のふたりの天子、北魏の太武帝、南朝宋の文帝は、一年ちがいで即位して、足かけ三〇年在位し、また一年ちがいでなくなったが、そのなくなり方がまた共通して尋常でなかった。

太武帝の最初の太子、拓跋晃《たくばつこう》は仏教信者で穏和な性格であった。しかるに太武帝は晩年に政治に倦み、万事を太子にまかせると、太子は側近に誤られて奢侈にふけるようになった。時に宮廷内には宦官の宗愛《そうあい》が勢力を得、これまで専横にふるまってきたが、太子に咎めを受けることをおそれ、先んじて太武帝に讒言《ざんげん》し、帝はこれを信じて太子を詰責《きっせき》し、その側近を厳罰に処した。

これがために太子はショックを受けて病死するにいたったが、のちに帝は太子の過失が誇張されて報告されたことを知って大いに後悔した。宦者《かんじゃ》宗愛はその責任を問われるのをおそれ、今度は太武帝を殺して、その子の拓跋余《たくばつよ》を迎えて天子とした。そのさいに反対をとなえた天子側近や、他の皇子をあわせて殺すことまであえてした。北魏の政治は南朝以上に奥深い密室の中で決定されたので、きわめて少数の側近が共謀すれば、秘密のうちにどんなことでもできるようになっていた。

ところで、宗愛に擁立された拓跋余は、はじめは宗愛を徳として優待すること至らざるはなかったが、すると宗愛のわがままは、いよいよはなはだしくなるばかりなので、ついにたまりかねてこれを追放しようとはかった。これをかぎつけた宗愛は、またもや拓跋余を殺し、そのまま喪を秘してつぎに天子にたてる皇子を物色しはじめた。

しかるにこの事実を知った近衛兵らは、前の皇太子、拓跋濬《たくばつしゅん》（四四〇〜四六五）を迎えて天子とし、宗愛をとらえて死刑に処した。太武帝が殺されてからここに新君、文成帝が即位するまで九カ月もたっている。北魏王朝はその強さの裏に、このようなもろさがあった。軍事国家はえてしてこういうものである。

同様なもろさは南朝にもあった。文帝は健康のすぐれぬことが数年つづいたこともあり、そのあいだ、弟の劉義康《りゅうぎこう》に政治を委任した。すると官僚の中に義康を親分に祭りあげて党派を組む者があり、文帝はこれを悟って、義康を中央からしりぞけ、揚子江上流の江州の刺史とした。宋が北魏と事をかまえたさい、義康を擁立して謀反しようとはかる者が出たので、文帝は義康をさらに遠く広州の刺史に左遷した。しかし義康は、そう何度も恥をかさねるのを好まぬといって反抗したので、文帝は使者をやって義康を殺させた。決断が速くできる政治体制は、いつもこういうばあいに利用されがちなものである。

文帝にその弟を殺すことを勧めたのはじつは皇太子、劉劭《りゅうしょう》であった。太子は私行に過失が多く、つねに文帝にしかられていたが、巫女《みこ》の言を聞き、早く自分が天子になるように父を祈り殺す呪詛を行なった。この事がもれて文帝は激怒したが、さすがに太子を廃する決心がつきかねていたところ、太子のほうが機先を制して文帝とその大臣たちを殺し、みずから帝位についたのである。

たまたま江州刺史に任ぜられていた文帝の子、劉駿《りゅうしゅん》（四三〇～四六四）は将軍沈慶之《しんけいし》の力によって、都にはいって乱を平らげ、劉劭とその党派をとらえて殺し、推戴されて天子となった。これが孝武帝である。

こういうことが起こるとその余震がなおつづく。孝武帝は日頃から仲のわるいふたりの弟を理由もなく殺した。叔父の江州の刺史、劉義宣《りゅうぎせん》が側近にそそのかされて兵をあげて反したが、たちまち破れてその子一六人とともに殺された。

暴君の系譜

宋の政治は最初から側近政治であり、秘密主義であったが、孝武帝になるとますますその傾向がはなはだしくなった。政策の決定にあたるのは宮中の秘書官室、中書であり、そこに勤務するのは身分のいやしい家から出た、いわゆる寒人《かんじん》であった。

当時の貴族にいわせると、貴族の家には家法というものがあり、家庭教育が厳格に実施されるので、もし高位高官にのぼっても世論の非難をおそれて、あまり貪欲な行為はおのずからつつしむのである。ところが寒人は家庭のしつけというものがないから、いったん権勢を握ると、恥も外聞もなく賄賂をとりこむようになる。孝武帝の側近がその例で、かれらが権勢を得ると、門外が市をなすのありさまで、おのおの家産が千金をかさねるにいたったという。

しかし貴族たちは、かげではいろいろ評論するが、寒人出身でも天子の側近となって権力を得た者があると、やはりこれとある程度は妥協せざるを得なくなる。当時、このような成り上がりの権勢家をまったく無視できたのは、顧顗之《こぎし》ひとりぐらいなものであった。顧顗之は東晋時代の有名な書家の王羲之《おうぎし》や、画家の顧愷之《こがいし》と同じく、五斗米道《ごとべいどう》すなわち道教の信者であったようで、無欲恬淡《てんたん》なことで世人から賞讃された。

孝武帝が治世一二年ののちに死んで太子がたったが、これが前廃帝（在位四六四～四六五）と称せられる人である。孝武帝はきわめて猜疑心が強く、しかも決断力に富み、朝廷の大臣をあだなで呼びすてにするほど、人を人とも思わぬ君主なので、かれが死んだとき、大臣らは正直のところやれやれと胸をなでおろしたのであった。ところがかわった新天子は、わずかに一六歳というのに、わるいところだけよく親に似て、傲慢このうえない性質である。

大臣たちが、これは油断ならぬぞと気のついたときはもう遅かった。大叔父にあたる劉義恭《りゅうぎきょう》はじめ、柳元景《りゅうげんけい》、沈慶之《しんけいし》などの老将が、ばたばたと殺された。新天子はさらに弟らを殺し、さらに三人の叔父をも殺すつもりで宮中に幽閉しておいたが、そのひとり、劉彧《りゅういく》(四三九〜四七二)が苦しまぎれに臣下を使って天子の近臣らの不平な者と結託し、後園で夜遊びにふけっている少年天子を襲撃して殺した。劉彧がその母太后の命で位についたが、これが明帝である。

一族自滅

おりしも廃帝の弟、劉子勛《りゅうしくん》が兄に反抗して江州で兵をあげて反したのであったが、明帝が即位したのを聞いてもなお兵をやめず、みずから帝位について正統の天子と称した。明帝は沈攸之《しんゆうし》らをやって江州をおとしいれ、劉子勛を殺したが、その兄弟がまだ一三人あったのを、あわせてことごとく殺した。

孝武帝の子は元来二八人あったのが、ここにいたってただのひとりも残らなくなった。孝武帝の皇后は当時太后と称していたが、明帝を毒殺しようとしてかえって感づかれて殺された。これはまたなんという一族であろうか。東晋の時代には、さすがにこんなことはなかったのである。

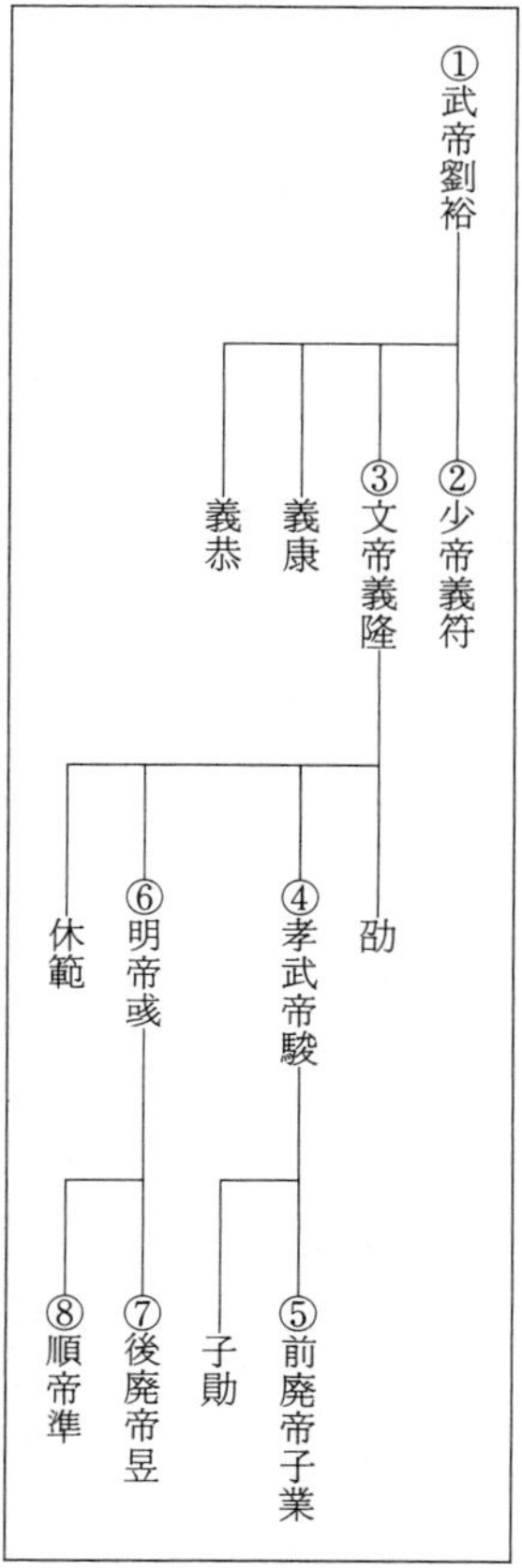

宋系図

明帝もまた猜疑心が深く、中書に寒人を集めて爪牙《そうが》とし、秘密のうちに生殺の大事を決定した。兄の子を殺しつくすと、今度は自分の兄弟に疑いをかけて殺しだした。ただもっとも頭のわるい劉休範《りゅうきゅうはん》だけが助かっており、明帝が死んで一〇歳の太子が即位すると、かれが後見人に指名された。しかるに新天子の側近は休範を中央にとどめず、江州の刺史として任地におもむかせたので、休範はおこって兵をあげた。反軍の勢い強大で、都の間近まで迫り、都の運命もあわやと思われたとき、奮戦して休範の本陣にはいってこれをたおしたのが、将軍、蕭道成《しょうどうせい》（四二七〜四八二）であった。

新天子は即位すると遺伝性の無軌道ぶりを発揮しだした。側近であれ、道を行く人であれ、だれかれの別なく、気がむけば殺して楽しむのであった。ついに蕭道成ら大臣たちが共謀して、その寝込みをおそってこれを殺した。諡《おくりな》がないので、後廃帝と称せられる。かわって弟の劉準《りゅうじゅん》が年一一歳で位につけられた。これが宋の最後の天子、順帝（四六七〜四七九）である。

この際のクーデターを指導したのは蕭道成であり、それが成功したのちは、万機がかれの一手に決定されるようになり、他の大臣、将軍たちはほとんど発言権を失ってしまった。これを不満として、外では老将沈攸之《ゆうし》、内では大臣の袁粲《えんさん》らが蕭道成をのぞこうとして密謀をくわだてたが、いずれも失敗に帰して殺された。その結果はかえって、いよいよ蕭道成の威権を増長する反作用を招いたにすぎなかった。

なんのことはない。宋王朝は一家がたがいに殺しあうことによってみずからその力を弱め、われとわが墓穴を掘る努力をかさねたにすぎなかった。それはあたかも運命の神が、私欲のとりことなった愚かな天子らをして、他人の犠牲の上にひたすら自己の子孫の安泰をはかるように誘惑し、あげくの果てにそのはかない営みを嘲笑うごときものがある。

残酷なくりかえし

蕭道成も北方から流寓の将家の子である。漢の功臣、蕭何《しょうか》の子孫だと名のるが、もとより信用できない。宋の一族がたがいに殺しあい、十歳代の皇子だけが残って帝位についた際に、朝廷の全権を一手に掌握したのであるから、このままでおさまるはずがない。易姓革命は時期の問題と見られた。

　はたして順帝即位の三年目、相国に任ぜられ、斉公に封ぜられた蕭道成は順帝に迫って位をゆずらせ、皇帝の位についた（四七九年）。これが斉王朝の初代、高帝である。一八歳の順帝は宮中から別邸へうつされたが、使者にむかって、

「命だけは助けてください」

というと、使者は冷たく、

「わたしにはどうすることもできません。御先祖さまが司馬家を滅ぼされたときもこのようであったのです」

と答えた。順帝は涙ながらに、

「今度この世に生まれかわるなら、天子の家にだけは生まれたくない」

と誓いをたてた。その翌月に順帝自身とそのほかに一族をあわせ、老いも若きもすべて死に処せられた。禅譲のあとの前王朝にたいする迫害は、このように代がかわるごとに残虐性をましてくる。

　こうして天子の位をかちとった蕭道成も、在位は四年にみたなかった。かれは質素な軍人家庭に育ったの

斉の高帝（慶長版『歴代君臣図像』）

で、下層民の生活に理解があった。即位後も、倹約に身を持した。

「我輩が天下をおさめること一〇年になれば、黄金の価を土の値段と同じにしてみせる」

といつも口ぐせにしていた。惜しいことに一〇年にならぬうちに死んでしまった。

高帝のあとをついだ子の武帝の在位中は無事であったが、治世一〇年あまりでなくなり、さらにその孫、昭業《しょうぎょう》が二〇歳で即位するとたちまち変調をきたした。青年天子にありがちな道楽者で、父や祖父が一朝有事の際にと思って苦心してたくわえておいた蓄積を湯水のようにばらまき、わずか一年もたたぬ間に府庫を空にしてしまった。

このさいに朝野のホープとして尊敬を集めたのは、叔父の蕭子良《しょうしりょう》と、大叔父にあたる蕭鸞《しょうらん》とであったが、文士的で繊細な感情をもった子良が心労のあまり病死すると、軍人的な胆の太さをもった蕭鸞ひとりに権力が集まってしまった。

こうなると今度は一族のあいだでの禅譲である。蕭鸞は大臣らとともに不行跡《ふぎょうせき》な天子昭業を廃して殺し、そのあとへ一五歳になる弟の昭文を立てたが、これも三月目には廃された、蕭鸞（四五九〜四九八）がみずから帝位についた。これが斉五代の明帝である。明帝は初代の高帝の甥にあたり、いわば傍系から出て本家をうばった形になったので、本家の復活をおそれるあまり、高帝の子孫をかたっぱしから殺してほとんど種なしにしてしまった。それは自分の子がまだ幼弱で、本家のほうが一家繁昌しているからであった。

これだから、一族同士といっても油断できない、かえって危険な存在だという、まことにおそろしい世の中になってきたのである。

しかし一族が危険なくらいなら、他人はなおさら危険である。一族の危険を排除したところで、世の中に危険がなくなるはずはない。かえって自分が残酷な模範を示したことが、やがてそのまま自分の子孫にはねかえされる順番がまわってくるものだ。

明帝が死んで太子が即位するが、史上に普通、東昏侯《とうこんこう》と称せられる。根があまりかしこくもないところへ、父明帝の臨終のさいの遺言がまたわるかった。

「この世の中はせちがらいものだ。人におくれをとらぬように人に先んずるものだぞよ」

と教えた。そこで東昏侯は側近の小人どもに耳うちされると、急に決心して大臣を殺す。その決断の速いことは、犬猫を殺すよりも造作ないのだ。

つぎつぎに大臣を殺したが、一〇人目に一族の蕭懿《しょうい》を殺すと、その弟で襄陽の前線にいた将軍、蕭衍《しょうえん》が兵をあげ、天子の弟、蕭宝融《しょうほうゆう》を奉じて主とし、揚子江をくだって都の建康を囲んだ。城中ではこれ幸いとばかり、東昏侯を殺して降伏したので、蕭宝融がはいって正式に帝位についたが、これが斉の最後の天子、和帝である。しかし天子とは名目だけで全実権は大臣蕭衍の手にあった。斉王朝はその後、一年ともたなかったのである。

軍人と貴族

斉王朝はなんのことはない、前代の宋王朝の歴史をそのまままくりかえしたような観があった。世に暗愚な君主の例は多いが、暗愚なうえに殺伐で残酷な君主が多く出たのがこの時代の特色である。しかもそのやり方が同時代の北朝の暗君ときわめて類似しており、ほとんど見わけがつかないくらいであるが、これはいったいどうしたことであろうか。同じ体制のもとにおかれると、異民族も中国人も似たような行動に出るものなのであろうか。あるいは中国人でも教養のない階級は、異民族と別にかわりばえしないものだという実例を示すものだろうか。確かにそういう点はあったにちがいない。しかしどうもそれだけではないらしい。

いったい宋の劉氏や斉の蕭氏を出した流寓の軍人階級というものは、その中に後漢末以来、中原をあばれまわった異民族軍隊の系統が濃厚にまじっており、その気質、その風習が南渡《なんと》ののちまでつたわっていたのではないかと思われるふしがある。これは文献学の方法で考証して、証拠をあげることはいまのところ困難であるが、巨視的に当代の歴史を観察したときに、十分な可能性をもって推測されうることであり、またそのような仮定に立つと、当時の社会の動きがなるほどと合点ゆくばあいがほかにも出てくるのである。

三国以来、軍人が傭兵となり、世襲されて兵戸と称せられ、賤民視されて人なみの扱いを受けなくなった。その上層のものは将とよばれ、勲功によって官位がどこまでも昇進する機会があたえられるが、貴族社会からはてんで相手にされないのである。

一般人民は、その上層に吏と称する階級があり、さらにその上層に士と称する特権貴族階級がある。単なる吏は特別なばあい、たとえば天子の側近にのしあがったときなどには、強大な実権を握ることがあるが、しかし将と同様、貴族階級からは成り上がり者として蔑視される。そこで当時、士の下にあって、兵、民の上にある階級を将吏と総称した。

　斉の武帝のときにあった有名な話。将家から出身した紀僧真《きそうしん》が中書に用いられて大いに帝の信任を得て専横をきわめたが、社交界にはいって貴族と交際することができない。そこで天子にたのんで貴族の仲間に入れてほしいと願った。すると天子は、

「それは政治問題ではないから天子がどうすることもできぬ。貴族の領袖はいま江斅《こうきょう》らであるから、そこへ行ってたのんでみるがよい」

と教えてやった。

　天子からの紹介であったので、江斅は紀僧真を迎え入れて座につかせた。当時、主人が来客と対面するには、二台の牀《しょう》を設け、主客がおのおのそのひとつの上に履《くつ》をぬいであがり、敷物の上に日本人と同じように正坐するのである。さてふたりが牀にあがって座が定まるやいなや、急に江斅は下僕を数人呼びよせて、

「わが牀をうつして、客より遠ざけよ」

と命じた。下僕らは江斅を牀もろとも、えっさと運んで壁のきわへおしつけた。さて遠くから、きたないものでも見るような目つきでにらまれたので、さすが心臓のつよい紀僧真も気をのまれて、そうそうにして辞し去った。

斜陽族のやせがまん

しかし当時の貴族たちの、あまりにも鼻柱のつよい自尊心は、じつは一種のコンプレクスの裏返しとも見ることができる。それは現今の世界にたとえをとるならば、ヨーロッパ人とアメリカ人との関係のようなものであって、もともと双方がコンプレクスをもっているのである。

ヨーロッパ人はかつては世界の文化の中心という誇りをもっていたが、今や経済のみならず、文化の面までしだいにアメリカの物量攻勢の前に支えきれず、斜陽族の落ち目をかこっている。かたやアメリカ人は何事にも世界一を目標として達成に努力しているが、なんといっても歴史の底が浅いので、旧大陸の文化に接すると、いい知れぬ心理的圧迫を感ずるのである。

されば江戦と紀僧真との出会いは、ヨーロッパ人とアメリカ人との背くらべのようなものであって、われわれは貴族社会につたわった話柄を聞いただけで、すぐに貴族側の勝ちだとは速断できない。かれらはしだいに実際社会から排除されてまったく浮き上がった存在となり、そうしたことがまた、ますますかれらのやせがまんを誘発するのである。その状態は、さながら日本の幕府時代における貧乏公卿の自尊心の空虚さを連想させるものでもある。

斉の和帝を擁立した武人出身の大臣蕭衍《しょうえん》は、やがて和帝に迫って位をゆずらせ、天子となったが、これが梁の武帝である（五〇二年）。和帝は巴陵《はりょう》王の位におろされたが、まもなく毒殺された。和帝の側近者で貴族出の顔見遠《がんけんえん》は、この禅譲にはなはだ不満であるが、さりとて有効な対抗手段をもたない。そこで抗議のハン・ストを行ない、数日ののちに死んだ。これを聞いた武帝は、

「革命の時節が到来したから革命を行なったまでで、これはわれわれ軍人仲間で幾回となくくりかえされたことにすぎぬ。はじめから貴族仲間とはなんら関係のないことなのに、顔見遠だけがなぜ、でしゃばったことをするのか」

といって、大いに不機嫌であった。

東晋の滅亡後、天子の地位は軍人のあいだで転々として授受されるが、その革命は貴族に迷惑をかけないような配慮のもとに行なわれる。かえって貴族の中で率先して、この革命に賛成する者は、新王朝から手厚い賞賜を受ける。だから革命のたびに軍閥勢力は興亡するが、貴族の家は連綿と継続して、かえってそのたびに箔がつくという結果になる。しかしその反面、いよいよ現実の政治からは遊離してしまう。

大勢に順応することは許されるが、大勢に反抗しようとすると、それは僭越なでしゃばりとして天子から詰責される。それでは貴族といっても、大政翼賛の飾りものにすぎない。表面上は貴族が全盛をきわめたように見える宋、斉の時代において、じつは南朝貴族の運

命のうえに、重大な危機がおそいかかっていたのである。

改革された貴族制度

梁の武帝、蕭衍《しょうえん》はその姓の蕭が予想せしめるように、斉王朝と同族である。将家の子ではあるが、このころになると、世間が教養を要求するようになったので、人なみに学問を修め、当時文学のパトロンであった竟陵王《きょうりょうおう》の蕭子良《しょうしりょう》にその才を認められ、八友のひとりにかぞえられた。三九歳の年に斉のゆずりを受けて、梁王朝を興し、在位四八年という、乱世にあってはまれなながい治世の記録をたてた。もっともその最期ははなはだ見苦しい失敗におわったが、かれのながい統治は、南朝の歴史に一転機をもたらすものであった。

南方の貴族は後漢以来の趨勢にのり、東晋のもとで堅固な地盤をきずいたが、やがて宋、斉の軍人皇帝によってあまやかされ、スポイルされると同時に、政治圏外にほうり出された。さりとてかれらが朝廷の顕職を世襲的に独占している以上、天子のほうではその勢力を全然無視するわけにもいかない。また無用の長物として、朝廷から全部追放することもできない。それでは大いに物議をかもす結果になろうし、またかれらにかわる多量の有能な文官を即時に補充しようと思っても、適当な人的資源が見つからないのである。

当時の人の考えによると、貴族はある程度満足な生活を送っているので、中央、地方の要職につけても、あまりたいした悪事を働こうとしない。またそれだけの度胸もない。しかるに、下層からの新興階級や無教養な軍人らに委任すると、何をしでかすか知れぬ心配がある、というのである。しょせん、貴族階級は、これを排斥したり敵視したりすべきものでなく、これを善導し、これを利用した方が得策なのである。そこで武帝は、貴族制度の改良にのり出した。

そもそも三国魏以来の九品官人法は、元来は官吏を採用するに、もっぱら個人の徳行と才能とを重視し、朝廷の官職にもっとも適当な人才を選抜するために設けられたものであった。しかるにそれが当時の大勢におし流されて、貴族的に運営された結果、郷品の査定がはなはだ不公平に実施されるようになった。すなわち既得の官位がそのままある家の格式となって固定し、某家は官位二品にあがり得る家、某家は官位三品までしかあがり得ぬ家、というごとき家格が成立してしまった。

官位二品にあがるためには郷品二品を得て、初任官六品で起家《きか》するをつねとする。これにたいし、人の出世を官位三品以下にとどめるためには、まず郷品三品以下をあたえておき、初任官七品以下で起家せしめればよい。それは中正の匙加減ひとつでできることである。ここに郷品二品と郷品三品以下とのあいだに大きなギャップが生じ、二品の家にしてはじめて一流の貴族と認められる。

郷品の適用が貴族化されたと同時に、九品官制のうえにも貴族化が起こった。それは官に清濁の別が生じたことである。もともと官品は単に上下の等級を示すために設けられたにすぎず、一官品の官職はみな平等で差別のあるものではなかった。しかるに貴族階級が成立すると、貴族が好んでつきたがる官職と貴族が避けてつきたがらない官職とが生じた。たとえば同じ六品官でも、秘書郎は貴族出の青年が起家のさいに任ぜられる官ときまり、太子《たいし》の家令、門大夫《もんたいふ》は家格の低い者が長年にわたり下位の官職をつとめあげて最後に任ぜられる官であった。そこで前者が清官と称せられ、後者は濁官とよばれる。こうなると、官品の高下はあまり問題でなく、官の清濁のほうが大なる関心事となってくるのは自然の勢いである。事の善悪、適不適とは別に、大勢がすでにこのようになってくれば、これはいちおう現実の事態として承認せざるをえない。

教養がものをいう

梁の武帝は従来の官品表を整理して、新たに官職を一八班に再区分した。第一八班が最高で正一品にあたり、第一七班がこれについで従一品にあたり、以下順次にさがって第一班の従九品に至る。各班には数個乃至数十個の官職が列せられるが、筆頭にあげられた官職がもっとも清官で、順次さがって最尾に至るともっとも濁官なのである。たとえば第二班、すなわち正九品では筆頭の秘書郎がもっとも清官、第二位の著作佐郎《ちょさくさろう》がこれにつぎ、末尾の府功曹史《ふのこうそうのし》がもっとも劣る。

そこで同じ昇進でも、秘書郎で起家し、つぎに第三班の筆頭なる太子舎人《たいししゃじん》、そのつぎには第四班の筆頭なる給事中《きゅうじちゅう》、というふうに筆頭官を順次に渡って昇進するのは名誉このうえもなく、逆に末尾の官をつたわって昇進したのでは、じつは昇進の甲斐がないのである。

　この一八班の表は、これだけ見るとまったく貴族的な制度であるが、武帝がこのような表を作成した真意はほかにある。すなわち従来なら、清官から清官へと昇進するのは貴族だけの特権であったのを改めて、個人の才能徳行によって清濁の官をわりあてようというのが武帝のねらいであった。

班	清官 ←→ 濁官	
一八班（正一品）	丞相等	上級には濁官がない
一七班（従一品）	開府儀同三司	
一六班（正二品）	尚書令　太子太傅　光禄大夫	
三班（従八品）	太子舎人　司徒祭酒……	持節府参軍
二班（正九品）	秘書郎　著作佐郎……	府功曹史
一班（従九品）	祭酒従事……	武庫府等令

梁18班表（『通典』巻37）

　それならどうして個人の才行を査定するかといえば、それは教養を標準とするよりほかにない。そもそも貴族が社会に尊重されるべき根拠は、一般人よりも深い教養があるという点に存した。しかるに貴族制度が固定してしまうと、教養の点がまったく骨ぬきにされ、単に貴族であるという理由で尊重され、なかにはまったく無学の貴族が、いわれなく家柄を鼻にかけていばり歩く弊害が生じた。武帝はこの弊害をのぞくために、真に教養ある貴族だけに、貴族の特権を行使させようとした。そこでまず行なわねばならぬのは、貴族にたいする教育である。

武帝はこれがために大いに学館を興した。南朝の学校は宋の文帝のころから再興の気運にむかい、玄、史、文、儒の四学がたてられ、つぎの明帝はこれらを総合して総明館とした。斉の時代にも国子学が再建され、課試、すなわち試験制度も行なわれた。しかしそれらはまだ官吏登用を直接の目的としたものではなかったらしいが、梁の武帝の学館は、それが官吏養成のためのものであることをはじめから宣言しているのである。

武帝はまず五経博士を経ごとにひとりずつ任命し、おのおの一館をつかさどらせ、数百人の学生を収容し、射策、すなわち試験を行なって学力優秀な者はただちに起家せしめて官に任じた。ただしこれを実際について見ると、個人の起家と昇進とは、やはり従前のように家格が大いに勘案されたのであって、けっして後世の科挙のばあいのように、まったく個人本位にはなりきっていない。しかしながら無条件に家格だけを尊重しないで、個人の才徳を加味した点、なんといっても大きな進歩である。

要するに、従来の貴族制度が今や大きな曲り角にさしかかったので、否応なくその反省を強いられるに至ったことに、重要な歴史的意義が看取されるのである。

南朝四百八十寺

梁代になると、宋斉以来の禅譲にたいしても反省が加えられねばならなくなった。すなわち禅譲ののちには、きまって前王室にたいして無益で残酷な屠殺が行なわれるのがつねであった。それは宋が前朝の東晋にたいし、斉が前朝の宋にたいして行なったのみならず、同じ斉一代のあいだに明帝が自立すると高帝、武帝の子孫を殺戮するようなことが起こった。

梁の武帝もまた、即位の前後にもとの斉の和帝はじめ、その兄弟をおおかた殺しつくした。これは後患を絶つためとはいうものの、殺すほうでもけっして寝ざめのよい所業ではない。それも緊張した事態がつぎつぎと継起する時代であれば、やがてそのまま忘れ去られてしまうかも知れないが、武帝即位ののち、ながく太平の時代がつづくと、かれの心中に自然に悔恨の念が生じて、肉体年齢とともに衰えていくかれの神経を苦しめて安眠を許さなくなったのであった。

武帝はふりかえってその罪業の深さにおそれおののき、魂の救済を仏教に求めた。しかし慈悲深い仏教も、無条件にかれの過去をゆるして白紙にかえしてはくれなかった。仏教には因果応報の理があって、自身でなければその子孫が、かつての罪悪を贖わなければならぬのである。そこでかれは、ひたすら自己一身の責任において過去の罪業を贖おうとした。

かれは建康に同泰寺を建立し、みずから三宝の奴と称し、進んで寺院の奴隷となった。すると群臣は銭を醵出《きょしゅつ》し、一億銭をもって帝を寺から贖って帰るのであった。同じ捨身が三回行なわれ、そのたびに臣下が贖回《しょくかい》を行なった。

天子にならって都下には多数の仏寺がたてられた。僧尼のかずも一〇万に及んだという。のちに唐の詩人杜牧が、

「南朝四百八十寺」

と詠じた詩はもっとも人口に膾炙《かいしゃ》しているが、当時の仏教盛行の状況を彷彿《ほうふつ》せしめるにたる。

当時南朝に行なわれた仏教は、あたかも日本の奈良朝時代の仏教と同じような貴族的仏教であった。それは多数の庶民の支持による教会仏教でなく、個人の檀越《だんおつ》によって喜捨され、またみずから莫大な財産を所有し、農民を隷属せしめて自給自足の一単位となること、荘園と異ならぬものである。そして荘園がしばしば貴族の社交クラブとして使用されたごとく、寺院もまた文人たちの集会場として利用された。

梁の武帝は単に文才があったのみならず、儒教、仏教の内容に精通して、みずから著述を行なっているほどである。しかしかれのときに、禅宗の祖師の達磨《だるま》がインドから渡来してかれと問答し、意見が合わないで揚子江の水をふんで渡り、北方に去ったという話は、

後世の伝説で、歴史事実とは認めがたいという。

儒学も発展した

いっぽう儒教の経学研究も、梁の武帝の平和な統治によって大いに活況を呈した。いったい経学は、前漢時代までは一経専門の学が普通で、学者はそれぞれ師匠からつたえられた学説を忠実にまもって、それを弟子に教えればそれでよかった。しかるに後漢にはいってから、大学者といわれるには五経全体に通じていなければならぬことになり、ここに鄭玄《じょうげん》によって代表される通儒《つうじゅ》が出現した。

ところですべての経書をひとりの手でおさめるようになると、これはいわば経学の革命である。なんとなれば、儒学は、ひとつの思想体系であるかぎり、おのおのの経書のあいだに矛盾があってはならなくなり、学者はどこにも矛盾の生じないように、各経の解釈を調整しなければならなくなったからである。じつはこの段階にきて、はじめて儒教は経学になり得たともいえるのである。

しかしながら経書にたいする解釈は時勢とともに変化する。またそうでなければ学者の好学心を満足させない。三国魏から西晋にかけて、経学にひとつの新しい方向が打ち出された。それは老荘の思想を加味して儒教の経典を再解釈することである。

魏の時代に王粛《おうしゅく》が皇室の外戚であることにもよって、顕貴《けんき》となり、その注釈した経書が尊ばれ、晋代にはいってから、杜預《とよ》の『左伝注』、王弼《おうひつ》の『周易注』、何晏《かあん》の『論語注』がつくられ、別に偽作の『古文尚書《こぶんしょうしょ》』に偽作の孔安国《こうあんこく》注のつけられたものがあらわれて大いに流行した。晋王朝が南にうつったとき、これらの新傾向の学問もそのまま移転して、東晋から南朝に引きつがれた。

しかるに従来は文化学術の中心であった、北方黄河流域のいわゆる中原地方で、異民族政権のもとにおいて細々と行なわれたのは、ひと昔古い鄭玄の学問であった。詩、書、易はもちろん、『論語』も『礼記』も鄭玄の注によった。この事実は、晋代の一流の文化人は、おおむね晋室といっしょに南方に移転してしまい、残されたのはまだ新傾向を呼吸していない田舎学者だけだったことを物語るものである。

南朝梁代になると、経学の研究は第二段の時期にはいり、注の下にさらに孫注の疏《そ》をつけることが行なわれた。なかでも有名なのは皇侃《こうかん》の『論語義疏』であり、この書はのちに中国では散佚《さんいつ》し、幸いに日本に残って、近世の考証学に莫大な貢献をなした。

このように南、北両朝は経学の内容をことにしたが、のちに隋、唐によって中国が統一されたとき、新王朝は政治的には北朝を継承したにもかかわらず、官学に採用したのは南朝の学問だった。そこで北朝に行なわれた鄭玄の学問は詩と礼とをのぞいて、大半が消滅してしまった。

ところがさらにくだって清朝の考証学の時代にはいると、経学は漢代がもっとも純粋で信頼できると考えるようになったが、いかんせん、鄭玄の注釈はだいたい唐ごろで滅びてしまっている。そこで敦煌の石窟に保存された古文書類の中に、すでに散佚した鄭玄注の『論語』のようなものが、運よく発見されると、学者たちは狂喜してこれを迎えたものであった。

滅亡へのきざし

梁の武帝は将家の出であるが、自分が文化人であるため、当時の軍人社会に共通な無教養で粗野な風習にたいして嫌悪の念を抱き、政治上から武臣たちを疎外する政策をとった。そして功なり名遂げた将軍らには貴族社会に加入して、風雅な生活に同化することを勧めたが、これはかれらにとってはなはだ迷惑な好意と受け取られた。

武帝は同時に軍隊の権力を削減するに意を用いた。東晋から宋、斉時代にかけて、たびたび内乱が起こったが、それは地方に強力な軍鎮《ぐんちん》があったからである。東晋時代には揚子江上流の荊州が、宋、斉時代には江州がしばしば反乱の策源地となった。梁の武帝はこの点をおもんぱかり、分割統治の政策をとった。荊州の兵力は雍州、湘州にわかち、江州の兵力を郢州《えいしゅう》にわかったなどがその例である。さらに北朝との国境前線に無数の州をおいて兵を配置したが、兵力が細分されることは、中央から統制するには抵抗が少なくてやりやすいが、一朝有事の日には、はなはだたよりがたい欠点を残すことをまぬがれなかった。

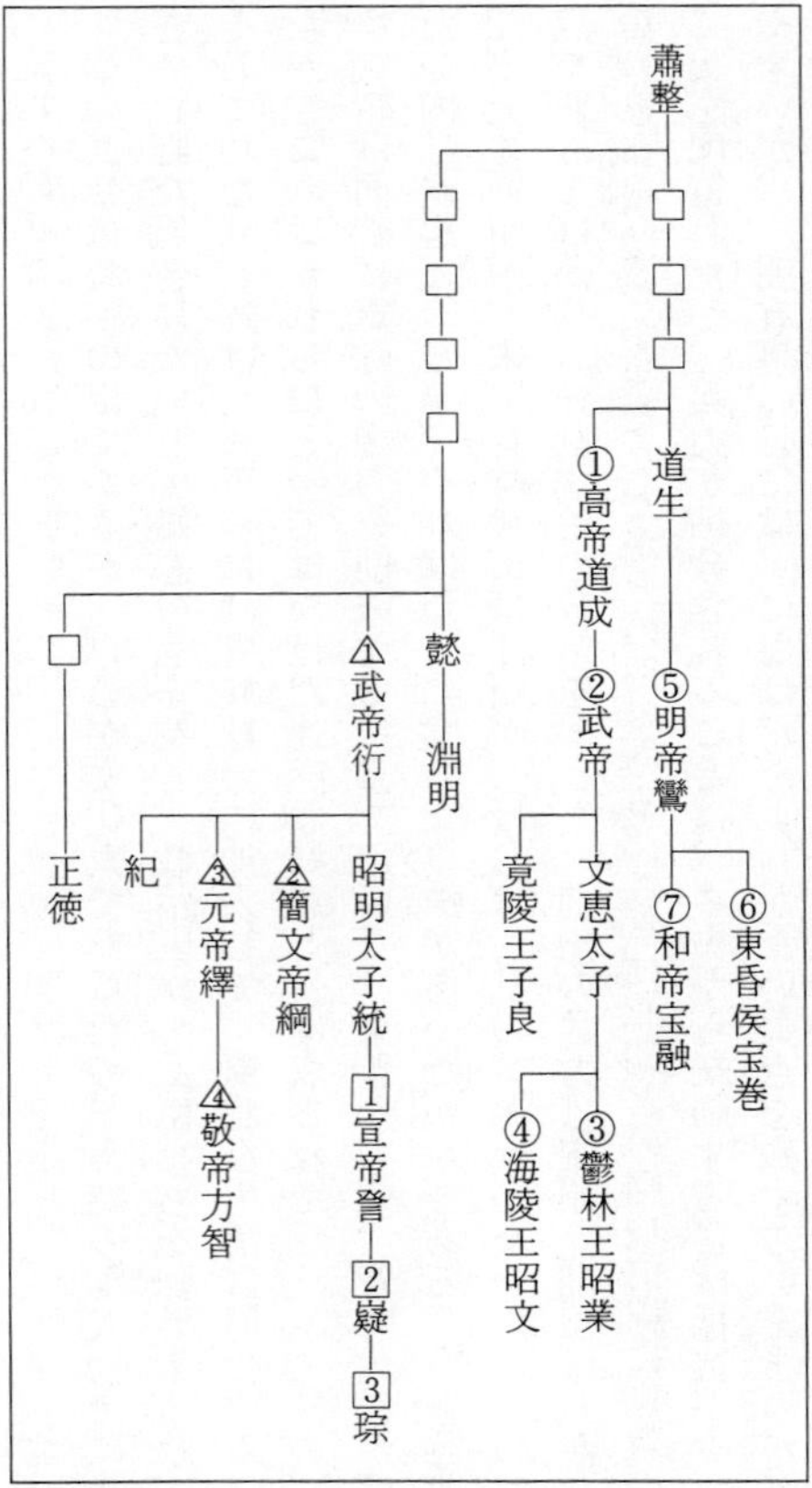

斉、梁系図（①斉、⚠梁、1後梁）

相当有力な軍団のおかれた要地には、皇子、あるいは皇孫を王に封じて、兵馬の権をつかさどらせた。ところがこれがかならずしも武帝が希望したように、皇室の藩屏《はんぺい》となって中央を助ける役目を果たさないことがあとになってわかった。武帝一家があたかも魏の曹操一家のように、文筆の才子を多く生んだ反面、一族の団結においては欠けるところがあ

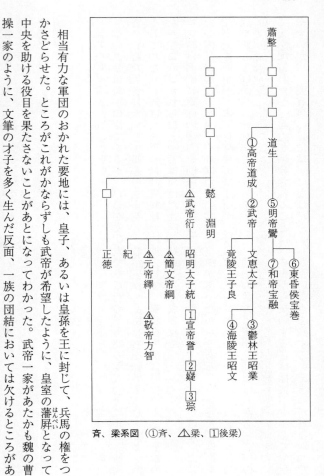

ったためである。

武帝の最初の太子は、昭明太子（五〇一～五三一）であって、『文選』の編者として後世まで有名であるが、不幸にして早世した。さてそのあとにだれを太子にたてるかについて、武帝は大いにまよったが、そのまよったことがわるかった。結局太子の同母弟綱《こう》（五〇三～五五一）をたてたが、武帝はずっと長生したので、そのあいだに幼少であった嫡孫たちが成人し、祖父の処置をうらむとともに、叔父らにたいして反感を抱くようになった。

武帝は双方の歓心を買う必要を感じ、自分の子蕭繹《しょうえき》、蕭紀《しょうき》らとともに孫、蕭詧《しょうさつ》などを王に封じ、要地に駐して兵権を統べしめた。しかしかれらがたがいに反目していたので、宋、斉時代のように、一族が反乱を起こして大事に立ち至るという弊害はさけられたものの、同時にいざというときにたのみの綱としようとしても、応急の間にはあいかねるのであった。

こうして梁の武帝一代のあいだに、南朝には従来の政治の趨勢にたいして深刻な反省が要求され、それにしたがって大きな転換が起こり、はなはだ南朝らしからぬ南朝に変質してきたのであった。それは、同時に南朝の終末が遠くないことをつげる前ぶれでもあったのである。

胡馬《こば》のいななき

対立から同化へ

いわゆる五胡時代には、華北中原地方で異民族が集団的に移動して右往左往するとともに、新たな民族が万里の長城のむこう側から中国へ流れこむものが少なくなかった。この民族的な闘争、対立は、北魏による統一によって鎮圧され、相互の混合、同化の方向へむかった。

北魏王朝（三八六～五三四）の歴史的意義を、ヨーロッパ史について類例を求めるなら、さしあたりクロドゥィヒ王統のメロヴィンガ朝フランク王国（四八一～七五一）に比せらるべきであろう。事実北魏の支配下において、ひとたび泥土にすてられた中国古代文明の伝統が探求され、復興される気配をみたからである。

太武帝《たいぶてい》が宦官《かんがん》に殺されるという異変のあとをうけて即位したその孫文成帝《ぶんせいてい》は、太武帝時代の異常な緊張政策を改めて穏和な政治を行なった。仏教排斥も緩和され、僧尼の存在がゆるされた。朝廷には中国人の老政治家、高允《こういん》が用いられた。かれは太武帝に殺された崔《さい》浩《こう》の同僚であったが、その慎重さと先見の明とによって、暴風雨がすぎるような太武帝の治世にも禍《わざわい》をまぬかれ、いま文成帝の時代に用いられ、崔浩にかわってその中国化政策を推進することになったのである。

文成帝はその皇后に馮《ふう》氏を立てた。馮氏は北燕《ほくえん》の二代馮弘《ふうこう》の孫にあたり、決断力にすぐれた女傑であった。文成帝がなきあと、太子の拓跋弘《たくばつこう》（四五四〜四七六）が即位し、これが献文帝《けんぶんてい》であるが、ときに一二歳であった。北魏の制として、皇子が太子に立てられると、その生母に死をたまわるならわしであった。

もともと中国の家族制では一夫多妻とはいえ、正夫人の権力が強く、多くの子どもに母権を行使するのは正夫人だけである。しかし実際問題としては、子どもらはいずれもその生母を第一に母として親しむのは当然の人情である。そこで天子の家などのばあい、皇后と太子の生母とのあいだに葛藤《かっとう》が起こりがちであるが、北魏ではその弊害をおもんぱかって、未開民族の流儀で一刀両断、太子の生母は生かしておかぬことに定めた。

たとえ皇后のばあいでも例外ではないので、皇后はなるべく男子を生まない。あわれむべき犠牲者は中国人の宮人のあいだからえらばれる。このばあいにおいても、献文帝が三歳で太子に立てられたとき、その生母の李《り》氏が殺されているのである。そして皇后の馮《ふう》氏だけがその母として養育の責任者となったが、献文帝が即位するとともに馮皇后は皇太后に昇格して、宮中を支配するにいたった。

馮太后時代

ときに朝廷には大臣の乙渾《いっこん》なる者が権力をほしいままにし、しばしば同僚を殺してみずから丞相の位にあがり、少年の天子にかわって万機に決裁をあたえることを宣言した。これを見た馮《ふう》太后は近臣とはかり、乙渾を誅《ちゅう》して臨時に摂政となり、みずから朝廷に臨んで大臣らを指揮した。

その翌年に馮太后は政治を献文帝にかえしたが、帝は一四歳の年少にもかかわらず、賞罰厳明《げんめい》ではなはだ評判がよかった。かれは税法を改めて人民の負担を公平にしたりして、大いに前途を期待されたが、ここに不幸な事件が起こって母の馮太后と衝突することになった。その原因は立太子問題にあったらしい。

いったい北魏の君主は代々きわめて早熟であったが、献文帝も、親政の年、一四歳で李《り》夫人に、のちの孝文帝《こうぶんてい》となる皇子を生ませているが、皇子三歳のときに早くも太子とされた。これはどうも馮太后の意志によったらしく、それと同時に寵愛の李夫人は慣例にしたがって死をたまわることになった。これが献文帝にショックをあたえ、以後怏々として楽しまず、ひたすら仏教に心を傾けて、世をのがれたい心持ちをおさえることができなくなった。

しかし太子はまだ幼年なので、一族の中から彼の後継者を物色したが、だれも応ずるものがない。ついに五歳の太子を位につけたが、これが有名な孝文帝（四六七～四九九）である。太子もまたはなはだ早熟で、自己の即位を知ってなげき悲しんだ。その理由を問われると、

「どこに親にかわって天子になることを喜ぶ子があるものか」

と答えたという。普通ならおもちゃのほしい年によくこんなことがいえたものだと不思議である。位をゆずった献文帝は太上皇と称したが、年わずかに一八歳。こんな年で隠居するというのもまことに不自然な話であるが、この裏にはやっぱりなにか不吉な影が動いていたのである。

はたしてそれから五年後に、献文帝は毒にあたって死んだ。下手人はなんと馮太后であったが、もちろん真相は発表されず、かえって馮太后が実権を握り、孫の孝文帝の後見人となって朝政を総攬《そうらん》することになった。この状態はその後一五年間、馮太后の死ぬまでつづく。したがって、普通に孝文帝の制度改革と称せられるものの多くは、じつは馮太后の方針によって実現されたものなのである。

氏族制の破壊と均田法

北魏初期の社会組織は史料が少ないので、あまりはっきりしたことはわからないが、そこには後世のモンゴル族や、清《しん》朝初期の満洲族のような氏族制度が行なわれ、多数の氏族

長がその部民《ぶみん》を所有していたと思われる。その頂点に立つのが北魏の王室であったから、天子といっても全国の人民にたいしては族長を通して間接に統治するにすぎなかった。しかし北魏の領土が拡大し、ことに多数の中国人を支配するにおよんで、北魏の政府はしだいに中国化し、中央集権的な政府に変質していかねばならなかった。

北魏はすでに道武帝《どうぶてい》のときに、それまでの氏族を解散し、部民を中央政府の統治に帰せしめる改革を断行したが、しかしそれでただちに実際政治が原則どおりに運営されるにはいたらなかった。それは従来の族長が、封建領主や官僚の形になって、いぜんとして特権階級として残ったからである。

いっぽう氏族制から解放されたはずの部民も、けっしてただちに個人に還元され、北魏政府下の一市民となるにはいたらなかった。かえって氏族制度の下部はいぜんたる団結を保ち、数十家族が一戸として生活単位を形成していた。こういうときに政府としてももっとも困るのは、租税や徭役《ようえき》を課するさいに、一戸の負担能力がどれくらいであるかが、さっぱりわからない点にある。そこで当然、第二段、第三段の改革が行なわれねばならぬ成り行きにあった。

馮《ふう》太后の摂政中に行なわれた三長制は、このような氏族的団結を破壊して、人民を小家族に還元する目的をもつものであった。これによれば、人民の五家を一隣《りん》として隣長をおき、五隣を一里《り》として里長をおき、五里を一党として党長をおく。隣長、里長、党長を三長、または三正と称し、徭役免除などの特権をあたえられるとともに、それぞれその支配内の戸口調査や税役の徴収に責任をもたされるのである。

三長制の五進法が、遊牧民族の兵制に共通な十進法と異なるのは、とくに意識して伝統的な区分法とちがった体制を創造しようとしたものと思われる。

こうして政府の統治力が家族にまでおよんだうえは、つぎに家族内の人員、とくに労働力のある成丁《せいてい》にまでおよぼすことを努めなければならぬ。それが均田法（四八五年）となって施行された。当時はながく大戦乱がつづいたあとで、全体に人口が減少し、労働力が不足になったために土地が荒廃しても耕作されないところが多かった。そこで政府は、政府の所有に帰した土地を、人口の労働力に応じて分配し、その代償として租税、徭役を提供させようとはかったのであった。

その法によると、男子成丁《せいてい》ひとりは桑田として二〇畝を受ける。およそ一ヘクタールほどの面積である。以前から所有地のある者は別に政府から受けないで、自己所有分を桑田とする。この桑田は自己一生保有できるばかりでなく、子孫に伝えることが許されるので、また永業《えいぎょう》ともいわれる。

つぎにかれは露田《ろでん》四〇畝を政府から受ける。これは所有地の有無に関係ない。ただし婦人は二〇畝、奴婢《ぬひ》は良人《りょうじん》と同じく、耕牛は三〇畝であるがただし四頭にかぎる。この露田は労働力に応じたものであるから、本人や妻が死亡したり、奴婢や牛がほかに売られたばあいは政府に返還しなければならない。

最後に露田受領者は、これと同じ面積の田を予備として、あるいは休耕地のために支給される。これを倍田《ばいでん》と称する。もし自己に所有地があるばあいは、これを倍田にあてることができる。さらにもし自己の所有地が倍田分を差し引いてもなおあまりがあったばあいでも、かれはその所有をつづけることを許される。

これにたいする人民側の義務は、夫婦で年に絹一匹と粟二石である。絹一匹の長さは約一〇メートル、粟すなわち籾米《もみごめ》二石は大約今の七斗（一四〇リットル）にあたる。これだけなら、その負担は非常に軽いといわねばならぬが、このほかに徭役《ようえき》があったはずである。その日数はわからないが、いったい中世的な特長として徭役負担が一般的に重いのがふつうであるから、このばあいも最少二〇日をくだらない強制労役があったにちがいないと思われる。

当時の土地問題は後世とははなはだ異なっていた。それは土地の生産力が十分に生かされないところに問題があったので、土地問題はいいかえれば労力の問題、資本の問題であった。後世になるとそれが一変して、少ない土地をいかに公平に分配して人民の労働力を生かし、生活を保証してやるかということが問題になる。そこで中世においてはまず土地を媒介として人間を把握し、人間を通じて生産を支配する。ゆえに政府に必要なものはなによりも戸籍であった。それが後世になると、戸籍よりも必要なのは地籍であって、魚鱗《ぎょりん》図《ず》というようなものが役所のいちばん大事な台帳になるのである。

曲り角

馮《ふう》太后は孫孝文帝の二四歳のときになくなった。馮太后は夫の文成帝なきあと、子の献文帝一代と、孫の孝文帝の初期にわたって、独裁的な権力をふるった。個人的に失徳が多かったが、権勢欲の強い女性に共通な性格として、決断力に富み、北魏的な政治制度を中国化する趨勢《すうせい》をはやくも見透して、三長制や均田法のような新政策を採用した。

孝文帝は生まれるとすぐ馮太后のてもとに引きとられて養育された。いっぽうには冷酷性のある馮太后もこの孫だけはかわいかったのであろうか。太后の死んだとき、孝文帝は身も世もあらずなげき悲んだ。飲食も口に入らないこと五日で、群臣にいさめられてはじめて粥《かゆ》をすすったという。

しかしながら実際には馮太后こそ、孝文帝にとって、不倶戴天の父の仇であったわけだ。馮太后の生存中はおそらくなんぴともそんな事実をつげ口する者はなかったであろうが、太后がなくなってしまった以上、いつまでも事実が知られずにいるはずはないであろう。

まず孝文帝の生母李《り》夫人は、帝が立太子ときまると先例にしたがって殺された。李夫人の父李恵《りけい》は青州の刺史に任ぜられて、南朝との国境近くに鎮守していたが、南朝と内応したとの嫌疑をうけ、妻子もろとも殺された。もとより冤罪《えんざい》であって、馮太后の猜疑心から起こったものであった。孝文帝の父の献文帝は、馮太后の政治的野心の犠牲となって毒殺された。献文帝の生母は、これも子が太子に立てられるときに殺されている。結局孝文帝はその父母、母方の祖父母一家、父の生母をみな殺しにされたことになる。

この事実を知らされたとき、孝文帝の悲憤はいかばかりであったであろうか。おそらくかれは、馮太后個人を憎むまえに、このような悲劇を発生させる環境に憎悪の目をむけたにちがいない。かれが北魏の野蛮な旧習を極度に毛嫌いし、先進国たる中国の文明に憧憬《どうけい》して、鋭意華化《えいいかか》政策を推進したのは、かれ自身のおかれた位地からも、その必然性があったのである。

しかし孝文帝をまたないでも、当時の北魏社会は大きな曲り角にさしかかっていた。北魏王朝はその優越した武力によって、征服者として中国にのりこんできたものである。しかしこの武力は、かれらが中国と異質的な素朴民族であるあいだだけ優越性を保ちうるにすぎぬ。

もしもかれらが中国化して、中国人と同質な民族に脱皮したあかつきには、かれらは数の点において圧倒的に優勢な中国人のまえに屈服しなければならなくなる。そしてかれらの中国化は、これまでにもすでに着々と進行していたのであり、この大勢をふせぎとめることはとうてい不可能な形勢が見えてきた。それならば、いったい北魏王朝はどのような政策転換によって、従前の優先権を維持できるであろうか。

当時の中国の社会をみると、それはけっして公平な市民社会ではない。むしろ封建的な身分社会である。上層には南朝と同じような貴族の特権階級があり、ひろく荘園を領有して農民を隷属させ、中央・地方の政府の官職もかれらのあいだにだけ分配され、それが世襲的な財産のようにみなされていた。そこで貴族の地位はきわめて安泰であり、連綿として数百年の繁栄を誇っているものも少なくない。

もしも北魏王朝が武力的征服者として永久にその地位を保持することが困難ならば、すすんで中国の社会に同化し、中国的な貴族としてその特権を温存することがもっとも有利である。そしてこのような社会においては、帝王家とは、ほかからとびぬけて異なった存在でなく、本質的には貴族の一員であり、たんに貴族群の最右翼に位置すればそれでよいのである。

北魏王朝は孝文帝のころになると、深刻な反省をせまられる時期にはいり、感情の点からも打算のうえからも、旧きを脱して新しきをとらねばならぬ転換期をむかえたのである。

中国化の波

孝文帝の治世は二九年におよんだので、そのあいだに起こった種々の事件は従来すべてかれの施策のようにいわれてきたが、じつはかれの親政はわずかに在位の三分の一、最後の一〇年間にすぎない。そしてかれが行なった事績は、普通に華化《かか》政策といわれる一連の改革がそのすべてであった。

孝文帝は政治が自分の自由になるやいなや、古来の中国帝王が行なってきた宮中の典礼を実行しはじめた。明堂《めいどう》をたてて養老の礼を行ない、太廟《たいびょう》をいとなんで祖先を祭り、古代の帝王、堯《ぎょう》、舜《しゅん》、禹《う》や、聖人周公、孔子のために祠廟《しびょう》を建てた。

しかし当時北魏の都の平城《へいじょう》は、山西《シャンシー》省の北端にあり、従来はほとんど文化と無縁の荒野のなかにある。北魏の政治上の都となって、人工的に都城が造営されたとはいうものの、冬季は気候寒冷で土地の生産力もまずしく、とうてい文化の花の開きそうな場所ではない。いっぽう黄河下流の平野地帯は戦乱がおさまって平和の時代にはいると、経済も復興の波にのってようやく活況をみせはじめ、人口も物資もしたがって文化もそこに集中しようとする。平城はたんなる田舎町となって社会の進歩からとり残されそうな気配がする。

北魏王朝が中国化し、純然たる中国貴族として中国を指導するためには、それまでの国都平城の位置は適当でない。ぜひ中国文化の本拠、洛陽《らくよう》にのりこんで、本場の文化を身につける必要がある。そう考えた孝文帝はついに洛陽への遷都を断行した。もちろんこれには大きな抵抗があった。勝者であり、征服者である北魏王朝が、いわれもなくいままでの光栄ある民族的都城をすてて、敗者である中国の旧都へ遷都することは民族的矜持《きょうじ》の高い古老たちの反感を引き起こさずにはおかなかったのである。

されば孝文帝としても周到なる用意をととのえたうえで、この計画を実行にうつした。

まずその意図をかくしておき、南朝を討伐するという名目のもとに大軍をひきいて前線に出動した。しかし洛陽までくると、それからさきの前線への出動をみあわせ、ここに軍を駐《とど》め、にわかに洛陽を都にきめると発表した（四九三年）。

この声明は全国に衝動をあたえ、保守勢力のあいだに反抗運動をひきおこしたほどであったが、孝文帝の異常な熱意は反対論をおしきって、洛陽遷都を実現させた。事実、洛陽は華北の経済、交通の中心であったから、ここが本拠となると、従前の平城などに起こった反対運動は、まったく局部的な地方事件にすぎなくなり、まもなく鎮圧されてしまったのである。

孝文帝が北魏の初代道武《どうぶ》帝いらい、百年の旧都平城をすてて、中国文化の中心地、洛陽に遷都すると、その華化政策は、とうとうたる勢いをもって推進された。中国人の貴族文化人たる李沖《りちゅう》、李彪《りひょう》、高閭《こうりょ》らが朝廷に用いられ、学校がたてられ、中国的な官制がきめられ、服装も中国化され、さらに朝廷の用語までが中国語となり、母国語たる鮮卑《せんび》語そのほかの胡《こ》語の使用が禁止された。

すでに言語が中国語を標準とすれば、北方民族のながたらしい姓が不自然にひびき、かつこれを漢文の文章のなかに挿入するときにはなはだ雅《みやび》やかでない。そこで、北方民族の姓をいっきょに改めて短くした。王室の姓の拓跋《たくばつ》氏は元《げん》氏とあらたまったが、元とは万物の根源の意味である。唐代の有名な文人で、白楽天《はくらくてん》の友人だった元稹《げんしん》の元もここから出たのである。

進歩的政策か愚挙か

孝文帝の華化政策にたいしては、後世ふたとおりの評価が行なわれる。中国人はおおむね好意的で、野蛮な夷狄《いてき》の風を脱して、すぐれた中国の文化を吸収した進歩性に敬意を表わす。これにたいし、北魏と同じように北方の異民族から起こって中国の支配者となった清朝乾隆帝《けんりゅうてい》（在位一七三五〜九五）は、孝文帝の政策について、その祖先を無視する不孝な行為であるばかりでなく、効果の点からいっても損失の多い愚挙であった、と批判する。

今日からみて、以上の二説はいずれも、それなりに理由をもっている。西晋《せいしん》いらい、五胡諸民族が入り乱れて中原で覇を争ったが、その政権がいつもながつづきしなかったのは、結局その人口が少数であったため、一時の勢いに乗じて覇権をにぎることができても、やがて弱点をあらわしたが最後、たちまちがたがたと崩壊してしまうのであった。北魏の政権が比較的安定したのは、やはり鮮卑《せんぴ》族が他民族にくらべて数的に優勢であったからにほかならない。しかしその鮮卑とても、これを中国人にくらべれば、やはりものの数でもない。しかも中国の文化は、他民族にとって比較にならぬほど優秀である。

この圧倒的多数の人口、絶対優秀な文化を有する中国社会にはいりこんだ鮮卑族が、やがていやおうなく中国化されるのはさけがたい運命であり、それは時間の問題である。されば鮮卑族の指導者たる北魏の王室としては、大勢に引きずられて、無方針にずるずると中国化されるよりは、みずから進んで、あるビジョンをもちながら中国化していく方が有利なのである。そして孝文帝が胸中に描いたビジョンとは、王室はじめ鮮卑族の有力者たちが、そのまま中国的な貴族に横すべりするにあった。この理想は当時としてけっしてあやまっていなかった。事実、孝文帝の意図するところは、ある程度そのまま達成されたのである。

孤立する王室

しかしこのような政策は、その反面、はなはだ大なる危険をともなった。それは鮮卑の有力者たちが中国的な貴族に変質するとともに、その素朴性を失い、武力から分離せざるをえなくなったことである。

鮮卑族のなかで、中国的貴族に進化しうるものは、少数の有力者たちにかぎられるのは自然の成り行きである。かれら自身はそれを意図しないでも、すでに着々と中国化しつつあった。それは中国人の婦女を婢妾《ひしょう》として家庭内に収容するからである。現に北魏の王室のごときも、血統のうえからいえば、ほとんど中国化しきっていたといってもよい。

これに反して北魏政権の地盤となった鮮卑族の軍人集団は、その地位が低い者ほど中国化が遅れている。かれらはいぜんとして鮮卑語を話し、日常武事をならい、兵役に服し、戦陣にしたがい、中国化するいとまがないのである。そしていまや朝廷の急激な中国化にたいしては、非常に不安なまなざしをもってこれを見送っている。なんとなれば朝廷の中国化は必然的に、中国貴族を政治上に優遇し、譜代の旗本たる鮮卑武将たちは、その出世の途をふさがれる結果をまねくからである。かくして北魏の王室、およびその側近の有力者たちは、中国化するにしたがって、その地盤たる鮮卑軍人集団から分離し、孤立していかねばならないのはさけがたい運命であった。

孝文帝が三三歳でなくなると、皇太子が即位して宣武帝《せんぶてい》（四八三〜五一五）となった。かれは二度目の皇太子であって、最初の皇太子は、洛陽遷都の直後、保守勢力にかつがれて反対運動を起こしたために廃位されたのであった。

新天子の宣武帝の母、高《こう》氏は北魏の旧習にしたがって、帝の幼時に殺されていたが、その兄の高肇《こうちょう》が信任をうけて朝政をもっぱらにし、天子の一族がしだいに権力の座から排除された。これは表面、天子個人の権力がましたようにみえて、じつは天子一家がその一族からも分離したことを意味し、いよいよ孤立におちいる結果となった。

宣武帝の治世一七年（四九九〜五一五）は、ほぼ南朝梁《りょう》の武帝の初期にあたり、先代孝文帝によってきめられた華化政策が進行し、比較的平和な時代であった。宣武帝は皇子を太子に立てたとき、北魏の先例をやぶって、その母胡《こ》氏に死をたまわらなかった。しかしこのはなはだ人道的な措置が、かえってのちに北魏の国運を傾けるようになろうとはなんぴとも予測しなかった。

宣武帝が死んで太子が即位し、孝明帝《こうめいてい》（五一〇～五二八）となると、その母胡氏が、しぜん皇太后となって朝廷の実権をにぎった。胡氏はまえに孝文帝を操縦した馮《ふう》太后の再来を思わせるような女傑であった。孝明帝が即位した翌月、はやくもこれまでの実権者で宮中にも政府にも羽ぶりをきかせていた高肇が殺された。先代宣武帝の正后であった高太后もまもなく殺された。高太后は高肇の姪《めい》であった。

こうして胡太后は宮中を支配すると、その妹の夫である元叉《げんしゃ》が用いられ、朝廷に勢力を

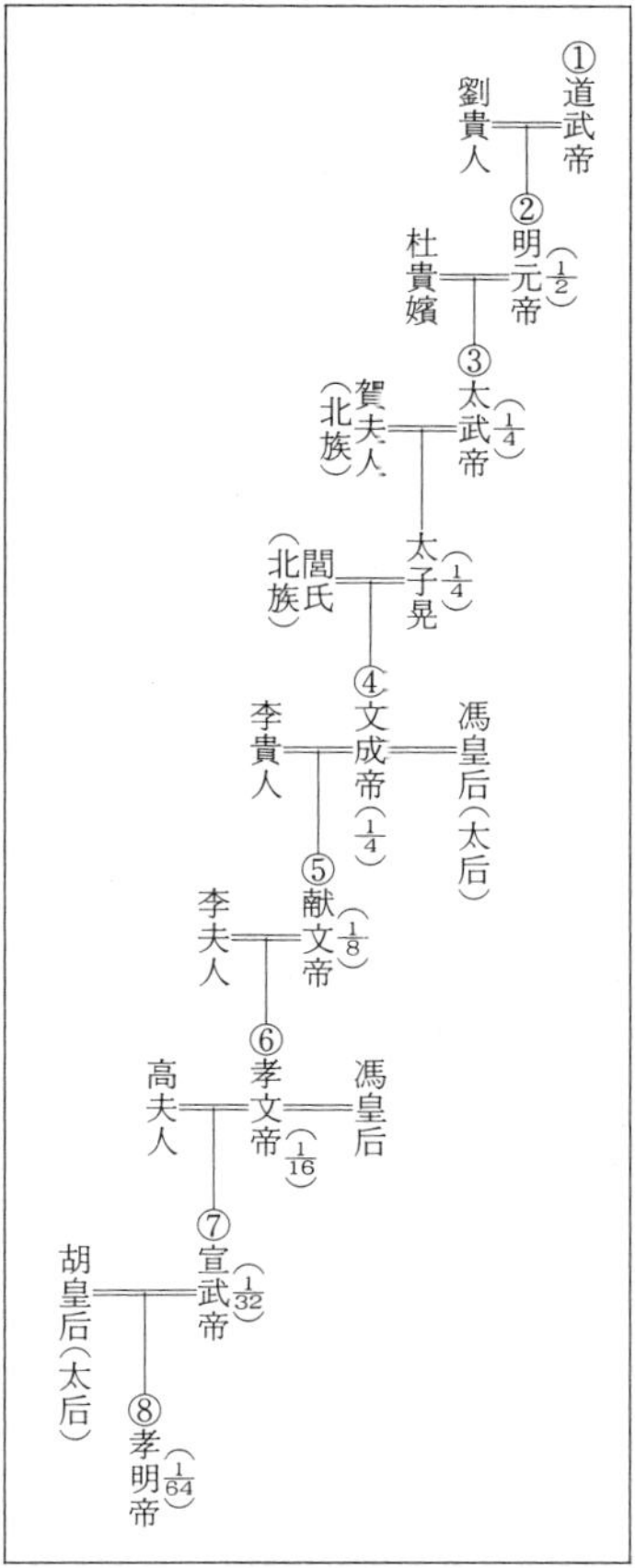

北魏王朝血統の中国化（分数は鮮卑濃度）

ふるった。孝明帝の治世はそのはじめから前途多難を思わせたが、事実、外界の情勢は極度に悪化しており、男まさりの女丈夫とはいえ、とうてい胡太后などの女手で処理しきれるほどなまやさしいものではなくなっていた。

『洛陽伽藍記』

胡太后の時代、初期は内部に重大な危機をはらみながらも、表面ははなやかな繁栄をくりひろげ、ことに首都洛陽《らくよう》は空前の殷賑《いんしん》をきわめた。

洛陽は中央の北寄りに宮城があり、それをつつんで内城と外城と二重の城壁がめぐらされる。内城は官衙《かんが》や仏寺がたちならび、ことに仏寺の荘厳さは人目を見はらせるものがある。仏教はかつて太武帝が行なった弾圧にも屈せず、宣武《せんぶ》帝、胡太后の時代にとくに尊信を受けて隆盛をきわめた。仏寺の数はすべてで一三六七にのぼり、ことに胡太后の建立した永寧寺《えいねいじ》は九層の塔をもち、一〇〇里の遠方からその姿が望見された。その豪奢な結構は、西域から来た異国僧をして、この世のものではなくて、極楽のままだ、と感嘆させたくらいのものであった。当時、西域から渡来した僧侶の数は数千人にのぼり、主として、永明《えいめい》寺《じ》に集まっていた。

内城にはまた王公の邸宅が軒をつらねていた。かれらはそれぞれ富と権勢とを競い、豪華な建物と奢侈《しゃし》な生活とに憂き身をやつした。ときには居宅の広大さが宮中をしのぐものすらあった。そしてかれらの死後に喜捨されて仏寺になるものが多く、それは日本の奈良朝に行なわれたことに似ているが、これがまた仏寺の増加する原因でもあった。邸宅が仏寺となるとともに、その維持費として荘園や奴婢が寄進され、人民のなかにも、あるいは出家して僧となり、あるいは仏寺の荘園の隷民《れいみん》として身を託する者が多くなり、これが北魏の国家財政を窮乏させるひとつの原因になったほどである。

外城は主として庶民の住居区域であり、北魏の時代になって新たに拡張された部分である。当時の都市は古代のそれと異なって、もはや農業都市ではなく、消費都市、もしくは二次生産都市に変わっていた。官庁に勤務する中級下級の勤め人や、商工業者がそこに住んでいた。手工業者はそれぞれの職種によって、きまった区域に集中した。その人種的構成も多様であって、南朝からの亡命者、戦争による捕虜、塞外、西域からの移住者、商人、使者など種々の民族が集まり、さまざまの言語が聞かれた。

さしもに繁栄をきわめた洛陽の首都も、胡太后の末年から急転直下、戦争の修羅場《しゅらじょう》と化し、栄華の夢は一朝にして破れて、狐狸《こり》のすむ荒野に化するが、そのありさまを見て懐旧の情にたえず、すぎにし繁華をしのんで筆にしたのが、楊衒之《ようげんし》の『洛陽伽藍記』である。名は伽藍記であるが、たんに仏寺の記録ばかりでなく、北魏末年の洛陽の生き生きした姿万般を今日に伝える絶好の史料である。

石仏にきざまれた民族的気魄

洛陽の繁華は夢のごとく消え失せたが、北魏王朝は、永久に滅びない堅固な建造物を残している。それは、雲崗《うんこう》と竜門《りゅうもん》とによって代表される石窟寺院である。

石窟寺院はもとインドからはじまり、中央アジアをへて中国に到達したもので、中国ではまず西域からの門戸にあたる敦煌《とんこう》においてその造営が行なわれた。敦煌の南にいまも千《せん》仏洞《ぶつどう》と称せられる石窟寺があるが、その古いものは五胡時代、前涼《ぜんりょう》の張氏のころのもので、四世紀の中葉にさかのぼる。その後宋代まで、新しい石窟の開削《かいさく》が行なわれたが、その後は衰微してほとんど世人から顧みられなくなった。

今世紀にはいってからフランスのペリオ、イギリスのスタイン、日本の橘瑞超《たちばなずいちょう》などの西域探検家がこの地をたずね、石窟に保存された唐代を中心とする豊富な古文書をえて帰り、学界を驚倒せしめたものである。

北魏が平城《へいじょう》に都すると、五世紀のなかばころからその西方雲崗において石窟寺院が開削され出した。ちょうど文成帝《ぶんせいてい》が太武帝の排仏《はいぶつ》のあとをうけて、仏教復興にむかった折のことであり、砂岩の断崖に洞窟をうがち、その内部に巨大な仏像を彫りこんだもの五所をつくった。そのあるものは現在露天の大石仏となっているが、大なるものは高さ七〇尺(約二七メートル)にもおよび、その大きさもさることながら、その手法の雄渾《ゆうこん》で、気宇《きう》の広大なことは、さながら北魏勃興期の民族的気魄をまざまざと感ぜしむるにたるものがある。

以後継続して石窟寺の造営が行なわれたが、現今残っている石造の部分は、じつは寺院の内陣にあたるのであって、その前方に、断崖にそって高層建築が立てられ、それが外陣をなしていたのである。しかしそれは木造であったからしだいに倒壊して、あとに石窟だけが残り、容易に近づきがたくなったためにかえって長年にわたって保存されたという利点があった。

その後ヨーロッパ人がこれに注目して、その石像の美術的価値を紹介してから、かえって骨董屋の餌食《えじき》となり、仏頭などを欠いてもちさるような心ないしわざがみられた。しかるに日本軍の華北占領中、日本学者がこの石窟の調査を行ない、その保護につとめたことは特記されてよい。

孝文帝が都を洛陽にうつすと、石窟造営は洛陽の南方なる竜門において行なわれるにいたった。ここは緻密な質の玄武岩《げんぶ》であって、雲崗には見られない流麗な技法をほどこすことが可能になった。また造像記など、文字を彫りこむことも流行するにいたった。

中国では唐ころから清朝末期まで、書道の代表名人は東晋の王羲之《おうぎし》とされた。ところで王羲之およびその流れをくむ書家の筆蹟は、実物がほとんど残っていない。それは唐ころの模写をもとに印刷した折本《おりほん》であり、それもなんどとなく複写しては板刻《ばんこく》し白黒のネガに印刷したものが手本として用いられ、これを帖《じょう》と称した。なんべんか版を彫りなおすごとに誤差が生ずるはずだから、王羲之の書だといっても、どこまで真を伝えるか疑問だと考えられるようになった。

ところが清朝時代に考証学がさかんになり、最初は史料として往時の石刻が調査研究されたが、しだいにその美術的価値が認識されるようになった。とくに鑑賞のための好材料を提供したのは竜門の石窟内の緻密な岩石に刻した銘文である。その拓本《たくほん》をとれば北魏から唐代にいたる書道の真跡がほとんどそのままに再現される。そして北方に行なわれた書跡は南方のそれとははなはだおもむきの異なったものであることが認識された。これを北碑南帖論というが、北方人の書は石刻によって残り、南方人の書は帖によって今日に伝えられたことをいうのである。

さらにすすんで書の評価のうえにおいても、従来の王羲之ふうの南帖を絶対視する風を排し、むしろ北方の碑刻《ひこく》にみえる書の方が正道であって、南帖のような通俗さ、ひ弱さがなく、質朴であり剛健であり、漢代の雄大な気風が残っているものだから、今後の書は北碑をこそ手本にすべきだという、一八〇度の転換を行なった新書道論にまで発展したのである。

親衛隊のクーデター

北魏政権を動揺させた内紛は、都における貴族と軍人との衝突からはじまった。孝文帝の華化政策強行以来、本来は中国社会の産物であった貴族制度が北魏王朝にもちこまれ、官吏の選任に家格が重視されるようになった。

すると、ここに中国古来の貴族と、鮮卑有力者が中国化してできた新貴族とが、政府の官職に就任する優先権をもったため、低い家格からの出身者の官界進出はいよいよ困難になってきた。とくに打撃をうけたのは、鮮卑を主とする軍人集団の将校である。

かれらの唯一の希望は軍隊で長年勤めあげたすえに、地方ならば県の長官ぐらいに抜擢されて、いわば死に花を咲かせて引退するにあった。ところがそれが新旧貴族の圧力におされて、しだいに出世の門がせばめられてきたので、おさえがたい不満がかれらのあいだに醸成されたのであった。

もっとも人事を選考する尚書省の方にいわせれば、それにはそれなりの理由がある。いったい軍人というものは軍人以外の職業にはむかぬものなのである。中央政府の官職につけてもかれらは能率があがらず、地方の長官に任命すると、強欲で賄賂《わいろ》をむさぼり、人民を苦しめ政治を乱すことが多い。

そこで張仲瑀《ちょうちゅうう》なる者が孝明帝に上書して、官吏任用制度をさらに厳重にし、武人が文官の職務に就任することに制限を加えたいと建議した。これを聞いていよいよおさまらないのは軍人たちである。これまでにもすでに不満がかさなって鬱積《うっせき》していたのが、これを機会に爆発してしまった。

天子の親衛軍である羽林営《うりんえい》の軍人たち一〇〇〇人あまりが都の大路で集会を開き、尚書省にデモをかけ、大声でどなったが、その勢いにおそれてだれもとめようとしない。そこで張仲瑀の家へおし寄せて火を放った。父の張彝《ちょうい》は殴打されて重傷を負い二日後に死んだ。仲瑀自身も重傷だったが、かろうじて命だけ助かった。死んだ張彝は現職の将軍で、朝廷の大臣であった。

この暴動のあと、胡太后は首謀者八人をさがしだして死刑に処したが、そのほかの者は人数があまりに多すぎるので、大赦令を発してその罪をいっさい問わぬことにした。また将校の年功者は、右翼から順番に文官に転用させることにして、かれらの機嫌をとりむすばねばならなかった。

この事件が国内にあたえたショックは大きかった。さしも強盛に見えた北魏王朝も、もう先が見えた、という感が深かった。

北方のモンゴルにたいする前線基地のひとつである懐朔鎮《かいさくちん》に高歓《こうかん》という豪傑がいた。しきりに都に往来して中央にコネをつくり、立身出世の緒をつかもうとつとめていたが、たまたまかれが都へ出たときにこの騒動に出あって、つぶさにその状況を観察した。そしてすっかり処世の考えを変えてしまった。家に帰ると金をおしまずにふるまいして家来をかかえはじめた。人にその理由を聞かれると、

「ひどい時世になったもんです。――時事知るべし。天子の親衛隊が徒党を組んで大臣の家をやいても、朝廷はこわがってその罪を正そうともしないではありませんか。こんな時代には財産などあってもだれがそれを守ってくれましょう。自分で自分の身を守るよりほかのない時節になったのです」

と答えた。これがはなはだ先見の明のあるやり方だと、のちになって思いあわされた。羽林の変と称せられるこの事件は、日本昭和の歴史に引きあてれば、さしずめ五・一五事件とでもいうべきであろうか。以後の北魏は武力だけがものをいう暗黒時代に落ちこんでしまったのである。

軍人は反逆する

日本昭和の五・一五事件が、満洲事変、盧溝橋事件と無関係でなかったように、北魏末年の羽林の変は、やがて六鎮《りくちん》の反乱へと発展拡大して行く。

国家が安定期にはいり、ながく平和がつづくと、かつては創業時代に花形としてもてはやされた軍人が、あってもなくてもよい無用の長物と化し、政府からも世間からも見はなされ、時代おくれの存在になってしまう。その軍人の中でも中央政府に近い天子の親衛隊

たる羽林営などの軍人はじつはまだましな方なのである。政府にむかってその不満を訴え、待遇向上を要求する機会があったからである。ところが前線の基地に配属された駐屯部隊は、その地位が時代とともに低下するばかりであって、ついには社会の最下層民と変わらない困窮状態に落ちこんでしまった。

当時長城外のモンゴル地方に遊牧して、ながく北魏を悩ましつづけたのは柔然《じゅうぜん》であった。されば北魏は長城の防備を強化し、その前面に六鎮を配置して国防にあたらせた。西から数えて、懐朔《かいさく》、武川《ぶせん》、撫冥《ぶめい》、懐荒《かいこう》、柔玄《じゅうげん》、禦夷《ぎょい》の六鎮であり、弧状をなして北魏の故都、平城をとりまいている。これらの前線基地の将校には鮮卑の名族、または中国人豪族の出身者が用いられ、創業の時代には兵をひきいて内外に出征し、武功を立てて出世する機会にめぐまれた名誉ある地位として、むしろ世人の羨望の的でさえあったのである。

しかるに洛陽遷都ののち、北辺の六鎮は田舎に取り残された駐屯部隊となり、交代兵がやってこないので、将卒とも土着して世襲的にその地位を嗣《つ》がねばならなくなった。ただし高級指揮官は中央政府から任命されて赴任するが、かれらはいわば華化した新貴族であり、もともと同族同輩であったにもかかわらず、上官風をふかし、土着人を田舎者とさげすみ、軍事費を着服したり、士卒を苦役に酷使してはばかるところがない。

この関係は日本戦前の状態と共通なものがある。同じ陸軍将校でありながら、陸軍大学校出の秀才は内地に残って参謀本部や陸軍省に勤めて出世がはやく、たちまちのうちに朋輩をぬいて要職を占める。いっぽう鈍才組は満洲や北部中国の派遣軍にまわされ、つぶさに辛苦をなめるが出世の機会は容易に訪れない。唯一の望みは戦争を起こして手柄を立て、金鵄《きんし》勲章をもらうにある。こうして中央の方針に違反した大小の事件の突発があいつぎ、いわゆるシナ事変はとめどもなく拡大して最後に太平洋戦争に突入するにいたった。中央ではいくたびか、事変の拡大を抑止しようとしたが、ひょろひょろの秀才組の手では策のほどこしようがなく、むなしく無力をかこつにすぎなかった。

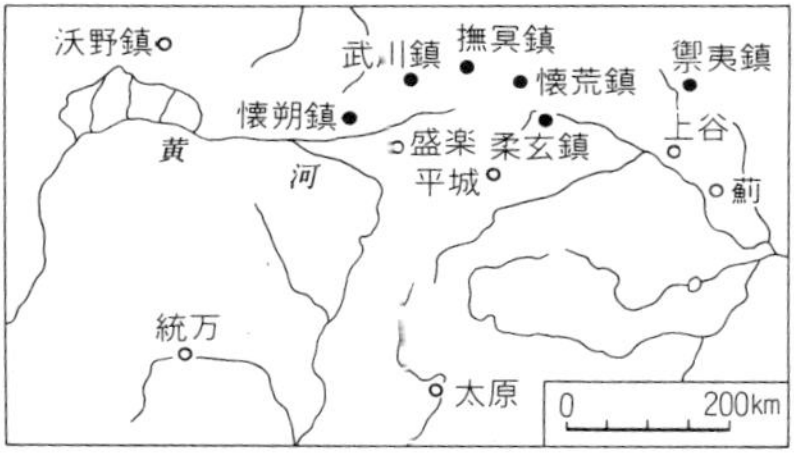

六鎮の配置

　ただ日本の軍閥はこのように外にむかって爆発したのに、北魏の軍閥は内にむかって爆発した点がちがっているが、爆発という力学的作用においては同一であった。

　ここに破六韓抜陵《はろくかんばつりょう》なる者が北辺で反乱を起こしたとき、六鎮ははじめに同調せず、忠実に政府のために働いたのであったが、やがてあいひきいて中央にそむき、動乱に加入するにいたった。そのうちでもっとも勢力を得たのが葛栄《かつえい》であり、しきりに政府軍を破り、河北地方一帯を占領した。

　このような危機をひかえながら、洛陽朝廷には内部の権力闘争が絶えなかった。もと協力しあっていた胡太后と妹婿の元叉とはやがて不和となり、はじめ元叉が胡太后を幽閉すると、つぎに胡太后は元叉を誑《あざむ》いて殺し、ふたたび朝廷の実権をにぎった。しかるに太后は失徳が多かったので、実子の孝明帝からも嫌われて、母子がたがいに相敵視するようになった。孝明帝は朝廷内では太后の党派に圧迫されそうなので、外部の力を引きいれて勝ちを制しようとはかった。

異民族の荒療治

このころ北魏の領土内には、異民族の封建制度が認められて残存するものがあった。その領主は領民酋長とよばれ、世襲的にその地位を子孫が相続し、その部民もまた世襲的にこれに隷属していた。孝明帝が着目したのはそのうちでもっとも強盛な爾朱栄《じしゅえい》なる酋長である。山西省《シャンシー》の北部に広大な領土をもち、牛馬の牧畜は谷を単位ではかるほど多かった。孝明帝はひそかに爾朱栄のもとに使いを送り、都に出て帝を助けることを依頼した。

爾朱栄は軍をひきいて洛陽にむかったが、その先鋒に任ぜられたのは、さきに羽林の変を目撃して北朝の前途に見切りをつけた豪傑、高歓《こうかん》である。かれは中国の名族高《こう》氏の一支派だと自称するが、もちろんこれはあてにならない。実際は懐朔鎮《かいさくちん》に土着した鮮卑族の出である。爾朱栄が出動するのを聞いてあわてたのは、天子の母親の胡太后である。孝明帝に勧めて爾朱栄の南下を中止させるいっぽう、ひそかにその側近とはかり、孝明帝を毒殺し、そのあとへ孝文帝の孫にあたる三歳の幼児、元釗《げんしょう》を立てて天子とした。自己の野心のためには、親子の情もないおそるべき女性であった。
これを聞いた爾朱栄は大いに怒って、さっそく胡太后に公開状を送った。

私はこれから実力で入朝し、天子の側近にたいしては孝明帝の死んだ原因を究明し、親衛軍にたいしてはそれを傍観していた責任を問うつもりです。悪者どもを裁判にかけ、国家の恥辱をそそぎ、国民の鬱憤をはらしたうえで、賢者をえらんで天子の位につけましょう。

爾朱栄はみずから声明したように、晋陽《しんよう》で旗あげして同志をつのり、威風堂々と洛陽にむかって進発した。黄河に到着したとき、孝文帝の甥《おい》にあたる元子攸《げんしゆう》が洛陽を脱出して来たのを迎えて天子と名のらせた。これが孝荘《こうそう》帝《てい》である。胡太后は軍隊を出して爾朱栄の侵入を防禦させたが、かえってみな敵に降ってしまった。進退きわまった太后は、髪を剃って尼となって謝罪した

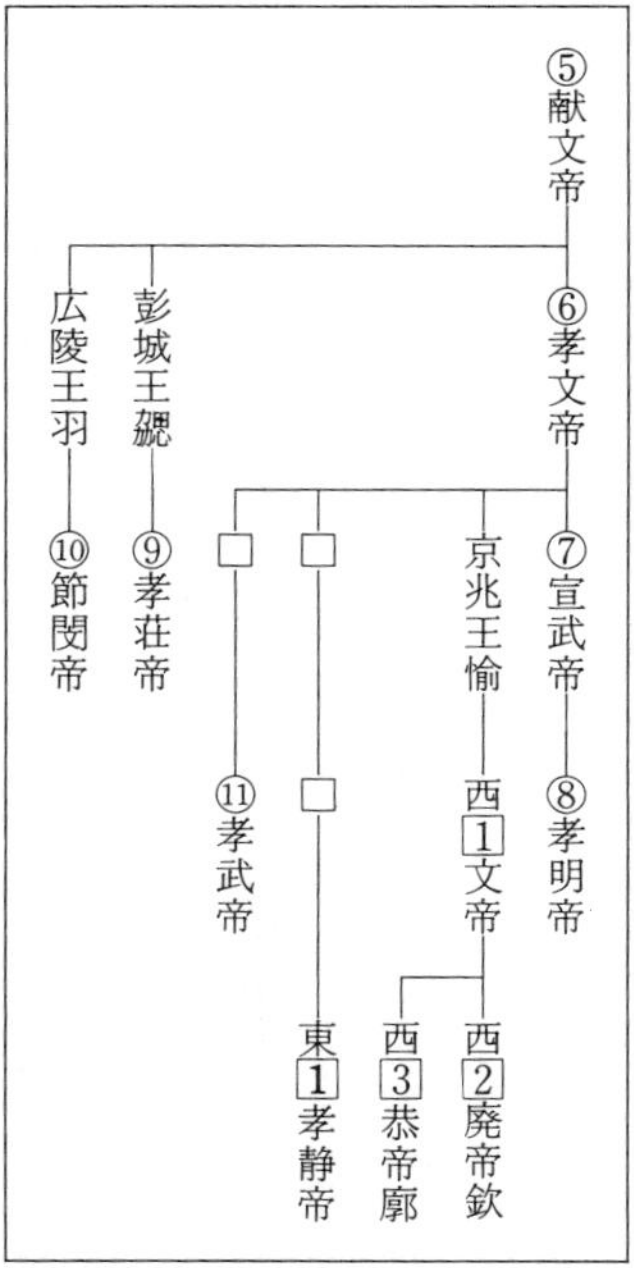

北魏末期系図

が、爾朱栄は太后とその立てた幼帝とをとらえて黄河に沈めた。洛陽の百官がおそるおそる新天子を迎えに出てきたのを整列させ、孝明帝の毒殺をそしらぬ顔で傍観していた罪をかぞえて、丞相以下二千余人を全部殺してしまった。

　国家の官僚の責任という点からいえば、この処罰も辞することばがなかったかも知れないが、さりとは荒療治であった。当時の北魏には封建的な風習が強くつづいており、各人はその直属の長官や主人に忠誠であることが要請されていた。また道理よりも権力を崇拝する風習であり、強大な権力者の前にはその横暴を黙認するのが身の安全に必要であった。だから、歴代、天子が暗殺されるという、ちょっと考えられないことがしばしば起こっていたが、さればといって官僚全体がその責任を問われることはほとんどなかった。それが今、孝明帝の官僚が歴代の官僚の責任までいっしょに引きうけて皆殺しの憂き目にあうめぐりあわせになったのである。もちろんこれは表面の理由で、実際はこうして朝廷の全権が爾朱栄《じしゅえい》の一手に掌握されたのであった。

　こんな荒仕事をもしほかの人がやったなら、たちまち四方から反撃をうけ、ふくろだたきの目にあって失脚するところである。しかし爾朱栄にはそれだけの満々たる自信があったのだ。そしてかれの自信は事実によって裏書きされるときがきた。

　河北の大部分を打ちしたがえた反将、葛栄《かつえい》は、北魏の内乱を機に一〇〇万と号する大軍をくり出して河南《かなん》にむかい、手はじめとして軍事上の大拠点である鄴《ぎょう》を包囲攻撃した。救援にむかった爾朱栄は豪傑、侯景《こうけい》を先鋒とし、えりすぐった騎兵の精鋭をひきい、敵陣を縦横に突破して葛栄を生けどり、洛陽に送って死刑に処した。これまでむかうところ敵のなかった葛栄の大軍をこともなげにけちらして全勝を博したのだから、世人はあっとおどろいたのである。

爾朱栄はその女《むすめ》を孝荘帝の皇后にいれたが、皇后は粗野で勝気で、しばしば天子と衝突した。そのうえに朝政はまったく爾朱栄の左右するところであるから、これでは天子となったかいがない。孝荘帝はその側近とはかり、爾朱栄を宮中に誘い入れて暗殺した。そこまでは手ぎわよく運んだが、それからさきがいけない。爾朱栄の武力はかれひとりのものではなく、北魏の開国のころからはじまり、長年にわたってきずきあげられた封建的な勢力であった。これに反し孝文帝以来孤立し、貴族化した北魏朝廷は、たよりになる武力をまったく失ってしまっている。

爾朱栄の一族、爾朱兆、爾朱世隆《じしゅせいりゅう》らが、山西省の本拠から軍をひきいて洛陽にむかうと、孝荘帝の親衛隊はひとたまりもなく敗走し、帝はとらえられて殺されてしまった。

帝の従弟のひとりがそのあとに立てられて節閔帝《せつびんてい》となった。

高歓台頭す

六鎮のひとつ、懐朔鎮出身の豪傑、高歓は爾朱栄にその才能を見こまれて重く用いられたが、爾朱栄が死んでしまうと、かれははやくも爾朱一族の前途に見切りをつけた。世の中が流動的な乱世となって、急テンポで形勢が推移するときには、既成の地盤などよりも、個人的な能力が大きくものをいうものだ。しかるに爾朱栄なきあと、爾朱兆、爾朱世隆らは群雄を統率して、その力を思いきり働かせる器量がない。だからきのうまでの新興勢力は、きょうはたちまち旧勢力に転落しているのだが、かれらはそれを気づかずにいる。こういうみかけだおしの既成勢力は、これに追随したり、利用したりするよりも、むしろ敵にまわって打ちこわし、自分の栄養として吸収した方が得策なのである。

高歓は北魏からあたえられた冀州《きしゅう》という小さな地方を足場として付近の軍人将領らを語らい、爾朱氏討伐の宣言を発し、河南の要地、鄴を占領した。爾朱氏の一族は力をあわせて、鄴の奪回をはかり、大軍を起こして高歓を攻めたが、かえって大敗におわり、みずからその旧勢力たることを暴露した。高歓はすすんで洛陽にはいり、節閔帝を廃して、孝文帝の孫をたてたが、これが北魏として最後の天子、孝武帝《こうぶてい》（五一〇〜五三四）である。

孝武帝は異常な性格者であった。はじめ高歓によって帝位につかせられたときは、いやいやながらであった。しかしひとたび帝位につくと、その位を他人に奪われたくなくなった。そこでさきに廃位された節閔帝や、そのほか自己の競争者となりそうな同族をむやみに殺した。

つぎに天子である自分が高歓にさまたげられて、自由に主権の行使ができないのを不満に感じ出した。帝は高歓の腹心となっている武将を憎んでこれを殺し、すすんで晋陽に駐屯している高歓を討伐するために軍隊を集めだした。

かつて爾朱栄の配下であった将軍たちの錚々《そうそう》たる者は、たとえば侯景《こうけい》とか、慕容紹宗《ぼようしょうそう》とかいった者はみな高歓の部下となっていた。ただひとりの例外は宇文泰《うぶんたい》である。かれは六鎮のひとつ、武川鎮《ぶせんちん》の出身であり、陝西方面の反乱をたいらげて勢力を扶植し、長安に鎮守して、静かに天下の形勢を看望していた。まさに高歓にとって一敵国である。孝武帝が高歓討伐を決意する以上、まず宇文泰を味方に抱きこむのが第一着手であらねばならなかった。ところが孝武帝のこの計画をうすうす察知した高歓は、都を洛陽におくことの不安を感じ、宇文泰の根拠地長安から遠く離れた鄴に遷都させようとはかり、着々と準備しだした。

孝武帝は危険がせまったのをみて、宇文泰に救援を求めたが、救兵がまだ来ないうちに、高歓が晋陽から兵をひきいて洛陽にせまった。孝武帝は防禦のいとまもなく長安に走って宇文泰のもとに身を投じた。

高歓は洛陽にはいると、北魏の王族のなかから孝文帝の曽孫を探しだして天子の位につけた。これが孝静帝《こうせいてい》である。やがて高歓は予定の筋書きどおりに、孝静帝政府を鄴に移転させた。

かたや長安の宇文泰のもとに逃れた孝武帝の運命も、けっして変わりばえのするものではなかった。孝武帝の生活は家庭的にも異常であった。かれは同族の従姉妹をなん人か後宮にいれたが、これは中国でははなはだ不倫な関係とみなされる。宇文泰は帝のそうした行為を嫌って、そのうちのひとりの女性を殺して諫言《かんげん》を試みたので、両人のあいだはたちまち決裂におちいった。孝武帝は長安に走ってから半年もたたぬうちに宇文泰に毒殺され、かわってその従兄が擁立された。これが文帝《ぶんてい》である。

ここにおいて北魏には鄴と長安とに、同時にふたりの皇帝が出現することになった。孝静帝は東魏とよばれ、文帝は西魏と称せられる。奇妙なことには、北魏が東西に分裂したさいにも、一種の正統論が討議される。東西のいずれが北魏の正統をうけたかという問題なのである。

当時の実勢力を比較すると、東魏の方が領土もひろく、人口も多く、文化も進んでいたので、歴史を叙述するには、東魏を軸として形勢をたどる方が自然である。現在正史のひとつにかぞえられる『魏書』はほかの理由もあって、東魏を正統として記述する。しかしまた孝武帝の地位を認めて、西魏を正統だとする説もあって、『西魏書』なる書も編纂されている。

野心家侯景

北魏が東魏と西魏とに分裂したというのは、たんに名目的ないい方にすぎず、じつは高歓と宇文泰との両勢力の対峙にほかならなかった。両勢力の地理上の境界線は、洛陽の西の潼関《どうかん》であるが、優勢を誇る高歓は一挙に長安を占領しようと攻撃を加えて失敗した。いっぽう宇文泰は洛陽を手に入れて戦略上の優位を確保しようと出兵し、まさに竜虎相うつような、凄まじい血闘をくりかえしたが、それはあたかも上杉謙信と武田信玄の川中島合戦を見るに似て、いずれも決定的な勝利を得ることができなかった。

そのうちに東魏の大丞相《だいじょうしょう》、高歓が死んで子の高澄《こうちょう》の時代になると、高氏の勢力がようやく固定してきた。これをみてかえって喜ばないのは、野心家の豪傑、侯景《こうけい》である。侯景はもともと高歓と対等の地位で爾朱栄の配下にあった者である。自分自身で運命を開拓する機会を失って、高歓の下風に立たされたのはやむをえないとして、いまや乳臭い小児、高澄のごときに顎《あご》で使われるのははなはだ心外である。

侯景は河南の前線で軍隊を指揮している地位を幸いとし、高氏にそむいて西魏にくだり、さらにまた南朝の梁《りょう》にくだってその援助を求めた。東魏の高澄は名将、慕容紹宗をやって侯景を討たせた。侯景は大敗して梁の領土内に逃げこんだ。梁の武帝はむしろ喜んでその亡命を受けいれたが、これが梁の失敗の第一歩であった。なんとなれば、侯景はこれ幸いとその部下の騎兵の大部隊をひきいて梁の領土内になだれこみ、淮水《わいすい》南岸の寿春城《じゅしゅんじょう》を占領したのである。ここは梁の都の建康《けんこう》とほど遠からぬ地点なのである。

侯景を自分の領土内から追いはらった東魏の高澄は、侯景が梁の後援によって巻き返しにくることを恐れた。そこで両者を離間するために、梁にたいして通好を申し入れたところ、梁はうかとその手にのり、名士の徐陵《じょりょう》を使者として高澄のもとに送り、国交を結び、捕虜の交換などを議せしめた。これが梁の第二失着であり、高澄の平和攻勢にうまうまと翻弄されたのであった。平和という名はいつの世にも通りがよいが、それに陶酔してしまうと、思わぬ不覚をとるおそれがあるものだ。

侯景にとってみれば、いま東魏とは敵対の間になったからこそ、敗戦の身をもって梁に亡命したのではないか。しかるに梁と東魏が自分になんの相談もなく和平交渉を進行させることを知ると、はなはだ不安を感ぜずにはおれない。そこで窮鼠がかえって猫を咬《か》むのたとえのように、死にもの狂いの反撃をくわだてようとするが、東魏と梁とを見くらべたさい、東魏がてごわい敵であることはすでにいやというほど思い知らされた。梁は未知数であるが、どうやら表面的な繁栄の裏に意外な脆弱性《ぜいじゃくせい》を含んでいるように見受けられた。それは謀反のこてしらべに、内応者を求めて手づるをたぐっていくと、いたるところに有望な反応が確かめられたからである。

梁の武帝の弟の子に、臨賀王《りんがおう》に封ぜられた蕭正徳《しょうせいとく》がある。はじめ武帝は正徳を養子にし、これを相続者としたのであるが、のちに昭明太子以下がぞくぞくと生まれたため、正徳は帝位につく希望を失って怨恨を抱くようになった。そこで侯景が反乱成功ののちに帝位にのぼらせる約束で誘惑すると、かれは渡りに船と応じてきたのであった。ここにおいて侯景の決心が固まり、腹心の鮮卑騎兵をひきいて南進した。

建康陥落

陸上では侯景の精鋭部隊の進撃を阻止するにたる梁朝の抵抗は、ほとんど見られなかった。しかし梁軍のたのむところは、北方人に未経験な揚子江という天然の障害物にある。しかるに侯景軍が揚子江岸に到着すると、待ち受けた蕭正徳は部下を派遣して、指揮下にある大船数十隻をもって出迎えさせ、侯景の軍隊を難なく南岸に渡した。北軍は息つく間もなく建康に対して猛攻を開始し、建康城下に取りついた。あたかも蕭正徳が城をぬけ出して合体すると、侯景はこれを天子に擁立した。

梁の武帝と皇太子蕭綱《しょうこう》とは、親衛隊を鼓舞して極力防禦にあたらせ、急使を四方に出して応援を求めた。荊州《けいしゅう》の蕭繹《しょうえき》、湘州の蕭誉《しょうよ》、襄陽の蕭詧《しょうさつ》ら一族の諸王が揚子江をくだって都に集まり、都を攻囲している侯景の軍隊の外側をさらに大きく取りまいた。これが普通のばあいだと、形勢は梁軍にとって絶対有利であり、侯景軍にはとうてい勝ち目がないはずであった。

しかるに外部から応援にきた梁軍は、だれも死力をつくして敵軍を討とうとしない。これには理由がある。かれらはいずれも、皇太子と仲がわるいのだ。そこで今、骨を折って侯景を討ち滅ぼしても、その結果とくをするのは天子のあとがまにすわる皇太子だけである。もし自分たちが手柄をたてると、その手柄が大きければ大きいほどあとで猜疑《さいぎ》をこうむる原因になり、我身をあやうくするおそれがある。

自分たちはここまで応援に来て敵軍を牽制《けんせい》しているのだから、あとは責任者の皇太子が精出して戦って侯景を破るがいい、そのお手なみをここで拝見しようではないか、というのがいつわらざるかれらの心情なのであった。もっとも八六歳の武帝にたいしてははなはだ気の毒であるが、これもいちばんかわいがっている皇太子に世話をみてもらうがいい。要するにだれもかれも心底は非常に冷たいのだ。

諸王たちの薄情な態度をみて、皇太子の方でもその腹の中を読んで、これはとうていたよりにならぬと見きわめをつけた。しかし城中は侯景の包囲をうけて一冬をすごし、糧食もつき果てた。これでは敵に降参するよりほかはない。ところが侯景の方でも戦争が思いのほかにながびいたので食糧に困ってきた。そこで両者のあいだに和議という形で取り引きがはじまった。

この奇怪な交渉はおよそつぎの三点で妥結されたらしい。第一に侯景は武帝および皇太子の地位を承認し、その代りに大丞相に任ぜられ、朝政を掌握する。第二に蕭正徳の帝号を取り消し、適当な礼遇をあたえる。第三に武帝が詔を出して地方の応援軍を引きあげさせる。この条件の中で皇太子にとって最大の関心事は、第二の点にあったと思われる。

以上の三原則がおおかた了解に達し、実施方法について細目が議定されぬうち、侯景は武力で城内および宮中を占領してしまった。応援軍はちりぢりになって地方へ引きあげていった。侯景は約束のように蕭正徳を天子の位から引きおろした。そしておそらく、自身が武帝の女《むすめ》の婿になる条件と引きかえに、いままでの同盟者蕭正徳を殺してしまった。

しかし侯景に宮中を占領された武帝は、天子というのは名ばかりで、捕虜も同然であった。食物も十分にあたえられず、まもなく老衰して死んだ。皇太子が即位して簡文帝《かんぶんてい》となったが、もちろんこれも名まえだけの天子であった。

梁《りょう》の武帝は運わるく長生きしすぎた。当時の八六歳といえば、現在のらくに一〇〇歳以上にあたるだろう。かれの肉体とともにその精神も衰えていた。多くの仕事のなかでももっとも精神のいる決断力がにぶっていた。処罰を行なう責任を逃避して、情深い政治ばかりを行なおうとした。

いったい主権者の重大な任務は、無力な庶民の生活を、権力者の抑圧から保護してやるにある。それなのに武帝は政治を側近にまかせ、側近や権力者が悪事を犯しても処罰せず、処罰してもすぐゆるして、もとの地位を返してやった。処罰という不快で、決断力のいる仕事には、もうかれの精神力がたえられなくなっていたのである。それではまったく無責任な政治になる。だからそうなるまえにはやく死んでいればよかったのだ。すればかれは南朝第一の名君という声誉をほしいままにして死ねたであろうし、さらに多くの人命も助かったのだった。

梁の再興

建康の戦線からそれぞれの根拠地にひきあげた梁の一族の諸王たちは、まもなくおたがいのあいだで戦争をしはじめた。そしてまえとはちがって今度は本気になって戦争をやった。それはすぐ自己の利益につながるからである。

戦争はまず湘州の蕭誉、襄陽の蕭詧《しょうさつ》ふたりの兄弟連合軍と、その叔父、荊《けい》州の蕭繹《しょうえき》とのあいだにはじまった。そして蕭誉は殺され、蕭詧は敗れて西魏へ逃げこんだ。つぎに蕭繹はその兄の蕭綸《しょうりん》と戦った。兄は骨肉のあいだで争うのを好まず、北朝の高《こう》氏のもとへ亡命した。

こうして荊州の蕭繹の勢力が増大するいっぽう、侯景は建康《けんこう》を根拠としてしだいにその支配を揚子江上流にむかってのばしてきた。両勢力の衝突は不可避とみえたが、いずれがイニシアチブをとるかが問題であった。

建康にはいった侯景は粗野な野蛮人であったから、南朝の士民はその勢いに恐れをなして付きしたがったとはいうものの、じつは心底からこれを忌み嫌った。そこで侯景が戦争のために都をはなれるたびに、きまって反侯景のくわだてが勃発する。それはいずれのばあいも梁の王室をかついで大義名分とするのである。侯景はついに簡文帝、その皇太子、王族などの主だった者二十余人を殺し、みずから漢帝と名のって即位式をあげたものである。

この機をとらえて荊州の蕭繹は、侯景の罪悪を責めて討伐の宣言を発した。先鋒にはこれまでの内戦で才能をあらわした王僧辯《おうそうべん》、陳覇先《ちんはせん》の二将軍があげられた。梁軍は大艦にのって揚子江をくだり、蕪湖《ぶこ》の付近で大いに侯景の水軍を破り、破竹のいきおいで建康におしよせた。これにたいし、侯景の軍の主力をなす騎兵は、すでにその乗馬の大半を消耗して補給がつかなかったため、はなはだ意気があがらず、一戦して敗れると侯景は建康をすてて東に逃れた。

さんざんに乱暴を働いた侯景であるから、落ち目になるとだれもかくまう者がない。従者の数がしだいにへって、海岸にたどりついたときは数十人にすぎなかった。そこから船にのって北へ逃げようとするところを、追手に追いつかれ、妻にした武帝の女、そのあいだにできた子どももろともいっしょに殺された。これらの遺体は建康に運ばれて市場にさらされると、市民に争ってその肉を切りとって食ったという。

侯景の謀反の最初からこれに荷担し、あらゆる策略をさずけて梁を苦しめた中国士人があって王偉《おうい》といった。侯景の没落とともにかれも捕虜になったが、かれは獄中から詩を勝利者、湘東王の蕭繹に奉った。湘東王はその文才を愛して、いままでの罪をゆるそうとした。するとある人が王にむかい、王偉が侯景のためにつくった檄文《げきぶん》はもっと名文だとつげた。王がそれを取りよせてみると、

「むかし項羽《こうう》の目は瞳がふたつあったそうだが、いま湘東王には目がひとつしかない」という文句があった。片目の湘東王は怒るまいことか、王偉の舌をぬいて釘で柱にうちつけ、体をなます切りにして殺した。

侯景を追い落として、建康を回復したので、自然湘東王蕭繹が諸将におされて、天子の位についた。これが元帝《げんてい》である。しかしかれは建康が戦乱のために荒廃したのを理由に、自己の根拠地荊州を動かず、江陵《こうりょう》をそのまま都とさだめた。

殺人天子

東魏の実権者、高澄《こうちょう》はやっかい者の侯景を、梁の方へ追いこんだところ、それが思いがけぬ波紋をまきおこして南朝の繁栄をめちゃめちゃにしてくれたので、しすましたりと手をうって喜んだことであろう。ところが人間の運命というものはわからぬもので、梁の武帝が餓死したのちいくばくもなく、高澄は不慮の死をとげることになった。

高澄は梁の内乱に乗じて、その領土を南方に拡張し、淮水以南を占領したが、そのさいに蘭京《らんけい》なる者を捕虜とし、家内奴隷として料理番に召し使っていた。その父はゆるされて官吏になっていたので、ぜひその子をも解放してくれとたのんだが高澄は聞きいれない。奴隷は大いに高澄を恨み、六人の仲間とともに高澄のすきをうかがってこれを刺殺したのであった。

高澄の弟、高洋《こうよう》はふだんその兄から、競争者と目されて憎まれていた。それに気づいた高洋の方でも自衛を策し、痴呆《ちほう》になりすまして世人の眼をあざむいたのみか、妻子までがそれを本物だと信じこむほどであった。しかるにかれは兄の横死を聞くやいなや、たちまち本性に帰り、部下を指揮して暗殺者をとらえ、適時適切な命令をくだして、全国の官吏をそのまま自己の指揮下におさめ、微動だにさせなかった。じつに水際だった手腕であった。

その翌年、高洋は東魏の天子、孝静帝《こうせいてい》を廃してみずから天子の位につき、国を斉《せい》と号した。歴史ではこれを北斉の文宣帝《ぶんせんてい》と称するが、北斉は南朝にあった斉と区別する名である。東魏の敵国である西魏の実力者、宇文泰《うぶんたい》は高洋の簒奪《さんだつ》をみて、これこそ乗ずべき好機会であると思った。そこでみずから兵をひきいて打って出ると、山西省《シャンシー》の太原の付近で高洋の防禦軍と遭遇した。さて小高い丘にのぼって北斉軍を見わたすと、これはしたり、乳臭い小児とみくびっていた高洋の軍容は隊伍整斉《せいせい》、つけこむべき毛穴ほどのすきまもないのだ。

「じつに意外！　高歓の時代とちっともようすが変わらぬわい」

宇文泰は舌打ちしてそのまま軍を引きかえした。こうして洛陽から東の方は確実に北斉に取られてしまった。

このころモンゴル地方では柔然《じゅうぜん》が衰え、かわって突厥《とっくつ》がさかんになった。突厥という字は、チュルクの音訳で、従来は日本読みにするとき、トッケツと読んできたが、これはトックツの音で読む方が正しい。突厥はそれまで柔然に隷属して鉄工業に役使されていた部族で、セレンガ川の流域に住んでいた。セレンガとは鉄の意味だという。

突厥の君主の土門《どもん》は柔然を討ってその頭兵可汗《とうへいかかん》を殺し、みずから伊利可汗《いりかかん》と号した。これが突厥の最初の「可汗」で、可汗とは北方民族君主の称号である。戦いに破れた柔然は北斉に救援を求めたので、文宣帝はみずから出陣して突厥を討ち、その降をいれて和親することをゆるした。

このころが北斉の全盛時代であった。ということは、同時にその中に衰退の兆候をはらんでいることを意味した。その原因のひとつは、北斉の君主が遺伝的に変質者の性格をおびていた点にある。軍事にかけては天才的な素質をもつ文宣帝高洋は、天子にあるまじき種々の醜行をかさねたほか、殺人にたいして異常な嗜好を有し、小説にある吸血鬼を地でいく変質者であった。

かれは即位ののちに東魏の廃帝を殺したのをはじめとし、ついで東魏の一族をかたっぱしから殺した。これはせっかく手に入れた帝位を奪回されまいとする用心からである。しかし帝位をうかがうものは前王朝の一族とはかぎらない。かえって自分自身の一族の方が危険だ。そこで今度は一族を殺し出した。ことに人望があって役に立ちそうなふたりの弟を土牢にとじこめて、最後にこれを焼き殺した。

しかし文宣帝も最初からこんな人間ではなかった。不慮の兄の死のあとをつぎ、東魏にかわって天子となった初期には政治に熱心で注意がゆきとどき、内外の士民はひとしく名君の出現を歓迎したものであった。ところが数年ののち、慢心と猜疑心とがめばえてかれの性格を一変させた。あるいは天子の重荷が、かれの繊細な神経を圧倒して、バランスをくずしてしまったのであろうか。かれは急に酒色にふけり狂暴となって、酒に酔うと血を流さねばすまぬ変態病にとりつかれた。大臣たちはやむをえず、死刑囚を準備させて宮中に養っておき、酒乱の天子の犠牲に供した。そのかわりにこの犠牲は、三カ月内に用がなかったおりには放免してもらえたという。

このような異常な天子は、やはり異常な環境から生まれるものであって、当時の北斉の朝廷は、時間を一〇〇年ほどあともどりさせた北魏初期の状態ににかよったものがある。文明と野蛮とのアンバランスから生じた変態社会の産物なのである。

統一への気運

北斉の文宣帝はその充実した国力をもって内部では大いにその都の鄴に土木工事を起こして宮室を飾り、外部には北では突厥を討ち、南は梁の混乱に乗じて淮南《わいなん》をあわせ、揚子江にいたるまでの領土を開拓した。ただひとつ、かれが梁に傀儡《かいらい》政権を立てて、これを臣属させようという試みは失敗に帰した。

梁の内乱に乗じて自国の利益を南にのばそうという思いは、西魏の宇文泰も同様にいだいているところである。そして宇文泰の方が着実にその計画をすすめて、実益をえた。

江陵を都とした梁の元帝は、その弟である、益州に封ぜられていた蕭紀《しょうき》と衝突した。蕭紀が蜀から軍を出して江陵を攻めると、元帝は西魏に救援を求めた。時機をうかがっていた西魏の宇文泰は、まっていましたとばかり、蜀に兵を出して成都《せいと》をくだし、益州を占領してしまった。蕭紀は戦いに敗れて元帝に殺された。西魏が物資の豊富な蜀を手にいれたことは、こんごの政策、とくに東方の北斉との競争にたいし、いいしれぬ強味をそえることになった。

つぎに西魏は江陵にある梁の元帝にたいして、正面から戦争をふきかけた。文学にはすぐれた才能をもつ元帝であるが、軍事上の強敵と対決するには神経がこまかすぎた。全国に動員令をくだして決戦する勇気を欠き、江陵城を固守していれば敵は糧食がつきて引き返すだろうと高をくくっていた。

しかしそれはむなしい神だのみで、戦争になれた西魏兵が猛攻を加えると、江陵の防禦陣地はもろくもやぶれて、城が落ちた。元帝は収集した古今の図書一四万巻を焚《や》き、西魏の軍門にくだった。書を読むこと万巻、それがなんの役にもたたぬことをかれは最後に思い知らされた。

西魏軍は元帝とその家族を殺し、城中の男女数万人をことごとく奴隷として長安に送って将士に分配した。府庫の宝物もことごとく分捕りされた。そのあとにはさきに西魏にくだっていた梁の一族、蕭詧《しょうさつ》をたてて梁帝《りょう》と称せしめ、駐屯軍をおいて看視させ、梁の旧領全部を属国にしようとはかった。蕭詧の政権は以後三代三十余年継続するが、史上にこれを後梁《こうりょう》と称する。しかしその支配する領域は数州にすぎず、西魏にたいしては臣下の礼をとらねばならなかった。

ときに梁の将軍、王僧辯《おうそうべん》と陳覇先《ちんはせん》とは、旧都の建康付近にあって、北斉の侵攻にそなえていたが、江陵の悲劇のしらせを受けると、相談して元帝の少子《しょうし》、蕭方智《しょうほうち》を奉じて天子の位につけた（五五五年）。これが敬帝《けいてい》であり、年一三歳であった。

これをみた北斉の文宣帝は、西魏にばかりあまい汁を吸わせまいと、おくればせながら梁に干渉をはじめた。北斉にはその前代から梁の一族、蕭淵明《しょうえんめい》が亡命してきてかくまわれている。かれは武帝の兄の子である。北斉は蕭淵明を梁の皇帝と称し、兵を出してこれを送って建康にむかわせた。

北斉は大国であるから、いまや内部が崩壊の危機にある梁として、これに敵対するのははなはだ不利であることはあきらかである。そこでこの対策について、王僧辯と陳覇先とのあいだに意見のくいちがいが起こった。軟弱論と強硬論との対立である。

もっとも王僧辯も最初から軟弱だったわけではない。蕭淵明が北斉の兵に送られてはいってきたのを、一度は国境で防禦してみたが、北斉兵に苦もなく蹴ちらされたので、あらためてその強さを知り、やむをえず妥協を策した。蕭淵明に使いを送り、帝位をゆずるかわりに、現今天子の位にある蕭方智を皇太子にしてほしいと申しこんだ。蕭淵明がそれを承諾したので、迎えいれて天子とし、方智はその皇太子におさまったのである。

これにたいし、終始反対しつづけたのは陳覇先である。梁の王朝は武帝のたてたもの、武帝の失敗のあと、多くの子どものなかで元帝だけが侯景を追い落として国の恥辱をそそいだ。だからその子の方智こそ正統の天子としてつかえる理由がある。いまなんの理由もなく、夷狄《いてき》王朝の圧力に屈して、正統の天子を廃し、武帝の甥などを迎える必要がどこにあるか、というのが陳覇先の主張である。理窟はたしかにそのとおりで筋がとおっている。ただしいつまでその主張がつづくかはおのずと別問題である。

人のわるい陳覇先は、表面には王僧辯のやり方に強い反対をとなえない。たちまち北斉から新たに大軍が侵入してくるという噂《うわさ》がたった。王僧辯が陳覇先にこれを通告すると、陳覇先は防禦のためと称して大軍をくり出して建康の守備についたが、王僧辯の油断をみすまして、これを襲い殺した。新天子の蕭淵明は位からしりぞけられ、もとの敬帝蕭方智が太子の位からふたたび天子に返り咲いた。そのじつ、北斉の侵入は噂ばかりで、事実のかけらもなかったのだ。

この推移をみた北斉は、今度はほんとうに兵を動かして武力干渉の挙に出た。さすがに陳覇先は対応の策を誤らず、武力には武力をもってその干渉をはねかえすだけの底力をみせた。いっぽう北斉の文宣帝はこのころになると、ようやくその個人的な弱点が政治のうえに反映し、国都の土木事業が優先されて、全力を外国にむかって用いることができなくなっていたのであった。もし陳覇先がそういう点をいちはやく見ぬいて強硬態度をとったのなら、たしかにかれは王僧辯にくらべて、いちだんと読みが深かったわけである。

北斉の干渉をはねかえすと、陳覇先の声望は大いに高まった。もう梁の国内ではおしもおされもせぬ実権者である。そこで例によって例のごとく、禅譲《ぜんじょう》という名の王朝交迭が行なわれた。梁の敬帝は位を陳覇先にゆずったのちに、これも例のごとく殺された。陳覇先は帝位につき（五五七年）、国を陳と号したが、これが初代の武帝である。

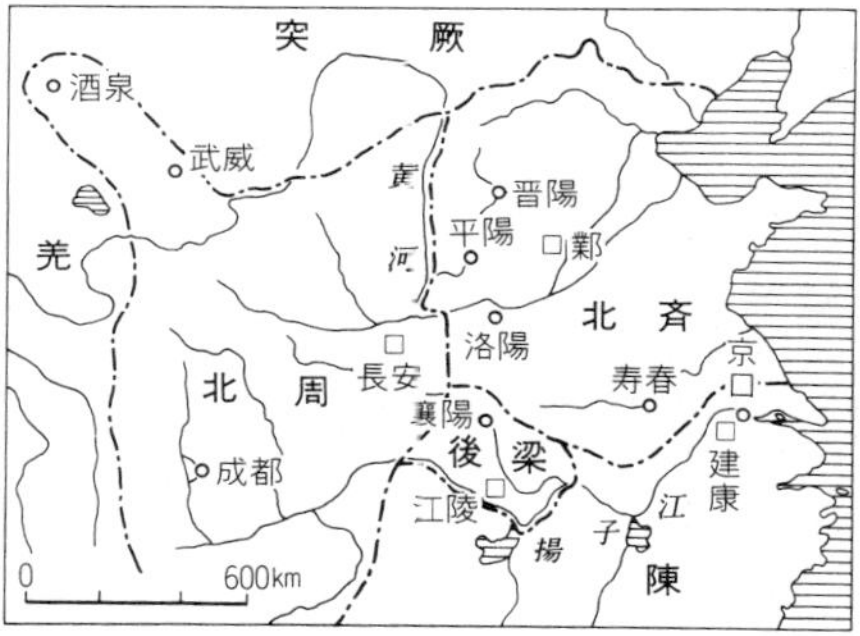

南北朝末期の形勢

　武帝が即位したときの陳の領土は、前代にくらべてずっとせまくなっていた。揚子江上流では蜀は西魏に占領され、中流には後梁という西魏の傀儡《かいらい》政権があり、下流では北斉の領土が揚子江対岸までせまっていた。そのうえに、国内にもところどころに、梁末の混乱に乗じて起こった土豪たちの割拠政権が残っている。かれらは裏面は陳の主権を認めながら、ほとんど半独立の状態である。

ようするに五胡以来、分裂をかさねた中国は、いったん南北朝の対立する二勢力に整理されたが、またもやそれがさらにそれぞれ再分裂をとげ、無政府的な状態におちいりかけたのである。

しかし天下の大勢は窮すれば通ずる。こうした分裂割拠が行くところまで行くと、今度は新しい統一の気運が生じてくる。そしてこのばあい、中国再統一の使命を受けてさっそうと檜《ひのき》舞台に登場するのは、これまであまりぱっとしなかった地味な存在、中国の西北隅におしこめられていた西魏であって、統一の気運はこの政権の内部から生まれ出て、北周から隋へ、さらに隋から唐へと断続しながら発展していくのである。

そこでわたしたちはもういちど、時間をさかのぼって、この新勢力の淵源から、その発達のあとをたどってみようと思う。

新軍閥の勃興

武川鎮軍閥

北魏王朝に致命的な打撃をあたえたのは、六鎮の反乱であり、そのなかからいっぽうには高歓があらわれて東魏をたて、他方には宇文泰があらわれて西魏を擁立した。

宇文泰は六鎮のひとつ、武川鎮の出身であり、武川鎮は現在の同名の県にあたり、陰山の北斜面に位置して長城を遊牧民族の侵入から守る前進基地である。そこには他の鎮と同じように、鮮卑を中心とし、中国人の豪族からえらばれた武人や、柔然の降人が配属され、その将校の地位は世襲的に受け継がれた。寒い北風にさらされ、牛馬を伴侶として、いつ起こるか知れない北方騎兵の襲撃にそなえるのはなみたいていの苦労ではない。

この困苦は、鎮の将士たちの団結を固めるのに役立った。ことに鮮卑と中国人とがたがいに通婚しあって、血統的にも融合して新しい人種をつくりあげたのである。じつはこういう新種の軍閥集団は方々に発生したので、それがいっぽうでは高氏の北斉王朝となり、他方では西魏の宇文氏政権となった。後者のうちからはやがて北周、隋、唐という連続した三王朝を生み出すことになる。

　さて北魏が洛陽に遷都してのち、北辺の六鎮はみすてられて、その位置がしだいに低下し、その不満が爆発して大反乱を惹起した。そのとき武川鎮の将兵は最初には名将、賀抜《がばつ》岳《がく》をその指導者とし、かれが暗殺されると宇文泰がその跡をついだのであった。かれらの集団は陝西《シェンシー》方面に転戦してこれを勢力範囲におさめ、最後に漢代の故都、長安を根拠地にさだめて落ちついた。

　そこへ逃げこんできたのが、高歓のもとから脱走した北魏の天子、孝武帝であるが、宇文泰はこれを奉じて高歓に対抗してはみたものの、孝武帝の異常性格と宇文泰の政治野心とは両立できない。宇文泰は孝武帝を毒殺し、別に文帝を擁立し、西魏と称せられて、高歓の東魏と対立するにいたったのであった（五三五年）。

　宇文泰が物資の貧弱な陝西にたてこもりながら、経済的にははるかに優位に立つ東魏の高歓と互角に渡りあい、一歩も譲らなかったのは、かれのひきいる武川鎮軍閥の強固な団結力によるものであった。そしてこの団結は、統率者の宇文泰がながくその地位にあったために、いよいよ堅固に成長をとげたのである。

　東魏の高歓は国政をとること一五年で死んだが、このあいだはほとんど戦争に追われて、国内を整備するいとまがなかった。そしてこれからというときに世を去ったのである。西魏も事情は同様であったが、宇文泰は高歓よりもさらに一〇年ほどながく生きのびたのであって、この一〇年間はもっとも有効な一〇年間ということができた。
なんとなれば、このあいだに東魏では高歓の子、高澄が暗殺され、その弟の高洋がこれにかわり、その高洋が東魏を廃して北斉王朝をたてるという、目まぐるしい事件が継起したが、宇文泰は鳴りをひそめて、黙々と富国強兵の策をめぐらしていたからである。

徴兵制の確立

宇文泰の施策のなかで後世に甚大な影響をおよぼしたのは、府兵制の創設である。これは北魏以来の均田制と相表裏するものであって、均田法によって確実に政府の掌握に帰した壮丁をフルに軍事力として活用しようという意図をもつ。それは現今のことばでいえば徴兵制度にあたる。

中国では漢代までは国民皆兵を原則としたが、後漢にはいってから異民族を軍隊に用いることが流行するとともに、いつのまにか傭兵《ようへい》制度が普通になり、軍人は特殊の階級となって賤民視され、やがて兵戸と称せられるにいたった。五胡の騒乱以来、いよいよ軍人は異民族の職業とみられたのであるが、内戦が永続するとともに、従来は文弱で戦争に適しないと思われた中国人も、しだいに武事を習い、勇敢な戦士として役立つようになった。これに着目した宇文泰は、異民族たると中国人たるとを問わず、これに軍事訓練をほどこして国防の責を負わせようとしたのである。

政府から均田法により田地を給与された壮丁は、租として穀物を、調として布帛を政府におさめるほかに、力役に服する義務があった。府兵制では、その中から強壮な者をえらんで兵として軍府に属せしめ、農業のいとまに軍事をならわせ、軍府に番上《ばんじょう》させるが、そのかわりに租調《そちょう》役全部を免除するのである。

このような徴兵制の利点は、必要に応じて一時に多数の軍隊を徴集することができるうえ、ことがおわればいかなる大軍でも解散して帰農させても問題を起こさないところにある。これが職業軍人だと、急に大軍を組織しようと思ってもうまくゆかないし、いったんできあがってしまうと、それを解散しようとするときに失業問題が起きるので、不要な軍人をいつまでも養っておかねばならない。そのうちに軍人が老齢になって役にたたなくても、整理することができず、国家財政に大きな負担をかける結果になる。

そこで国が貧しく、人民が勇敢な場所では、徴兵制の方が傭兵制よりもずっと有利なのである。そして西魏はちょうど、それにおあつらえむきの国であった。

ときあたかも南朝梁では、侯景《こうけい》の反乱によって全領土が上を下への騒動におちいった。宇文泰にとって、府兵制の効果をためすに絶好の機会である。かれは最初に梁の領土内で西方に孤立している蜀を攻めてこれを領土に加えた。従軍の将兵には成都《せいと》城内の奴婢および財物を分配してその功を賞した。つぎに梁の元帝が都する江陵を攻めたときには、城中の人民をぜんぶ奴隷として有功の将士にわけ与えた。軍人らの意気は百倍したであろう。

軍人が危険を忘れてはたらくのは賞賜のためだとは、すでにそれより何百年もまえの司馬《しば》遷《せん》が『史記』のなかで喝破したとおりである。

しかしながら宇文泰は同時に、府兵制のもつ限界をも熟知した。外モンゴルにこのころ優勢となった突厥《とっくつ》の木杆《もくかん》可汗《かかん》が、その主筋にあたる柔然を破り、その柔然が保護をもとめて、西魏の領内に逃げこんできた。宇文泰は突厥の要求に応じて、情容赦もなく柔然の君主以下三〇〇〇人をとらえて突厥に引きわたして、それがみな殺しにされるのを傍観した。

これ以来宇文泰は、突厥にたいしてははなはだ卑屈となり、その属国とみなされるようになった。これに反して東方の北斉は意気軒昂たるものがあり、突厥の侵入を断固として撃退する自信を示し、また事実その実力を示すこと再三におよんだのである。宇文氏が強敵北斉の実力のまえに、隠忍自重しなければならぬ日はなおながくつづいた。

馬鹿をよそおう天子

宇文泰に擁立された西魏の文帝が死に、太子がついで天子となったが、ほどなく宇文泰を殺そうとはかって廃され、その弟恭帝《きょうてい》が天子に立てられた。立って三年目に宇文泰が死に、子の宇文覚《うぶんかく》が父の跡目を相続し、周公に封ぜられた。その翌年、宇文覚（五四二～五五七）は西魏の恭帝にせまって位をゆずらせ、ここに北周王朝が成立した（五五七年）。

もっとも北周の宇文覚、孝閔帝《こうびんてい》はこのときわずかに一六歳であり、この禅譲の筋書きは、

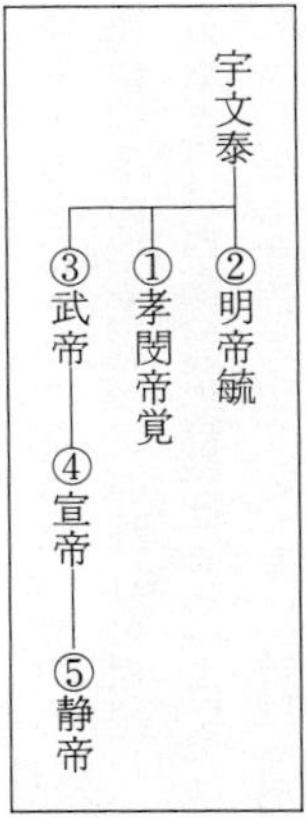

北周系図

もっぱらその従兄の宇文護《うぶんご》によって実施されたものである。されば孝閔帝は宇文護の専横を好まず、ひそかにこれをのぞこうとはかったところ、かえって先手をうたれて殺され、かわってその兄が立てられて明帝となった。

この明帝もはなはだ聡明であったので、宇文護は将来を恐れてこれを毒殺し、さらにその弟を立てて武帝とした。この武帝はいっそう英明な素質があったが、それだけ用心深く、表面痴呆を装っていっさい政治に関与せず、すべてを宇文護に一任して問うところがなかった。宇文護は安心して国事をもっぱらにし、近親を重要な地位につけ、それがいずれも貪欲なためにすこぶる評判をわるくした。

このようにして一二年ほどすごしたあと、武帝は宇文護の油断をみすまし、ひそかに謀りごとをさだめ、電光石火のはやわざで宇文護とその一統を殺して、政治を親《みずか》らすることにした（五七二年）。しかし悪名の高かった宇文護にもせよ、専権ではあり、過失が多かったにかかわらず、かれはけっして暴戻《ぼうれい》でもなく、変質者でもなく、またみずから天子になろうという野心をもつにはいたらなかった。

いったい宇文氏の一族はおおむねまともな人間がそろっており、また側近の大臣や将軍も多くは武川鎮の出身であったので、国家のことをわがことのように考えて堅固な団結を保った。この点は当時の南朝はもちろん、優勢をほこる北斉もはるかにおよばない北周の美風であった。むしろ国歩《こくほ》艱難《かんなん》で、外界の形勢が楽観を許さなかったことが、かえって北周に幸いしたともいえるのである。

なんとなれば宇文護の専権とときを同じくして十余年間、東隣の北斉には前代にひきつづき、いぜんとして醜怪な歴史がくりひろげられていたからである。

北周の武帝が立てられた前年、隣国北斉では天才と狂人をかねそなえた天子の文宣帝が死んだ。在位一〇年のあいだ、臣下はいつ、なにごとが起こるか知れず、毎日びくびくしてその日を送っていたので、だれひとりとして涙を流す者はなかった。かれは死ぬまぎわに弟の高演《こうえん》を呼んで後事をたのみ、

「私の跡をつぐ太子はまだ子どもだ。お前が廃立を行なうのならしかたがないが、けっして殺してはくれるな」

と妙な遺言をした。しかるに太子が立って天子となったと思うまもなく、高演がこれを廃して殺し、みずから天子の位についた。これが孝昭帝《こうしょうてい》である。

北斉滅亡

孝昭帝は北斉の君主としてはまともなほうであったが、在位一年余で死ぬとき、その弟

を立てて天子とした。これが武成帝《ぶせいてい》である。そのさいの遺言は、

「自分は太子があるのにお前に位をゆずるのは私の子の太子がかわいいからだ。たのむから太子はけっして殺してくれるな」

という切なるたのみであった。しかし武成帝は位につくとまもなく前太子を殺した。自分は人の子を殺しておいて、自分の子だけ人に殺すなとたのんでも、それはむりな注文というものだ。

前太子の妃は名将、斛律光《こくりつこう》の娘であった。太子は天子から召されたので、佩玉《はいぎょく》をあたえて妃と別れ、都にはいって殺されたのであった。妃は悲しみのあまり、食を絶って月余で死んだが、その手にかたく佩玉をにぎりしめたままはなさなかった。枕もとに立った父親の斛律光が、蠟細工のように白い娘の顔に頰をすりよせ、手をとりながら、

「お父さんだよ。わかるかえ」

というと、娘はにぎった手をひらいて玉をはなしたという。中世七百余年のうちで、もっとも中世にふさわしい、悲しくも美しい挿話である。それはまことに幾百億中世人の悲しみをひとりの身に象徴したようなものであった。

さてこうして即位した武成帝は、よきもあしきもさながら兄文宣帝の再来のようで、高氏にまつわる遺伝的素質を受け継いでいた。即位するとすぐにその無軌道ぶりを発揮したが、軍隊を指揮するときは別人のようになって奮戦した。北周の宇文護が大軍を出して洛

陽を攻めにきたとき、かれはみずから将となり一族の蘭陵王《らんりょうおう》、高長恭《こうちょうきょう》と斛律光とをひきいて応援にむかい、北周軍を撃破して潰走させた。この蘭陵王の奮戦のありさまは、舞楽の名に残って今日に伝わっている。

　武成帝はまだ年も若いのに、急に太子に位をゆずって太上皇となった。前二代の太子が悲運にたおれたのをみて、自分の太子だけは早く即位させておいて、天子の職務に習わせ、その位を完うさせたいというはかない親心からであった。しかし武成帝がまもなく死ぬと、後主とよばれるこの新天子は、父ほどの武略もないいっぽう、父のわるいところばかりを受け継いだ暗愚の君であり、北斉の政治は急にがたがたするほど箍《たが》がゆるんできた。

　洛陽で不覚をとった北周は、こんどは山西方面で失地の回復をはかった。北斉の老将斛律光は最後の死に花を咲かす覚悟でこの方面軍の指揮にあたった。敵は北周の名将、韋孝《いこう》寛《かん》、相手にとって不足はない。必死の北斉軍の反撃のまえに、さしもの韋孝寛も敗走させざるをえなかった。

　しかるにどうしたことであろうか、北斉の後主は讒言《ざんげん》を信じて斛律光をその一族子孫とあわせて死に処したのであった。この斛律光は高歓の部

北斉系図

将、斛律金《こくりつきん》の子で一門繁栄し、外戚たる地位をもしめながら、なぜ北斉王室の内紛と堕落とを坐視して、これに干渉し、匡正《きょうせい》しようとしなかったのであろうか。じつはこれこそ中世社会が後世とちがう点なのだ。臣下はその一族全体が天子一族全体の臣下であった。篡奪の下心ある野望家ならばいざしらず、律儀一点ばりの封建武将にとって、宮中は聖なる禁域であり、その内側でおこなわれる内紛は、いわば神々の争いであって、下界にいる臣僚の口出しすべきすじあいのものではない。臣下はひたすら臣下の分を守って、ただ命にこれしたがって犬馬の労をつくすのがその本懐であった。天子の家庭事情にまで大臣が責任をもつべきだ、と考えられるようになったのは、主として宋以後の近世社会の思想なのである。

北斉の政治のみだれ、とくに名門斛律一家の誅滅の報を聞いて喜んだのは隣敵、北周の武帝である。北斉を攻め滅ぼすならばまたとない好機会だ。もしもかわって名君が出て政治の立てなおしが行なわれれば、ふたたび手出しはできなくなる。

武帝は決意して斉を攻めたが、最初の二回は失敗におわった。しかし三回目に山西の中心部、平陽で北斉後主の軍を打ち破ると、あとはばたばたとたちまち勝負がきまってしまった。北斉の国都の鄴もおち、太子に位をゆずって逃走をはかった後主も生けどりになり、北周の都長安における戦勝の凱旋式で見世物にされたあと殺された。国の滅びるとき、いったんまけだすとあとはまことにあっけないものであった。

科挙のはじまり

しかしあっけないのは北斉ばかりではなかった。勝者の北周もまたあっけなく滅びた。北周の武帝は鋭意富国強兵をはかり、国家財政の見地から非生産的な仏教、道教を禁止し、僧尼を還俗させて産業につかせるという荒療治さえ行なった。

しかしこの天子がなくなって、太子が即位し宣帝《せんてい》となると、これは宇文氏の家系にあらわれたはじめての不出来な天子であった。在位一年にも満たずに、位をその太子、静帝《せいてい》にゆずって上皇になったのは、天子たる責任を回避して道楽に専念したいためであった。自然に朝廷の権力は上皇の皇后の父、楊堅《ようけん》の手にうつった。

その上皇が死ぬと、あとに残されたのは八歳の静帝である。ここで簒奪《さんだつ》が起こらなければ、むしろその方が不思議なくらいであろう。外祖父にあたる楊堅は、国内の反対派をかたっぱしから打倒したのち、静帝を廃してみずから帝位についた。これが隋の文帝《ぶんてい》である。隋王朝は中国の伝統的な歴史学では北朝のひとつにかぞえられる。

隋の王室楊《よう》氏は、北周と同じく武川鎮から出た軍閥将領のひとつである。だから北周から隋への禅譲そのものは、軍人集団にたいしてさまで大きな動揺をあたえない。しかし問題は、禅譲のあとに行なった北周旧王家にたいする無慈悲な迫害であった。文帝は根が猜疑心の強い性質なので、北周王家復興の運動が起こるのを恐れ、宇文氏の一族を探しだしてかたっぱしから殺して殺しつくした。

ところで、文帝自身が宇文氏の外戚であると同じように、武川鎮軍閥出身の将軍たちは、直接間接に幾重にも宇文氏と親戚関係を結んでいる。そこで文帝の無用な殺戮《さつりく》は、それらの家庭にも大小の悲劇をもちこんだ結果になる。楊氏は武川鎮軍閥の団結を破壊する裏切者だ、という声が高まって、だんだん王家が周囲から孤立するようになった。

文帝の政治は周囲の反対を意に介しない自信の下に遂行され、そこから新しい方針が打ち出された。従来の九品官人法を廃して、科挙《かきょ》によって官吏を採用する試みのごときはその最たるものであった。もともと九品官人法は個人の才徳を評価して適当な地位に適当な人才をつけるのが目的であったが、しだいにその運営が貴族化して、貴族の既得権益を擁護する制度に堕落してしまった。

文帝はその不合理なことを察し、貴族がこれまで認められた、家柄によって中央、地方の官職につきうる特権を廃止し、したがってそのような人事をあつかっていた州郡の中正を廃止した。かわりに中央政府で試験を行ない、及第者にさまざまな秀才、明経《めいけい》、進士《しんし》などの肩書を許し、高等官となる資格を与えた。これがその後千三百余年にわたって行なわれた科挙の起源である（五八七年）。普通に科挙がつぎの煬帝《ようだい》の大業年間からはじまったと称せられるのは、誤りである。

南北統一

梁にかわった南朝の陳は、はじめからその国勢がふるわなかった。初代の武帝、陳覇先は在位二年未満で死に、かわって甥の文帝が位についた。文帝の子、廃帝即位の三年目に、叔父が廃立を行なってみずから即位したが、これが宣帝である。文帝、宣帝の二代は比較的無事であったが、宣帝の死後、後主と称せられるその子が即位すると、たちまち国勢が傾き出した。

陳の後主は暗君ではない。また従来よく見られたような変質的な暴君でもない。むしろ文才があり、趣味にひたることが好きで、さかんに土木工事を起こして宮室を飾り、文人や美女を集めて大宴会を催し、夜に日をついでそれが行なわれるから政治に身をいれることができないのだ。しかしこれでは天子としては、落第であること、暗君、暴君とあまり変わらない。ただ新型の不適格者だったのである。

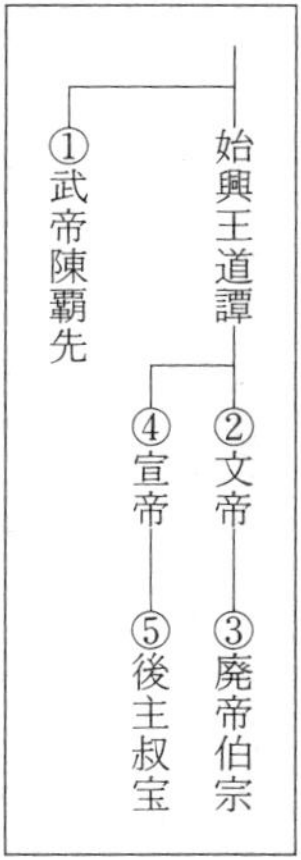

陳系図

隋の文帝は南方にたいして兵を用いる時期がきたと決心した。これまで江陵を中心に数州の領土を与えられて属国となっていた後梁国は、初代宣帝蕭詧《しょうさつ》、二代明帝蕭《しょう》巋《き》のあと、三代目の蕭琮《しょうそう》のときであったが、文帝はまず後梁国をとりつぶして、直轄の領土とした。この改易はなんらの抵抗なしに行なわれた。この土地はつぎに陳を攻略するときに絶好の前進基地となるのだ。

陳の方では隋軍がもし侵入するようなばあいには、上流から軍艦に乗って攻めくだるものとばかり信じ、武漢のあたりに水軍を集中して防禦にあたった。はたして隋将、楊素《ようそ》が上流から流れに沿って下り、激戦をまじえること数十回におよんだ。そして最後に隋軍が勝ちを制してひといきついたころ、意外にも下流方面で直接、建康をめざして衝いて出た晋王《しんおう》、楊広《ようこう》指揮下の軍隊が、やすやすと目的を達して、陳の後主を捕虜にしていたのであった(五八九年)。

東晋以来三〇〇年になんなんとする建康政権も、それが滅びるときは、これまた拍子抜けのするほどあっけないものであった。

ひさしく南北に分かれていた中国が合一されると、一統王朝隋皇帝の威権は、たぐいなく輝かしいものであった。さきに北朝が東西に分かれたおりに、東西を秤《はかり》にかけて和戦の威嚇を試みたモンゴル地方に新たに興った突厥も、いまは隋に臣服してその鼻息をうかがうまで卑屈な態度をとらざるをえなくなった。国内のみならず、国際関係もまたはなはだ現金な世の中であること、むかしもいまも変わらない。

煬帝の高句麗遠征

南朝征討に功をたてた晋王、楊広《ようこう》は文帝の二男であるが、やがて嫉妬深い母親、独孤《どくこ》皇后にとりいって、兄の太子を廃したあとに皇太子におさまった。そして父の文帝が在位二四年でなくなると、かわって天子の位をついだ。これが煬帝《ようだい》である。

この煬帝は、父文帝の病気を見舞ったさいに弑逆《しいぎゃく》を行なって即位したのだという説が古くから行なわれているが、前後の事情を考えあわすと、それはかならずしも事実ではないと思われる。もっともかれは亡国の君であるから、話としてはそのほうがおもしろく勧善懲悪の教訓の種にするにも、このほうがうまくつじつまがあう。そこで一般にはひろく採用されているのである。

当時煬帝のおかれた地位は、冷静に考慮をめぐらすならば、けっして楽観できるものではなかった。まず武川鎮以来の軍閥将校であるが、かれらのなかには隋の王室よりも家格が上だと信じこんでいる者がある。そこで楊氏がよこあいから出て天子の地位をかすめ取ったことにたいして強い嫉妬と反感とをいだいている。なお文帝が南朝征討のさいに、軍隊に賞与を出し惜しんだことでひどく評判をわるくした。

これはむしろ文帝のやりかたが正しかったのであるが、いったい軍人というものは欲ばりなので、戦争に参加した者は賞が薄いといってかこち、参加しなかった者はこのつぎの戦争には、と意気ごむのである。当時の民間にも、後世の歴史家のあいだにもはなはだ評判のわるい高句麗《こうくり》遠征は、このような空気のなかで決行されたのである。相手が異民族の高句麗なら、戦勝のあとではどんな暴行でも掠奪でもゆるしてやろう。住民はぜんぶ奴隷にして分配してやろう。こんな了解のもとに開始された高句麗戦争は、はじめから大義名分が立たないのだ。

当時高句麗は南満洲の主要部分、つまり遼河《りょうが》から東の方、朝鮮半島の中心にいたるまでを領有していた。その中にはかつては中国の植民地であった楽浪《らくろう》、帯方《たいほう》二郡を含み、その都は満洲からうつって平壌におかれていた。そこでこれまで楽浪郡が有していた文化的任務、すなわち中国文化を朝鮮、日本に紹介する役割をもそのまま相続した。中国文化が日本へ流れこむさいには、いったん高句麗で消化されたものを、百済《くだら》が受け、さらに日本に伝わるという径路をとるものが多い。また推古天皇のときに、はじめて日本から小野妹子が遣隋使として、はるばる洛陽へおもむいたのも、高句麗の斡旋によるものであろう。

開かれた大運河

さて高句麗にたいして、隋はすでに文帝のときに、遠征軍を起こして失敗した経験がある。そこで煬帝は二度と失敗しないように、大挙再征するための豊富な軍需品を準備しなければならぬ。それには新領土の江南から物資を取りよせるのが便利である。さきに文帝が陳を征伐するとき、軍隊輸送のため従来からあった黄河から揚子江までの運河を補修して利用していた。こんどは反対に、揚子江流域の物資を東北へ輸送するための運河が必要になった。

そこで煬帝は、中国本部の大河川、北からかぞえて白河《はくが》、黄河《こうが》、淮水《わいすい》、揚子江《ようすこう》、銭塘江《せんとうこう》の五つを縦に連結する大運河を開削して、北は涿州《たくしゅう》、すなわちいまの北京付近から、南は杭州にいたるまでの水路を建設しようとしたのである。これはなかなかの大事業であり、たんに水路を開いただけでなく、大船団をつくり、船つき場、倉庫、宿舎のほかに離宮まで建てねばならなかったから、非常に民力を疲弊させることになった。

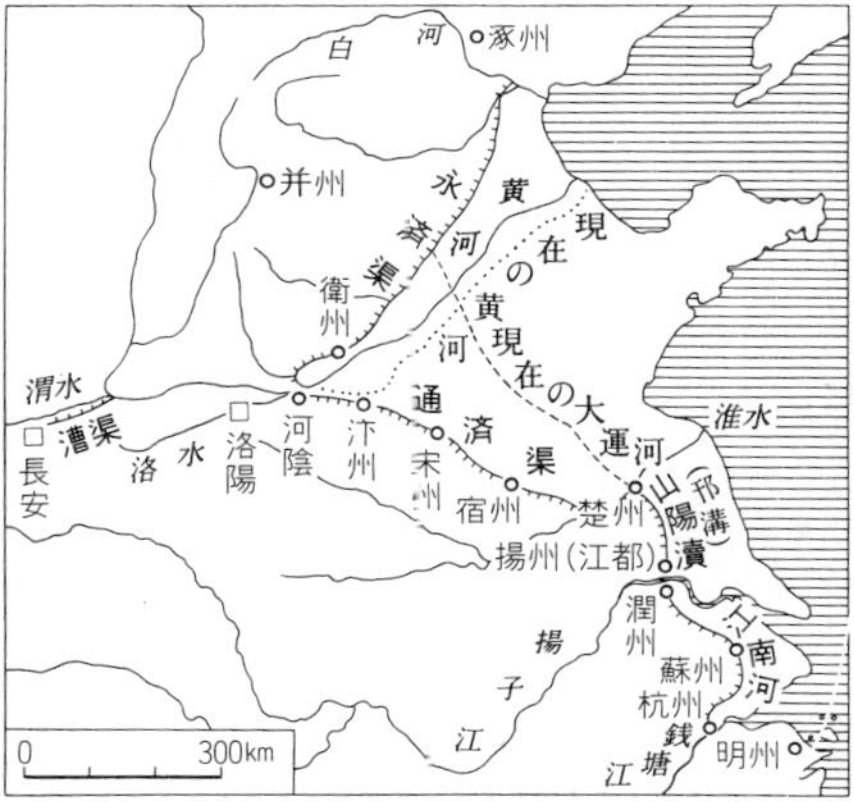

隋の運河

この大運河の道筋は、いまとは少しちがって、その中央の部分が山東山塊を縦断するのでなく、ずっと西の洛陽の近く汴州《べんしゅう》のちの開封《かいほう》まで引きよせられている。さてこうしてできあがった大運河も、当初は自由に人民の利用に供されたのでなく、もっぱら政府の御用船が往来したのみであった。それがひろく一般用に開放されたのは、唐代も半ば以後のことであったと思われる。

煬帝は大運河で人民を疲弊させたうえに、北では万里の長城を修復した。そして突厥の君主啓民可汗《けいみんかかん》をまねき、大ふるまいをした。西域からも諸国の使節や商人を洛陽に呼びよせ、大バザーを開いて、サーカスを見せ、無銭飲食をさせる。そんな費用はべつにほかから出所がないので、結局人民の負担になる。ところが高句麗にたいして、君主自身が敬意を表しに朝覲《ちょうきん》せよと要求し、それが聞かれぬからといって兵を出して罪を問うというのでは、少しも理由にならない。これは戦争をしたくてたまらぬ軍閥の意見に動かされたものにほかならない。

ところがこの高句麗戦争は三度くわだてて、三度ともその目的を達することができなかった。第一回は遠征軍が誘われて深入りしたためさんざんに打ち破られて敗退、第二回は革命運動が戦線の背後に起こったため中止、第三回は高句麗の方から形式的な降服の申しこみがあったのを幸い、面目を保ったことにして軍を返したが、それではまえの出兵がなんのためか、さっぱりわからなくなる。

隋の滅亡

この高句麗遠征の失敗が残したおみやげは、内地いたるところの人民の反乱であった。野心家が革命の目的をもって起こす政治運動よりも、人民が困苦に迫られて自然発生的に立ち上がる無目的な暴動の方が恐ろしかった。なんとなれば、それが一個所に発生すると連鎖反応を起こして、どこまでもとめどなくひろがってゆくからであった。

こういう危機に直面して、都の長安にある在来の親衛隊はあまりたよりにならない、と煬帝は疑った。そこで新たに軍隊を募集し、驍果衛《ぎょうかえい》と名づけた。地方にはつぎつぎと反乱が起こり、天下は麻のごとく乱れて、都と地方の交通が脅かされるようになっている。そうなると、歴代の都である長安も、もはや安住の地ではない。どこがいちばん安全だろうかと考えて、煬帝は大運河の南端に近い揚州に一時避難する決心をした。揚州はなによりも気候が温和で風景が美しく、産物に富み人民の気風がおだやかである。

煬帝はこれまでもたびたび揚州へ行幸したが、それは遊興のためであった。しかしこんどはそうでなく身の安全をはかるためである。かれは万一のさいの一族の運命を考えて危険の分散をはかり、都の長安には嫡孫の楊侑《ようゆう》を残し、東都の洛陽にはその次兄の楊侗《ようとう》をとどめ、自身は長孫の楊倓《ようたん》および他の一族ぜんぶを引きつれて揚州におもむいた。

ところが内地の動乱はいよいよ拡大して、長安の消息が幾月も知られないことがある。

そのうちになにか大事件がもちあがったという風評が聞こえてきた。するといらだちはじめたのが驍果衛の兵士たちである。かれらの親族は長安にいるので、はやく長安に帰りたいと騒ぎ出した。

これに乗じて兵士たちを煽動したのが、煬帝の側近、宇文化及《うぶんかきゅう》である。軍人らは暴動を起こし、煬帝とその一族、大臣たちをことごとく殺し、大挙して長安にむかって移動を開始した。煬帝のばあいも、その滅びるときは抵抗らしい抵抗もなく、じつにたあいもない最後であった。

宇文化及のひきいる驍果衛の軍人らは、北上して河北にはいったとき、夏王《かおう》と名乗る竇《とう》建徳《けんとく》と戦って全滅し、宇文化及とその一族ぜんぶが殺された。竇建徳は煬帝の悪政に反抗してたった群雄のひとりであり、多くの人才を部下にまねき、勢いもっとも強盛であった。

さきに自然発生的に各地に蜂起した反乱は、しだいにそれがかれらのあいだで整理統合され、政治革命の旗じるしをかかげるようになるが、不思議なことに、そういう段階にはいるとともに、かれらの勢力の増大は停止してしまうのであった。これは中国史上、いつも見うけられる現象であって、無目的の農民運動は、純粋なだけに強いのであるが、それが組織化されると、その瞬間にかれらは一種の既成勢力となって、その内部に支配と被支配の対立を生ずるのであった。これが中国社会が容易に新しくならない理由のおもなものである。

しかしながら北斉の滅亡以来、北周といい、陳といい、そしていままた隋といい、短時日のあいだによくもこれだけの大王朝が、つづけざまにはかない滅亡をくりかえしたものである。これは天下の形勢が、ようやくはっきりと古い世界をきらって新しい世界の到来を待望するようになったためではあるまいか。

もっとも新しいものにたいする期待はいまにはじまったことではない。たびたびおこる王朝革命のあと、前王朝一家にたいする悲惨な殺戮を行なうとき、いつも口実に用いられるのは、古いものを一掃して世の中を新しくするために、ということばであった。そして実際に革命を行なった初代の天子は、それなりに新しい理想をもって社会を導こうと努力した形跡がある。しかしその割合に社会は新しくならなかった。ことに各王朝の二代、三代には暗愚な君主が多くて、せっかくの進歩を逆もどりさせ、しかも前代のもっともわる

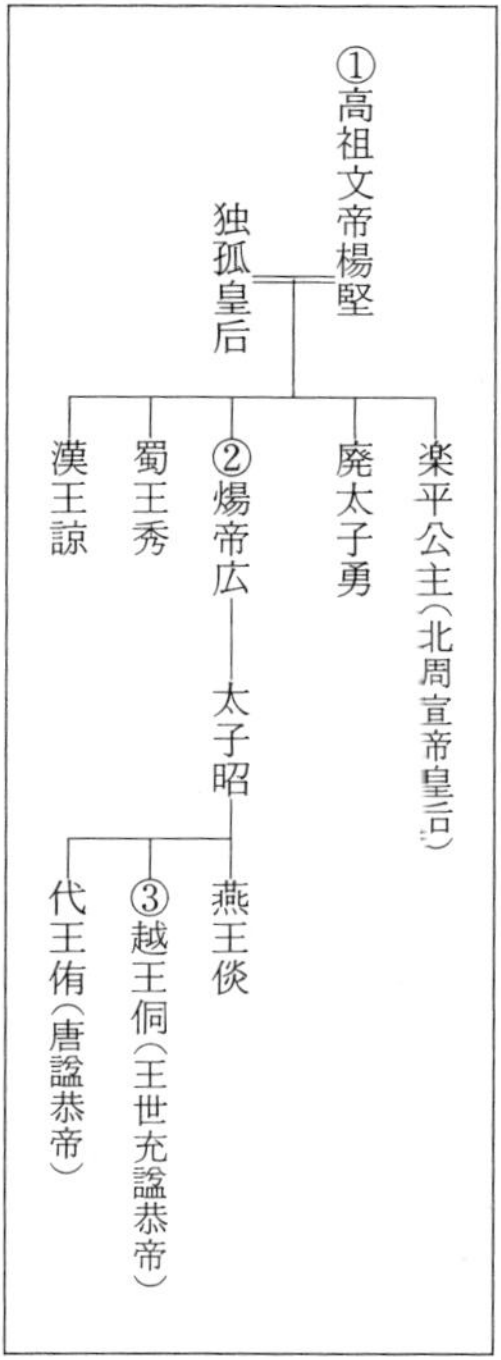

隋系図

い伝統ばかりをえらんで復興する傾向があった。

南北朝の歴史はじつに暗い。治者にとって暗ければ、被治者にとってはなおさら暗いはずである。こんな世の中はもうたくさんだ。はやく新しい光を迎えたいという幾百億人間の希望は、知らず知らずのうちに政治の大勢を動かすのだ。しかし一足とびには世の中は明るくはならない。隋の失敗がひきおこした混乱をしずめる原動力は、やはり隋と同じ古い地盤、武川鎮軍閥のなかから生まれ出さねばならなかった。

大唐帝国

唐王朝の性格

日本人にとって中国歴代の王朝の中で、唐ほど耳にききなれた王朝名はほかにない。それは中国というのと等価値のことばでさえある。事実また唐王朝は、たんに中国史上のみならず、世界史のうえにおいても重要な位置を占めている。ただその評価ということになるとはなはだまちまちである。

これまで試みた東西洋の中世史の対比のうえから議論をおしすすめると、東アジアの唐帝国（六一八〜九〇七）は、さしずめヨーロッパではカール大帝を出したカロリング朝のフランク王国（七五一〜九一二）に比較さるべきものであろう。ただ唐帝国は完全に漢帝国の領域を回復したのにたいし、カロリング朝は皇帝とは称したものの、その最盛時においてさえローマ帝国の全領土を再統一するにはいたっていない。ただ両者とも、古代帝国滅亡ののちに出現した、最大の中世的統一国家たる点においては共通している。

唐帝国が漢王朝の再来とみなされることはたしかに理由がある。いずれもたんに中国を統一しただけではなく、東西南北に国威をかがやかして、東アジア諸民族の政治、文化のうえに大きな影響をおよぼした。しかしその異なるところは、漢王朝は中国人によって建設された大国家であるのに反し、唐帝国は北方から中国に侵入した異民族集団の発達線上にその起源が求められる点にある。そしてこの点はまさしく、カロリング朝フランク王国が、ゲルマン民族大移動の結果として生じた産物であると軌を一にする。

社会組織のうえでも、漢と唐とのあいだには大きなへだたりがある。それはまさにローマ帝国とフランク王国とのあいだの差違に相当する。漢代まで中国社会の基底には上代都市国家の後身である郷《きょう》、亭《てい》の農業都市があった。しかし唐代になると、中国社会はヨーロッパ中世と同様、不生産的消費都市と、農業村落とが並立する姿を呈した。この変化にともなって一般人民の地位も影響をこうむらずにはすまされなかった。

漢代には、人民同士のあいだにさして大きな懸隔がなく、中国流の表現にしたがえば、まだ「流品《りゅうほん》」の思想が発達していなかった。流品というのは、貴族と庶民とを天からさずかった体質のちがいとして、それを皮膚でうけとめる差別感である。だから漢代には一介の庶民から、実力で朝廷の大臣にまで出世しても、さして不思議とは感じられなかった。ところが六朝以来、貴族主義の盛行により、庶民が官僚として出世する道がふさがれ、それが唐代までつづいたのである。それはいわば封建的な身分差別であって、ヨーロッパ中世の世相に通ずるものがある。

以上のような比較を試みるときに、いつもそれを受け取る側に多大の抵抗が生ずることは、べつにあやしむにたらない。なんとなれば、うっかりこれを聞くと、唐は漢に似ないで、中世ヨーロッパに似ているというふうに受け取られぬでもないからである。もちろん、そんなはずはない、唐には漢以来の中国の伝統が、太い背骨となってとおっているので、その中国は日本ともちがうし、ヨーロッパともちがう。いまの問題はそんなことをのりこえて、時間の線にそっての歴史学的考察であって、いいかえれば発達ていどの比較研究といってもよい。

さらにわかりやすい例をとるなら、中国人の幼児と青年とを比較すれば、同じ人種であっても両者のあいだに大きなちがいがある。いっぽう中国人青年とヨーロッパ人青年とを比較すれば、そこに青年期特有の幾多の共通点を見出すことができる。いまわたしたちは唐帝国とフランク王国とのあいだに、中世期特有の共通点をさがし求めるいっぽう、それが古代とはすこぶる異なった点のあることを指摘しようというのである。

新しい光明

こういう観点に立って、さらに詳細な比較を試みるとき、わたしたちは唐帝国とフランク王国とのあいだに、こんどは発達度の差違を認めなければならなくなったようである。それは唐帝国はすでに中世の末期まできており、そこにははやくも新しい機運がぞくぞくとあらわれて、やがてそれがまもなく近世の文明となって開花するのを待つばかりであるのに反し、フランク王国はいわば中世の中の中世であって、その花形である騎士道はむしろここを出発点として登場したとみられるのである。

中国の中世初期の人びとは、むしろ当然のことながら、古代の延長のうえに生きている自覚が強く、異なった時代にはいったという意識が稀薄であった。しかもいっぽうでは、当時の現実の世相にあきたらないで、たえず古くなったものをすて、新しい社会の到来を待望する念が強かった。宗教界においてはそれが弥勒下生《みろくげしょう》の信仰となり、新しい救世主の降下を待望するあまり、ときには現世の反乱となってあらわれた。しかし世の中を新しくする希望は容易に実現されそうになかった。

しかるに唐にはいる前後から、世の中は少しずつ変わって、前途にかすかな新しい光が認められるようになってきたのである。その最大の原因はなんといっても経済界の進展である。

中国が荘園の普及によって資源の開発が進むと、これにともなって通商圏の再拡大が起こってくる。それは戦国、秦、漢の時代よりも、さらに輪をかけた大きさのものである。はやい話が中国と日本との関係において、漢代にはやっと日本の存在が漢朝廷に認識されたていどであったのにたいし、隋唐になると正式の国交が定期的に行なわれ、民間の貿易も開始された。これによって起こったのは、中国の周囲から中国にむかっての金の輸入である。中国はこうしてふたたび好景気時代を迎えることができた。その好景気の波にのって、中国の近世化が用意されるようになったのである。

これと似たような現象は中世末期のヨーロッパにも起こっている。中世的な通貨不足もそれがどん底まで落ちると、銀鉱の探索がはじまって、ドイツあたりの銀生産が急に増加した。それが呼び水となって経済界を刺激し、オリエントとの貿易が活発となり、まず好景気を迎えたイタリア沿岸都市から、近世的文化の光がさしはじめたのである。

このような経済の発展に並行して、社会制度のうえでもなにか新しいものがあらわれて、経済界のもたらす好結果を吸収利用しなければならなかった。

中国に特異な現象は、復古という名のもとに、かえって新しいものが生まれ出る事実である。革命ということばは、新しいものの誕生を意味したはずであるが、しかも実際にはたびかさなる易姓革命はすこしも世の中を新しくしなかった。かえって真に新しいものは、西魏の宇文泰からはじまる一連の復古運動のなかから生まれ出た。

かれの府兵制度、その流れをくむ隋の文帝の科挙などの新立法は、いずれもいにしえの周代への復帰を理想としてかかげているのである。そして隋を排してこれにかわった唐帝国も、実際の地盤は北周、隋と同じ武川鎮軍閥であり、また、北周、隋にはじまった新傾向を推進する役目をになったものにほかならなかった。

武川鎮軍閥が成長し、はじめて独立国家の形態をとった北周王朝では、開国の元勲として八柱国《はっちゅうこく》、十二大将軍と称せられる家柄があった。柱国は武人の最高位であるから、元帥というのにあたる。八柱国のひとりに李虎《りこ》があり、その子が李昞《りへい》、李昞の子が李淵《りえん》、李淵はすなわちのちの唐の高祖である。

これにたいし、隋王朝の楊《よう》氏は十二大将軍のひとつであって、李《り》氏よりは一段と格が落ちるのであった。だから隋一代のあいだ、李氏にかぎらず、楊氏よりも家格の高かった人たちは、なんとなくけむたがられて猜疑を受けたので、家柄が高いためにかえって肩身がせまく、窮屈な思いをせねばならなかった。

北周の八柱国のなかにもうひとつべつの李氏があり、李弼《りひつ》、その子李曜《りよう》、孫李寛《りかん》、曽孫李密《りみつ》とつづいた。李密は隋の煬帝《ようだい》につかえたが、やがてその前途に見切りをつけ、第二回高句麗戦争のさいに、大野心家の楊玄感《ようげんかん》を助けて反乱を起こし、高句麗戦争を挫折させはしたが、革命には失敗して民間にかくれて時機をうかがっていた。

そのうちに四方に反乱の火の手があがったので、かれはふたたびさっそうと姿をあらわし、東都洛陽のちかくで、黄河と洛水の交叉点に建てられた洛口倉《らくこうそう》を占領した。ここは大運河で南方から運ばれた穀物をいったん貯蔵する倉場《そうじょう》なので、この蓄積を手に入れた李密の勢力は急に高まって、おしもおされもせぬ独立政権となった。当時一般人民は内乱や天災のために飢餓に瀕していた。ちょうど日本のこんどの太平洋戦争末期のような状態で、穀物さえあれば人間を動かしてどんな芸当でもさせることができるのであった。

李密はすすんで洛陽を占領して根拠地にしようとしたが、さすがに隋の東都、洛陽の守備は堅かった。ここには煬帝の孫の楊侗《ようとう》を奉じて、隋朝のよりぬきの官僚と軍隊とが駐在しており、ここを先途と防禦したので、李密の方が攻めあぐんでみえた。しかもその背後、河北の南部には竇建徳《とうけんとく》の独立政権が急速に勢力を拡大しつつある。これもまた李密にとってあなどりがたい強敵であった。

大唐帝国の基をきずいた李淵《りえん》、李世民《りせいみん》の父子が、北方モンゴル族にたいする前線基地の太原で旗上げしたのは、ちょうどこのような形勢を見て取ったからであった。しかしかれらは、けっしてただ漫然と、他人がやるから自分もやるというような気持ちで反乱の決意をしたのではない。ずっと以前から今日あるを予期して万全のそなえを立てていた。それはなによりも強力な軍隊を養成することであった。

むかしから、万卒は獲やすくして一将は獲がたし、といわれるが、実際はそうでない。十分に訓練をつみ、どんなばあいにも信頼できる基幹の軍隊こそ、こういうばあいにはまず第一に必要なのだ。そこで李淵は、おそらく次男の李世民の建議によったことと思われるが、部下の軍隊を突厥族など遊牧民族のあいだで行なわれている騎兵戦術をそのまま用いて訓練しておいたのである。こういうすばらしい思いつきは、普通の人間では容易に考えおよばぬところである。事実、当時の天下の群雄のなかで、だれひとりそこまで深い思慮をもった者はなかった。そしてかれらは唐軍と戦うごとに完敗を喫したのである。

唐帝国の誕生

李淵は李世民にすすめられて挙兵の決心をし、まず長安を占領する計を定めた。しかしその途中には李密の勢力範囲を通らねばならぬ。そこで辞を低くして同盟を申しこんだ。あるいは李密を君主と仰ぎ、臣下の礼をとったのではないかとも思われる。こうして李密の妨害を受けることなく山西を南下し、陝西にはいって長安の前面にあらわれると、隋の百官は煬帝《ようだい》の嫡孫、代王楊侑《ようゆう》を奉じたまま降参した。

李淵は長安に入城すると、楊侑を天子の位につけ、当時揚州にいた煬帝を太上皇と称せしめた。もちろん朝廷の実権はことごとく李淵の手中におさめた。

李淵が長安を無傷のまま占領したことの意義はまことに大きかった。西魏から北周、隋とつづいて三代の都であった長安には、有形無形の貴重な蓄積がある。府庫には財貨、食料、武器の貯蔵があり、朝廷にはほぼ完全な官僚陣、戦闘部隊がそなわり、それらはただちに利用動員することが可能である。

さらに重要なことは、地方の戸籍、地志の類によって全国の状況が一瞥できるほか、官僚の家族が集まっているので、各地方との連絡が容易で情報の収集に便があり、すすんで は敵対陣営のなかに内応者をさがし求める可能性さえあるのである。このように有利な地点をみずから放棄したのは、煬帝の大失敗といえるわけであるが、じつは放棄せざるをえないような実情が伏在していたのであろう。

長安は武川鎮軍閥の長年の本拠である。隋の政治にたいして不満、反抗の意を表明したかれらは、八柱国の家格を誇る李淵が、強力な軍団を引きつれて長安にはいると、ひとしくこれを歓迎した。そして長安をふたたび天下の中心たらしめる希望を李氏の将来に託したのである。まもなく、煬帝は揚州で殺され、李淵は長安の人心が完全に隋を去ったのをみきわめると、その翌々月、隋帝楊侑にせまって位をゆずらせ、帝位について国を唐と号した（六一八年）。これが初代の高祖であり、長子の李建成《りけんせい》を皇太子に立てた。隋の廃帝はのちに殺されて恭帝《きょうてい》と諡《おくりな》された。

天才将軍李世民

当時長安にたいして直接脅威をあたえるものは、西隣の秦国《しん》であった。秦国は薛挙《せっきょ》なる軍人が甘粛《かんしゅく》の要衝、金城郡によって建てた独立政権である。金城は西方チベット族の侵入にたいする防禦基地であり、多数の精兵が配置されていたのが、そのままかれの部下にはいったので、その戦力ははなはだ強盛であった。一時は薛挙がその子、薛仁杲《せつじんこう》をつかわして長安の間近まで攻めよせたことがあり、このとき李世民《りせいみん》が奮戦して大いにこれを破って撃退した。もし唐が中原にむかって経営の手をのばそうとするならば、まず秦国を討平して背後を安全にしておかねばならなかった。

たまたま薛挙が死んで薛仁杲があとを嗣《つ》いだので、唐は李世民をつかわし、その新根拠地の涇州《けいしゅう》軍城を攻略させた。李世民は敵城の近くに迫って要塞をきずき、持久戦の意向を示した。唐側はこういうさいに軍需品の豊富なことが絶対の強味であった。敵側は新たに根拠地を移動させたばかりなので蓄積がとぼしく、六〇日ほど対峙《たいじ》するあいだに城中はしだいに食料の窮乏を訴えるようになった。

およそ戦争のさいに食料不足ほど士気を沮喪《そそう》させるものはない。おそらく今次の太平洋戦争を経験した人なら、それは即座に合点のいくことであろう。秦国側では人心が動揺しだすと、そのすきに李世民方から手づるをたどって切り崩しの工作が行なわれる。だんだん旗色がわるくなるにつれ、秦の官僚や将軍で唐へ降服したり、寝返りをうつ者があらわれてくる。

薛仁杲としては戦いがなが引けばなが引くほどじり貧におちいって不利となる。唯一の生きる道は、唐軍と決戦して万一の勝利を期待するだけである。じつはこういう窮境に敵を追いこめばもうしめたものなのだ。李世民のほんとうにすぐれた点は、こういう高度の政治力にあった。

時機はよし、と見た李世民は先鋒の将軍、梁実《りょうじつ》に命じて、浅水原《せんすいげん》の平野にうって出て陣を結ばせた。秦国の大将、宗羅睺《そうらこう》は大いによろこんで、ありたけの軍勢で攻めにきた。唐軍は数日のあいだ、陣地を防禦するだけで敵を疲れさせたのち、李世民が総軍を指揮して敵を包囲した。李世民はその親衛隊とともに敵陣に突撃して大いにこれを破った。宗羅睺が敗れて薛仁杲のもとへ逃げかえるのを、息もつがずに追いかけてひしひしと涇州の軍城を取り囲んだ。百計つきた薛仁杲は、精兵万余人とともに降服した。薛仁杲は長安に送って殺され、陝西から甘粛にわたる秦国の領土はみな平定され、唐は後顧の患いを去って、東にむかい中原の経営に専念することができるようになった。

秦国の平定のさいに李世民が用いた政略と戦術とは、かれの非凡な才能の創造であり、他人にまねのできぬ境地であった。かれの戦争は名人級の将棋《しょうぎ》であって、最初に十分な駒組みを行なって陣形をととのえ、まず戦わないうちから敵を圧迫して、不利な状況と知りながらも決戦をさけられぬような状況に追いこむのである。それまでは小出しの戦争をして戦力を消耗することをさける。

さて十分の優位にたったうえで決戦を開始するが、そのときは駒得などには目もくれず、いっきょに寄せにはいり敵の本拠をくつがえすスピード作戦である。あとでゆうゆう大駒を捕獲して、つぎの戦争のさいに利用する。はじめは処女のごとく、おわりは脱兎のごとしという、孫子の戦術を地でいった、真に用兵の極致である。

李世民がこういう戦術を用いたのはこのときだけではない。その後たびたび、まったく同じようなやり方で戦争を指導しているのだが、不思議に敵側はいつも同じように不覚な敗け方をしているのである。どんなに用心していても、相手の十八番にはだれしもつい引っかかるのか、あるいは戦術の最高はここにとどまって、ほかに考えようがないのか。とにかく、李世民ほどいつも同じやり方でいつも同じように敵に勝っている大将はほかにない。

天下統一

これよりさき、煬帝は揚州で殺されるまえに、親衛隊の一部をさき、王世充《おうせいじゅう》を指揮官として洛陽の救援にむかわせた。王世充は西域出身の外国人であり、奸智にたけ、賄賂と追従《ついしょう》で煬帝の機嫌をとりむすんでにわかに出世した男だという評判であった。

王世充が洛陽に到着してみると、煬帝の孫、楊侗《ようとう》を奉ずる隋軍は、まさに反軍の指揮官李密《りみつ》と血みどろの攻防戦を演じている最中であった。隋軍は、新手の応援をえて勢いをもりかえして李密と戦った。

そのうちに煬帝が殺されたというしらせをうけた洛陽の官僚たちは、楊侗を推戴して天子の位につけた。やがて竇建徳に打ち破られた宇文化及の部下の敗兵が逃げこんできたので、これを収容した王世充がしだいに実権をにぎって朝政を左右するようになった。王世充は李密のゆだんを見すまし、精兵をひきいて夜どおしの行軍ののちに朝討ちをかけると、この戦術が適中し、これまで数年かかってきずきあげた李密の勢力は、いちどの大敗によって根柢から崩壊した。李密は百計つき、西に走って唐にくだり、部下をひきいて長安にはいった。その中に後の名臣、魏徴《ぎちょう》が含まれており、徐世勣《じょせいせき》（李勣《りせき》）もつづいて唐にくだった。

李密《りみつ》は長安で唐の高祖李淵《りえん》に謁見したが、べつにおそれいったふうもなく、なんだ、こんな人間か、というような顔をした。つぎに秦国を平定して凱旋してくる李世民《りせいみん》を途中に出迎えて会見したが、このときは電気をかけられたようにぎくりとした。思わず、これはただ者でない、と声をあげた。

李勣　はじめは徐世勣といった。
（明版『集古像賛』）

ときに李密は三七歳、普通ならばいまが働き盛りの年ごろなのだが、あまりはやく反骨をあらわし、失敗におわって苦労をつづけ、その後一時的に成功して大王国をつくりあげると、にわかに慢心がきざしておごりたかぶり、宮室を飾り姫妾を多く蓄えることをおぼえてからは、年にもにず老《ふ》けこんで、もはや昔年のおもかげはない。かたや李世民は二二歳、体力気力ひときわすぐれ、渾身に勇気をみなぎらせて闘志満々、これから世に出ようとする気魄があふれている。この両者の対面ほど、新旧勢力の交替の日がいよいよはじまったことをまざまざと見せつける光景はなかったであろう。こののち李密は、唐からうけた待遇が不満だというので、独立をはかって逃亡しようとしたが、とらえられて死刑に処せられた。

李世民はつぎに劉武周《りゅうぶしゅう》と戦わねばならなかった。劉武周は隋の北方前線部隊つきの将軍であるが、隋の衰えたのを見て独立し、モンゴル地方の突厥《とっくつ》に降参して定楊可汗《ていようかかん》に封ぜられたが、中国人にむかっては皇帝と称した。唐が西方を経営しているすきに、山西の北部から南侵をはじめた。并州《へいしゅう》、晋州《しんしゅう》をおとしいれ、山西の南端、黄河の岸まで迫ってきた。

高祖の三男、李元吉《りげんきつ》は防戦に敗れたのみか、見苦しくも部下を見捨て、自己の家族だけを引きつれ、他人を出しぬいて逃げて帰った。そこで今度は、李世民が大将に任命されて、山西の回復にむかうことになった。

李世民は黄河を渡って、劉武周の先鋒の宋金剛《そうこんごう》と対陣した。李世民がきたのを知って、地方の人民はさきをあらそって協力を申し出た。李世民は要塞をかまえて兵をとどめ、騎兵をはなって地方人民とともに敵の後方を攪乱し、相互の連絡を脅した。勢いに乗じてあまり深入りしすぎたと敵が気づいたときはもう遅かった。決戦を挑んでも李世民は応じない。そのうちに糧食がつきてしまったのでもうしかたない。宋金剛はやむをえず退却をはじめたが、戦術上、これほど不利な立場はないのだ。

時機はよしと、李世民は全軍に進撃を命じ、敵の殿軍を打ち破ると、あとは急進につぐ急進、息もつがせずに一昼夜追いつづけて、そのあいだに数十回の勝利を得た。追う方がつらければ、逃げる方はいっそう辛いことを知っているからだ。つぎの日に宋金剛に追いついて一日に八戦、みな勝利を得て数万の敵を殺したり捕虜にしたりした。

宋金剛がやっと根拠地の近くにたどりつき、陣容をたてなおして防戦につとめたが、それもむだだった。李世民の先鋒の李世勣《りせいせき》がまず敵に挑戦し、いつわりまけて逃げ出すと、敵は誘いにのって隊伍を乱して追いかけてくる。時機を見はからって李世民がみずから精騎をひきいて打ってはいり、敵の背後に出て後方からつき崩す。みるまに敵は大敗北におちいり、勇将尉遅敬徳《うっちけいとく》らが相ひきいて降参に出た。

宋金剛だけが逃げて敗兵をあつめ、もう一度の決戦を試みようとしたが、部下は皆こりてしまって、だれもしたがうものがない。しかたなく劉武周とともに突厥へ逃げこんだが、やがてふたりとも謀反をはかって殺された。山西地方の失われた領土は、かくしてふたたび唐の領有に帰した。

対宋金剛の戦いに先鋒となって働いた李世勣とは、もと李密の将の徐世勣《じょせいせき》であり、唐室の姓を賜わって李世勣と名のったが、のちに李世民の名にある世字を諱《い》んで李勣と称した。

李靖《りせい》とならんで唐初一流の名将といわれる。宋金剛のもとから降服した尉遅敬徳はその後、李世民の親衛隊長として武勇をあらわし、秦叔宝《しんしゅくほう》とともに、今日まで一般民家の戸口に門神として肖像を描かれるにいたった。

新旧勢力の交替

ときに洛陽では、王世充が李密《りみつ》を破ったのち、その意気大いにあがり、やがて隋帝、楊侗《ようとう》を廃してみずから天子の位につき、国を鄭《てい》と号した。廃帝はやがて殺されたので、さきに煬帝が危険の分散をはかった深謀遠慮の甲斐《かい》もなく、三孫ともに滅びてしまった。しかしいかに無気力な洛陽の官僚とはいえ、新参の外国人に簒奪《さんだつ》を行なわれたのには心中はなはだおだやかでない。はやくも王世充政権の前途に見切りをつけて、唐に内応をはかる者があらわれてきた。

李世民は北征から帰って席のあたたまるいとまもなく、今度は河南《かなん》の洛陽にむかった。王世充は戦いに敗れて洛陽を死守するとともに、河北の竇建徳《とうけんとく》に救いを求めた。夏王と名のる竇建徳は、これまで王世充と敵対の間柄であったが、唐の勢力がいよいよ強大になるのをおそれ、国内にありたけの軍勢を狩り集めて救援にむかった。

この竇建徳はもと隋の徴兵にとられた下級将校であったが、反乱を起こしてからも他の群盗のように無益の殺生を好まず、ことに知識人を尊敬してその言を聞き、群雄の中にあって異色の存在であった。しかし最初は希望を嘱せられた新人も、李密のばあいと同様、ひとかどの勢力となるといつのまにか初志を失って、ひたすら現状維持に汲々たるありさまとなった。かれは唐と王世充とが闘っている戦場にみずから加入して漁夫の利を得、あわよくば洛陽を手に入れて確固たる根拠地にしようという希望をもって、出陣したのであった。

ところが李世民の読みはさらに深かった。竇建徳が河北からはるばる洛陽救援に馳せ参じたのは願ってもない幸いだ。一挙にして河南と河北を平定する好機会の到来と考えた。かれは洛陽城にたいしては塁をきずいてその突出にそなえさせ、みずからは本隊をひきいて竇建徳の正面にあらわれ、堂々の陣をしいてまちかまえた。

ここでも李世民はたびたび敵から挑戦を受けても決戦をさけ、辛抱強い対陣をつづけた。幾月もそんなにらみあいがつづくうち、敵はしだいに食料が不足してきた。こうなるといちかばちかの決戦を試みるよりほかに手がない。竇建徳は全軍をくり出して李世民の陣営に迫ったが、李世民ははやる諸将をおさえて出戦させない。朝から昼ころまで挑戦をつづけた竇建徳は、これでは唐兵にはまったく闘志がないと判断し、軍をまとめて退陣しかけた。

ちょうどそこが李世民のねらいどころである。全軍に総出動を命じた。唐軍は十分に休養しているので勇気百倍、敵兵は朝から奔命《ほんめい》に疲れて士気はなはだふるわない。李世民は例のごとく騎兵の先頭に立って敵陣を駆けぬけて背後にあらわれ、前後から攻めたてたので竇建徳は大敗北。かれ自身も馬から突き落とされて捕虜となった。まことに胸のすくような快勝であった。降参してとりことなった五万人の兵隊は、そのまま放免して帰農させた。

李世民は竇建徳に縄をうたせ、洛陽城下を引きまわして王世充に示した。洛陽方はすっかり気をのまれて、声を出す者もない。王世充は観念し、城門を開いて降参に出た。李世民の計算どおり、河南と河北が一挙に平定されて唐の領有に帰した。竇建徳と王世充とは長安に送られ相前後して殺された。

すでに唐が陝西《シェンシー》、山西《シャンシー》、河南《ホーナン》、河北《ホーペイ》を領有すると、華北中原地方は統一されたも同然である。そして華北が統合されれば、当時の形勢として、揚子江流域の平定は易々たるものであった。四川《スーチョワン》、嶺南《リンナン》も相前後して討平されたので、中国全体がふたたび統一政権の下に支配されるにいたった。

唐の天下統一についてはなんといっても高祖の二男、李世民の働きがもっとも大きい。ところが、その兄李建成《りけんせい》がすでに皇太子に立てられており、その地位に不安を感じ、末弟の李元吉《りげんきつ》と結んで李世民に対抗し、やがて武力の衝突にいたるかも知れぬ危惧さえ生じた。これにたいし父の高祖は優柔不断であり、くだすべき裁決をくだし得ない。それは、名分のうえからいえばどこまでも皇太子を守り立てるべきであるが、李世民は何度となく戦争に出て、軍隊とのあいだに深い親密関係が生じ、かつ人物手腕も兄弟とくらべて雲泥の差があるからである。

ついにきたるべきものがきた。高祖即位の九年目、李世民が先手を打って尉遅敬徳《うっちけいとく》らを宮城の玄武門に伏せ、兄建成、弟元吉が参内に登城するところを襲って殺した。高祖はやむなくこれを黙認し、やがて位を李世民にゆずり、みずからは太上皇となった。

李世民（五九八～六四九）はすなわち太宗であり、不世出の名君と称せられるが、その兄弟殺しだけはおおうことのできぬ汚点といわねばならぬ。翌年、貞観《じょうがん》と改元されたが、この年号はかれの死ぬまで二三年つづき、そのあいだは比較的天下太平であったので、史上に貞観の治と称せられる。

天子と宰相

太宗は武力において卓越したのみならず、文治にも意を用いた。開国創業のはじめにはなによりも武事にたよらなければならないが、つぎに守成の時代にはいると文徳がもっぱら必要であり、武功はかえって政治の邪魔にさえなる。古来の名君と称せられるものも、文武の徳をそなえてこれを時に応じて使いわけるのは至難のわざとされているが、太宗はおそらくかず少ない及第者のひとりであろう。

太宗が内治についてとった方針は、政治の運営を、いわばガラスばりのなかで公然と実施するにあった。そして諫官《かんかん》という輿論《よろん》を代表して天子に忠言する職を設け、その地位を尊重した。諫官としてもっとも率直な意見をはいて後世の手本とされたのは魏徴《ぎちょう》であるが、かれが死ぬと太宗は、魏徴こそ自分の姿をうつす鏡だといい、みずから文を撰して石碑を立てた。

のちに讒言《ざんげん》する者あり、その碑を倒したところ、ついで外征に大失敗を演じ、もし魏徴が生きていたならこんな失策をせずにすんだであろうと歎じ、ふたたび前の碑を立てさせたというエピソードすらある。

由来南北朝では天子の意志を拘束するような制度はなにもなかった。南朝では天子が側近の中書と政策を決定し、決定すればすぐそれを実施した。だから戦争をすることでも、大臣を殺すことでも、一瞬のまに決行される。北朝はもっと簡単で、相談すべき中書すらないことが多い。こういう手軽な政策実施は天子にとって一見便利なようで、かえって大局的にみると不利益をもたらす。大きな失敗がかさなれば天子といえどもその地位を保つことができず、最後に身をも家をも滅ぼすのがおちだからである。

南朝では中書が政策決定にあずかり、それを尚書《しょうしょ》が受けて実施するという制度がしだいに確立されたが、これとともに門下の発達がみられた。これは侍中《じちゅう》、散騎常侍《さんきじょうじ》などという職で天子の顧問に備わり、必要があれば天子に忠言を試みる職務であるが、実際には単に天子の側近だという名誉だけの地位で、多く上流の貴族の中から選ばれるのを常とした。

唐の制度は中央政府に三省があり、その長官が宰相である。中書省では長官が中書令で、天子と政策の決定にあずかる。それを実行するのは尚書省で長官は尚書令であるが普通には令を任命せず、かわって左右僕射《ぼくや》があって六部《りくぶ》を統率し、行政の責任者となる。ところで大きな特色はこの中間に門下省があることで、長官が侍中であり、中書の決定した政策をここで一応審議する役である。

侍中の下に諫議大夫《かんぎたいふ》があり、これがすなわち諫官であって、のちさらに拾遺《しゅうい》、補闕《ほけつ》等の官を増置した。門下省にはほかに給事中《きゅうじちゅう》があり、天子の詔勅が中書で作成されても、これを拒否する権があって、これを封駁《ふうばく》といった。

一言にしていえば、門下省は天下の輿論を代表する機関である。もちろん当時の輿論はせまい貴族社会の輿論にすぎないが、しかしその言論のよりどころとなるのは儒教の精神にほかならない。そこで単に貴族社会の利益を代表する利己的な立場ばかりでなく、古今変わることのない中国的正義を主張する機能であり得たのである。

こうして政府の政策決定は従来のように天子の恣意によって行なうことができなくなり、中書での決定は門下の審議を経てはじめて有効となり、尚書省に交付されて天下に実施される。政策決定から実施まで、時間的にひまがかかることになり、その中間で輿論の審査をうけねばならない。いいかえれば天子といえども、ある手つづきを経なければ主権を行使できなくなったわけであるが、同時に天子はその責任を官僚とわかちあうことになった。いいかえればその自由を拘束されるとともに、過失を少なくすることができたのである。これが唐王朝の命脈をして当時としてめずらしいながさを保たしめたひとつの原因であろう。

この点からみただけでも、唐王朝は非常に新鮮ないぶきを感じさせるものがある。しかし政治は形式ではなく運用である。単に形式のうえからいえば、唐の三省のような政治機構は、南北朝の末期においてほとんどそのままですでに成立していたのである。ただそれが有効に実施されなかっただけであった。

同じことは太宗以後の唐王朝についてもいえる。どんなよい制度があっても、運営がともなわなければなんにもならない。唐の政治は太宗の死後、後退をはじめる。暖い春はけっして一時にやってこないように、新しい時代は急に出現するものでなく、一進一退ののちにやっと訪れるものなのである。

国威大いに張る

国内を統一した唐がつぎに直面する問題は、対外関係、なかんずく北方に強盛を誇る突《とっ》厥《くっ》との外交をいかに調整すべきかにあった。

北魏の末期に従来モンゴル地方を支配していた柔然《じゅうぜん》を倒し、かわって覇をとなえた突

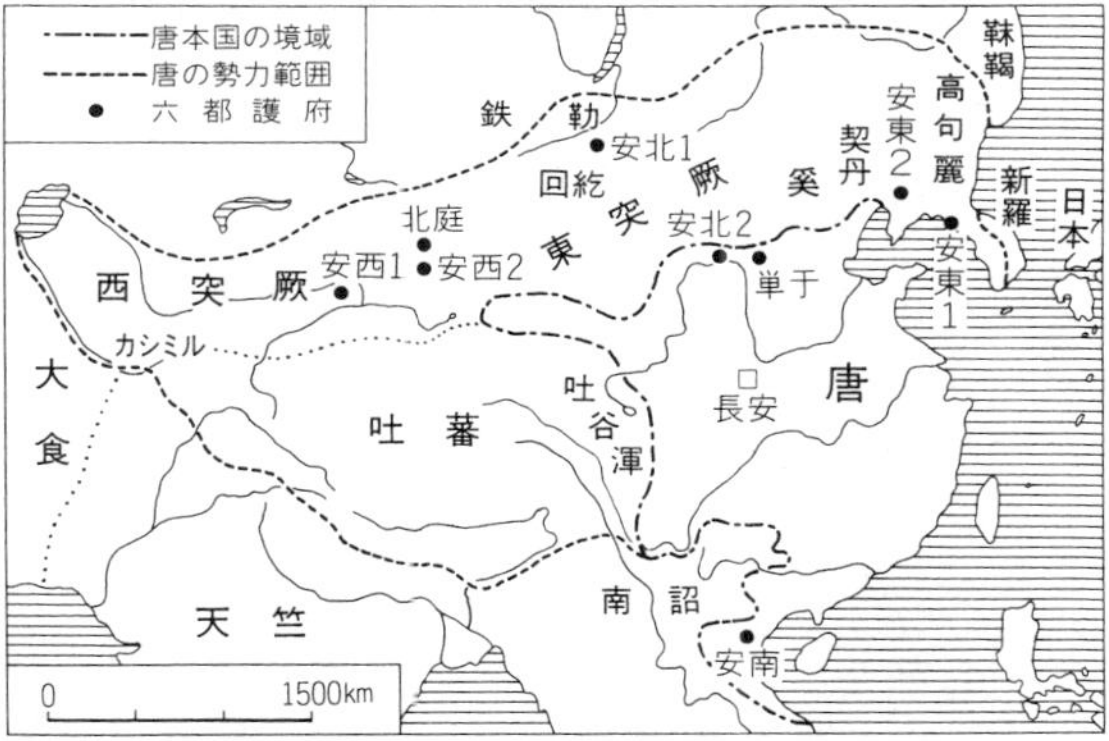

唐初の対外関係

厥は、中国の分裂内乱に乗じて漁夫の利をしめ、割拠政権を後援して財物の贈与を強要した。北魏が東魏と西魏に分裂し、それがさらに北斉《ほくせい》と北周との対立となると、両国はいずれも辞を低くして突厥の歓心を失わぬようにつとめ、属国と異なるところがなかった。しかるに隋が天下を統一すると、今度は突厥が弱くなり、隋に臣下の礼をとって朝覲するにいたった。

隋代に突厥は東西にわかれ、おおよそアルタイ山を境とし、東突厥は満洲の契丹《きったん》、室韋《しつい》などの諸族を降し、西突厥は中央アジア諸国をあわせ、ササン朝ペルシアを破って朝貢させるにいたった。隋末の大乱に際して、東突厥の威力がふたたび強まり、華北に割拠した群雄はいずれも突厥を尊んで君主とあおぎ、その武力援助を求めぬ者はなかった。唐王朝のごときもその例外ではなかった。唐が太原から起こり、長駆して長安にはいったときには、突厥騎兵の援助を受けたのであった。

そこで唐の高祖から太宗の初世にかけ、東突厥の頡利可汗《けつりかかん》ははなはだ驕慢で唐を属国視し、貢献の要求がいれられぬと、しばしば兵を出して長安の間近にせまることさえあった。しかるに突厥が中国に志を得て、多量の物資を獲得すると、今度はそのこと自身が奢侈の増長、素朴な気風の消滅となってはねかえり、民族の団結をやぶり、内紛を醸成する結果となってあらわれた。これは古い昔から行なわれたところで、じつに巧妙なる天の配剤とでもいおうか、掠奪や不労所得からはけっして幸福は生まれ出てこないのである。

突厥の北方には鉄勒《てつろく》の諸部があり、薛延陀《せつえんだ》、回紇《ウィグル》などがこれに含まれるが、突厥からのたびかさなる軍役牧畜の徴発に苦しんで、反乱を起こした。

太宗はこれに乗じて李靖《りせい》、李世勣《りせいせき》らの将軍をやって攻め、頡利《けつり》可汗をとりこにして帰り、その部族の降人を長城の線に配置して国防にあたらせた（六三〇年）。

西方では五胡の時代から青海方面に吐谷渾《とよくこん》があらわれてしだいに強盛となったが、太宗は李靖らをつかわして討ち、これを服属せしめた。

その西南に現今のチベットの祖先吐蕃《とばん》があり、唐初にいたって急に強国となり四川《スーチョワン》に侵入したので、唐は兵を出して戦ってこれを破り、吐蕃はおそれて和を請うたので、宗室の女《むすめ》、文成公主をその王と結婚させ、和親を誓った。

吐蕃なる文字はチベットの音訳であり、その王は賛普《ツェンポ》と号した。

ここにおいて唐の国威は大いに張り、周囲諸国の朝貢するもの相つぎ、君長みずから入朝して謁見するものも多かった。かれらは太宗にたいして天可汗の称号をたてまつったが、これは可汗の上に立つ君主の意味である。

日本への影響

太宗が死ぬと、子の高宗が位を嗣いだ。高宗の在位三五年は、内部においては醜怪な内紛がつづいて汚辱にみちた時代であったが、外にむかっては国威を発揚して得意をきわめた不思議な時代であった。

北方で東突厥が唐に破られて勢力が瓦解したのちも、西突厥はいぜん強盛をきわめ、その領土は中央アジアのトルコ人の国エフタルをあわせてインドに接し、ペルシアを威服して東ローマ帝国と交通を開いた。この西突厥もやがて内乱が起こり、沙鉢羅可汗《さはつらかかん》なる者が立っても国人が服しなかったので、高宗は将軍蘇定方《そていほう》らをつかわし、可汗をとりこにして帰った。これより突厥は西方でもおとろえ、かわってトゥルギシュ族が勢いさかんとなったが、ついでカルルク族が興り後世までつづいた。いずれもトルコ系民族である。

高宗はまた満洲、朝鮮に兵を出した。いわゆる三韓のうち、もっとも交通不便な地に、もっとも遅れて起こったのは新羅《しらぎ》であり、西隣の百済《くだら》が外界との交通を妨害するのを不満とし、つねに西侵の機をうかがった。唐の高宗のとき、新羅の武烈王《ぶれつおう》は唐に援兵を請い、唐将蘇定方とともに百済を攻めてこれを滅ぼした。時に日本は天智天皇のときで、百済の王子、余豊《よほう》を送りかえし、百済の復興をはかったが、わが援軍は戦いにやぶれ、この計画は失敗におわった（六六三年）。

その北に位置する高句麗《こうくり》は、その領土が東満洲から北朝鮮におよび、三韓のうちでもっとも強大であった。かつて唐の太宗は高句麗の内乱に乗じて兵を出したが頑強な抵抗にあい、なすところなく引き返さざるをえなかった。高宗のとき、ふたたび高句麗に内訌《ないこう》が起こったので、将軍李勣《りせき》をやって都の平壌をかこみ、国王を降して、その地に安東都護府を置いた。

しかるに新羅の文武王は高句麗の遺民が蜂起したのをたすけ、平壌以南の土地を平定したので唐は都護府を遼東にうつした。ただ新羅はいぜんとして唐に臣事《しんじ》して朝貢を欠かさず、その官爵をうけ、子弟を唐の都に留めて人質としていた。

日本は百済をたすけて失敗したのち、唐の侵寇を恐れて西国に要塞をきずき万一にそなえたが、幸いにしてその事なくてすみ、遣唐使を送って国交を結び、その文化を輸入した。日本の奈良朝から平安朝初期にかけての古代文化は多く唐の影響を受けたものであった。

唐代の文化はいぜんとして中世的な貴族文化であった。その特長は品質の優秀な点にある。いずれの世界にも同一の傾向があるが、古代文化はともすればいたずらに量の厖大なことを求めて、品質の吟味をおろそかにする弱点があった。しかるに中世は分裂割拠の時代なので、文化も一カ所に集中することなく、各地に分散する傾向が強い。そして文化担当者たる貴族は住宅においても衣食においても、品質の優秀なことを第一の主眼とした。そしてかえって形態においては小規模なのにあまんじたので、このことは、貴族文化の伝播を容易にした。日本もまたその恩恵にあずかったわけである。

唐の時代は日本の歴史においては古代であるが、唐から文化を輸入したために、貴族文化が栄えたのであった。日本は地理的にずいぶん唐からはなれていたので、むこうから見れば僻遠《へきえん》の田舎にすぎないが、しかし奈良朝の文化はけっして田舎文化ではない。もし大きさのうえで若干劣るとしても、その品質の点では当時の長安文化にくらべていちじるしい遜色はなかったに違いない。違いないというのは、本場の長安文化はことごとく滅亡してなにも残っていないため、日本に残っている現物と比較しようにも方法がないからである。ただし貴族文化の特質上、法隆寺を唐の長安のまん中に建て、正倉院の御物をそのまま唐の宮殿の中にならべても、他にくらべてひけをとることはけっしてなかったに違いない。それを思うと、千何百年前の実物がそのまま残っている日本寺院や宝物は、なみだの出るほどありがたいものなのである。同じような関係は日本の内地にも存するので、たとえば平泉《ひらいずみ》の文化は京都のそれにくらべてさしてひけをとらない。貴族文化とはそういう性質のものなのである。

則天武后

唐の王室は中国の古い貴族、隴西《ろうせい》の李《り》氏であって、さらにそのさきは春秋時代の老子、本名李聃《りたん》から出たなどとみずから名のるが、ほんとうはあてにならない。確実にたどれる祖先は北魏の前線基地、武川鎮《ぶせんちん》に配属された軍人で、そこには鮮卑や柔然などの異民族が多かったから、たとえ本来は純粋の中国人でもいつのまにか夷狄《いてき》化され、野蛮になっていた。この点は隋の楊氏も同じであって、かれらの行動をみると中国的でなく、むしろ北方民族そのままのところがある。

太宗の後宮に武氏という美女があり、太宗の死後、尼となっていたのを高宗が見つけ出して後宮に迎えいれた。これは中国流にいえばたいへん破廉恥《はれんち》な行為であるが、北方民族のあいだでは普遍的に行なわれている風習である。そこまではよいとして、高宗は正皇后の王氏を廃してかわりに武氏を立てたいと思った。さすがにそれでは物議をかもすことを恐れ、宰相の李勣にはかった。すると李勣は責任を回避して、

「そういうことは陛下一家の家事です。臣下が干渉すべき事柄ではありません」

と答えたものだ。

この家事ということばは、他人の家庭に干渉したくないとき、また他人から家庭のことを干渉されたくないとき、しばしば使われてそのままかりとおった便利なことばであっ

て、その中に非常に封建的な思想がこもっている。

いったい封建制度とは、上下の階層の対立する社会だということはしばしば指摘されるところであるが、じつはそれだけでは封建にならない。そのうえに縄張りを尊重する精神がつねに並存するものなのだ。家族は家族で、一族は一族で、荘園は荘園で、地方は地方で、階級は階級で、たがいに縄張りをして他を排するところに封建制度が成立するのである。大所高所から全体を見渡し、全体を優先させるようになると封建制度は崩壊してしまう。

中国中世には、統一天子の存在によって封建政治は成立しなかったが、しかし封建的な思想ははなはだ強く行なわれていた。今のばあいも天子自身が一家の縄張りを認められて大いに満足した。しかしその結果は恐るべきものがあったのである。

則天武后（慶長版『歴代君臣図像』）

高宗は生まれつき、あまり賢くなく、そのうえに病身で頭痛もちであり、政務を決裁する文書を見ることもできないときがある。するとしだいに皇后がかわって決裁を行なううちに、しだいに皇后が天子のようになってきた。

こうして一度権力の味をおぼえた皇后は、

しだいに権力のとりことなり、はばかるところなく専横にふるまいはじめた。最初はかの女のよき保護者であった前皇后の王氏と、その競争者であった後宮の蕭《しょう》氏はあいついで殺された。つぎに前朝以来の大臣を殺した。書家、文人として有名な褚遂良《ちょすいりょう》や、開国の功臣であり、高宗の母の兄なる長孫無忌《ちょうそんむき》らは罷免して流謫され、ことに長孫無忌はその地で殺された。

つぎには武后の一族もまた迫害をこうむった。武后のふたりの兄は流されてその地で死に、ふたりの従兄が殺され、高宗の寵を受けた姪《めい》も毒殺された。王室の李氏一族にいたってはなおさら厳しい弾圧をこうむった。それはかれらのある者は武后が唐王朝を滅亡せしむる危険があるのを察し、クーデターをくわだてることが一再ならず起こったからである。これがため高祖、太宗の子孫は、武后の生子《せいし》をのぞきほとんど残る者がないと称せられるほど殺しつくされた。

それればかりではない。武后は自身の子にも迫害を加えた。高宗の最初の皇太子、李忠は武后の出でなかったので廃位されたうえ遠方に流され、配所で死を賜わった。つぎに武后が生んだ子、李弘が立てられたが、年が長じて実母の武后の所業に批判的となったのでこれも武后に憎まれ、かれが突然死んだのは毒殺されたのだという風評であった。つぎに立てられた李賢《りけん》は、『後漢書』に注釈をほどこしたので有名な章懐太子《しょうかいたいし》であるが、武后の子と称せられながらじつは后の姉の子であったことがわかって、武后に従順でなくなったので廃して殺された。

つぎに太子に立てられたのは武后の子李哲《りてつ》であり、たまたま高宗が死んだので天子の位についた。これが中宗であるが、中宗の皇后に立てられた韋《い》氏が武后の意にそぐわなかったらしく、わずか二カ月で中宗を廃し、かわりにこれも武后の子である李旦を立てて天子とした。これが睿宗《えいそう》である。

このころに僧の懐義《かいぎ》なる者が武后の寵を受け、仏教が大いに尊崇されるようになったが、ついで僧法明《ほうめい》が『大雲経』というものを偽作して奉った。その中に武后は救世主、弥勒《みろく》仏の下生した者で、唐にかわって天下の主となるべきだとのべてあった。武后はこれを口実に睿宗を廃してみずから皇帝となり、みずからの名を新たにつくった字で曌《しょう》と称し、唐の国名を改めて周と号した。中国において女性が皇帝となったのは空前絶後、ただこの一例のみである。

堂々たる大唐帝国が一女性のために簒奪されるとは、普通の常識ではとうてい考えられないことである。どうしてこんな奇怪な現象が起こりえたのであろうか。それは宋代以後の近世の思想をもってしては理解し得ない。同時に孔子、

褚遂良（明版『集古像賛』）

孟子の古代の考えをもってしても説明しがたい。これはなんといっても中世に特有な歴史事象なのである。

権力の力学

中世は権力ばかりが通用する時代である。ほとんどすべての人は権力の崇拝者である。ところで権力の掌握は一時にできることではない。権力というものは一歩一歩きずきあげられてゆくものである。武后も最初は単なる後宮の一夫人にすぎなかった。かの女は正皇后の王氏と戦ってこれを倒した。

こういうしろめたい手段で権力闘争の場に乗り出した以上、かの女にはあらゆる相手を権力で圧倒するよりほかに生きて行く方法がない。一歩退けばたちまち身の破滅となる。中世の社会には対話がない。妥協も知らぬ。ただ食うか食われるかの闘争あるのみである。そこでたとえ自己の兄弟であっても、従兄弟《いとこ》であっても、少しでも自己に対立し競争の立場に立った者には容赦なく攻撃を加えねばならぬ。

朝廷の大臣長孫無忌《ちょうそんむき》にいたっては北周以来の名族、国家の柱石として三〇年も大臣を勤めた元老である。しかしこれとの勝負にやぶれれば皇后の地位はもちろん、一身の生命を保つことさえできぬのである。そこであらゆる配下の勢力を動員してこれにあたり、みごとに相手の息の根をとめた。そして幸いなことに、一回権力闘争をして勝つたびに、それだけ自己の権力の座が強化されるのである。

　これがもし後世輿論の力が強くなった時代だと、あまりに強引な権力家は四方から総排斥をくって結局自滅におちるのだが、中世ではまったく異なった力学が作用する。武后のばあい、自身でもおそらく最初には予期しなかった極限まで闘争が推進され、皇帝にならなければおさまらないところまで行きついていたのであろう。

　武后の私生活における乱行や、敗者にたいする残酷な処置は後世の史家から非難の的になるのは当然である。しかしながら武后の政治そのものはとくにわるかったとはいえない。武后が行なった権力闘争は、武后をとりまく特権階級のあいだで行なわれたのであって、一般人民とはほとんど無関係であった。そして武后によって行なわれた大量の処刑、唐の王室外戚数百人、大臣数百家の犠牲も、大局的にみて政界粛清の効果をあげた。

　由来一王朝が成立したとき、これを助けた一族や功臣は、つぎの時代になると政治を妨害する邪魔者に化する。かれらは最高の特権階級となって残り、権力を掌握して朝廷の法律にしたがわず、私欲によって下民を搾取して政治をみだしやすいのである。そこでながくつづいた歴史上の王朝は多くのばあいその初期に、一見無慈悲ともみえる血の粛清を行なうのであるが、それはいわば力学的な必然性にもとづくともいえるのである。

　唐王朝のばあいは、それが武后の手によって行なわれたのである。別に武后が唐王朝のためを思い、深謀遠慮のもとに行なった粛清ではなかったが、結果として唐王朝のためになったことは否定できない。

しかしながら闘争のすえに勝ち残った最大の権力者も、寄る年波という自然的肉体現象にはうち勝てない。張易之《ちょうえきし》、張昌宗《ちょうしょうそう》など美青年によって若返りをはかったと伝えられるが、それにも限度がある。武后は親任する宰相、狄仁傑《てきじんけつ》の意見にしたがい、遠方に配流した中宗を都へよびよせて自己の後継者に指名した。

このときも武后は、はじめ狄仁傑の建議を、わが家の家事にくちばしを入れるな、と拒んだが、狄仁傑は、

「家事といえば、天子は天下を家とするので、すべてのことは天子の家事でないものはありません。私は宰相として天子を助ける者ですから、容喙《ようかい》できない範囲はありません」

と強くねばって、ついに説得に成功したのであった。この狄仁傑のことばは当時にあっては例外であったが、後世宋代以後の一般宰相の地位をぴったりといいあてた名言であった。

武后が八一歳になったとき、張柬之《ちょうかんし》が宰相に任ぜられた。この人も老人で八〇歳であった。張柬之は老後の死に花をさかせるつもりでいちかばちかの危険をおかしてクーデターをはかった。クーデターには武力が必要である。そこで親衛隊、羽林営《うりんえい》の将軍を説いて味方につけ、まず東宮へ行って中宗を自己の陣営に迎え、中宗を擁して宮中に突入した。廊下で出会った張昌宗、張易之の兄弟を斬りたおし、武后に迫って中宗に譲位させたうえ、別宮に幽囚したが、武后はその年の暮になって死んだ。中国には女性天子の例がないので、

史上ではこれを皇帝といわず、則天武后《そくてんぶこう》とよぶならわしである。

府中派対宮中派

中宗の復位によって、唐王朝が再興したが、それまで武后によって断絶が二〇年もつづいたので、唐王朝の性質はだいぶ変化をとげていた。すなわち武后の大量的な粛清によって旧勢力は大きな打撃をこうむり、このことは北周以来継続してきた武川鎮軍閥の解消を意味した。そして旧勢力の退潮にともない、武后の手によって新たなる官僚勢力の結集をみることになった。

武后が帝位にあがるさい、百官や人民が上奏して即位を懇請するものが六万人以上もあったというが、かれらの多くは新興階級であり、旧勢力にかわって政界に進出できた者であろう。ところが武后時代の新官僚には二派あった。一は政府を中心とする府中派で、狄仁傑から張柬之、さらに唐休璟《とうきゅうけい》、宋璟《そうえい》へとつながる人脈をもつ。他は武后の個人的な側近で宮中派ともいうべく、武后の甥、武三思《ぶさんし》とその子の武崇訓《ぶすうくん》らが中心となっている。

中宗復位のクーデターはいうまでもなく府中派の決起であり、普通ならば武后の幽囚と同時に宮中派は一網打尽さるべきところであったが、いかんせん、武后は中宗の実母であり、したがって武三思は中宗と従兄弟にあたる関係上、張柬之らのクーデターははなはだ中途半端な処置にとどまらざるを得なかった。そしてこれがふたたび重大な結果を招くにいたったのである。

復位した中宗ははなはだ知恵のない君主であり、常に皇后韋《い》氏の意見に左右されること、あたかも高宗の武后におけるごときものがあった。果たして韋皇后は武氏の先例に見習って、しだいにその権力の伸張をはかったが、そのさいもっとも有効な方法は従来の宮中派をそのまま利用することである。ここに韋皇后と武氏一族との結合ができあがった。

はじめ張柬之は武后なきあと、武氏一族の存在を軽視して彼にそなえるところがなかった。府中派の官僚らがようやく事の重大性に気づいて、武三思排斥の運動を起こしたが、そのときはもう遅すぎた。武三思の計で張柬之はじめ府中派の領袖はまず遠方の州の属官に左遷され、ついで官職を剝奪され、最後に死刑に処せられてしまった。

この形勢をみて憂慮した皇太子、李重俊《りじゅうしゅん》はクーデターをはかり、武三思の私邸を襲ってこれを殺し、進んで宮中に突入しようとしたが、韋后方の親衛隊に破られて自滅した。しかしこのころから天子の中宗が韋皇后の行動に疑惑をもつようになったので、韋后はさきんじて夫の中宗を毒殺し、一六歳の皇子を天子の位につけて摂政となった。

天子の親衛隊、羽林営には韋氏の勢力がのびているが、また反対派もある。その反対派を動かしたのが、前に一度帝位にのぼったことのある睿宗《えいそう》の子、李隆基《りりゅうき》である。李隆基らは、まず羽林営にはいって韋氏派の将校を斬り、全軍をひきいて宮中に乱入して韋皇后とその党の政客をことごとく殺した。睿宗が迎えられて天子の位に復し、李隆基が皇太子

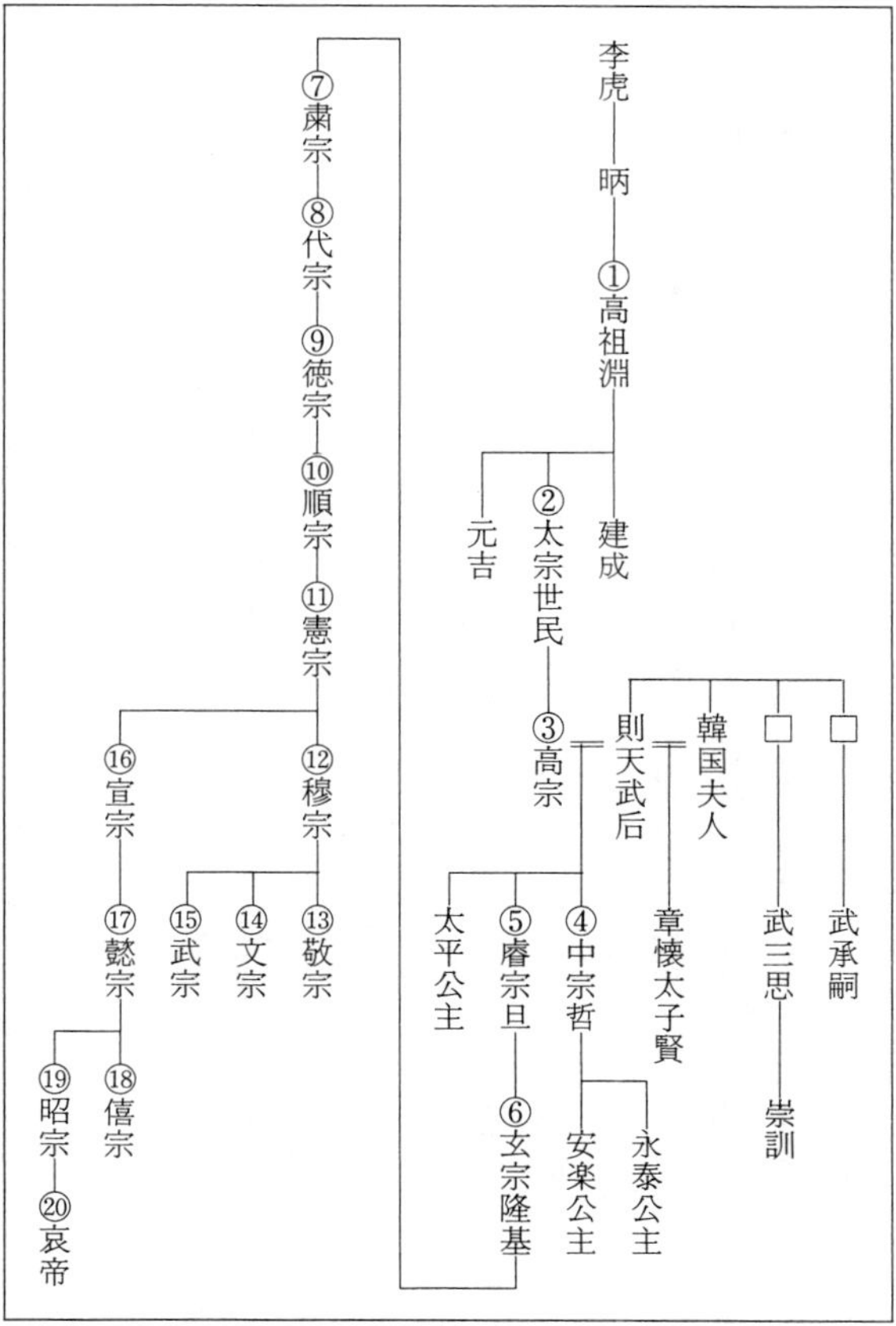
李虎
昞
①高祖淵
建成
②太宗世民
元吉
③高宗
則天武后
韓国夫人
□
□
④中宗哲
⑤睿宗旦
太平公主
章懐太子賢
武三思
武承嗣
崇訓
安楽公主
永泰公主
⑥玄宗隆基
⑦粛宗
⑧代宗
⑨徳宗
⑩順宗
⑪憲宗
⑫穆宗
⑯宣宗
⑬敬宗
⑭文宗
⑮武宗
⑰懿宗
⑱僖宗
⑲昭宗
⑳哀帝

唐王朝系図

に立てられた。後三年、皇太子が即位して玄宗となった。

生まれ変わった王室

玄宗は在位四五年、そのはじめの三〇年間は年号を開元《かいげん》といい、国内においてはほとんど記すべきことがない。ということは天下太平で比較的政治がよく行なわれたことを意味する。それはひとつには環境がよかったせいでもある。武后の手によって大粛清が行なわれ、統治の妨害になるような旧勢力は大かた滅亡した。その中には武川鎮以来の軍閥、王室李氏の一族はじめ、開国功臣の門閥家などがふくまれる。

さらに今また、宮中を根城とした武后、韋后の一族、その同調者が徹底的に排除された。唐王室はまったく新しく生まれ変わったのである。それと同時に従前の腐敗した因習からも解放された。これほど政治のやりやすい好条件はまたとないのである。

そこで太宗の貞観の治にたいして、かれの治世は開元の治と称せられる。

開元時代の繁栄はまた対外関係の好転とも無関係ではなかった。太宗が外国を征服したときから、唐は前線の要地に六都護府《とごふ》を設けて異民族を支配し、前述した安東都護府はそのひとつであった。高宗の末期から都護府の威力が衰えてきたので、玄宗はさらに強力な節度使を設け、数州の兵馬財政をおさめしめ、その数が一〇にのぼったので、国威がふたたび異民族のあいだにおよんだ。

当時満洲の東部には高句麗の遺民が新たに渤海《ぼっかい》国をたて、この国は日本海方面から日本とさかんに交通した。その西方、遼水《りょうすい》の西にはモンゴル系の契丹《きったん》がようやくさかんになりつつあったが、まだ覇を称するまでにはならず、外モンゴル地方には東突厥の勢力が一時再興され、ビルゲ可汗、闕特勤《キュルテギン》らの指導によって強盛となったが、回紇《ウイグル》などの抵抗が強く、昔日の繁栄を再現するにはいたらなかった。

天山南路に散在するオアシス国家群は、おおむね唐に帰服してその朝貢国となった。その西方にかつて栄えたササン朝ペルシアは唐初高宗のとき、新たにアラビア半島から起こったサラセン帝国のために滅ぼされ、以後サラセンの勢力はシルク・ロードに沿ってしだいに東の方へのびてきた。サラセンのことを中国では大食《タージ》とよび、正統教主が四代つづいたのち世襲制をはじめたウマイア王朝（六六一～七五〇）を白衣《はくい》大食《タージ》とよび、これにかわったアッバース朝（七五〇～一二五八）を黒衣大食《こくいタージ》とよんだ。

玄宗（慶長版『歴代君臣図像』）

サラセン帝国はマホメットによってはじめられ、イスラム教を奉ずるので、征服地の人民は改宗を迫られた。そこでササン朝ペルシアの貴族、富豪はシルク・ロードを伝わって東に逃れ、最後に中国に到達して、ここを安住の地と定めた。中国ではかれらを波斯《はし》と称した。このもっともペルシア人、およびペルシア系の中央アジア人が中国へ移住することは、このときにはじまったのでなく、北魏、隋のころからすでにある程度行なわれていたのである。かれらの中には知識階級の商人が多く、ただちに中国人に同化して商業資本家として活躍し、中国の経済界はこれによって大いに刺激され、ことに動産資本の勃興が顕著に見られるようになった。

唐代にはいると中国の工芸や技術も進歩し、西アジアにたいして、すでに後進国ではなくなっていた。たとえば陶器の釉薬《うわぐすり》やガラスの技術はもと中国が西アジアから学んだものであったが、唐代になると、いわゆる唐三彩《とうさんさい》が西アジアの製陶のうえに影響をおよぼした点がみられる。そこで唐代の東西貿易はかならずしも常に唐側の輸入超過におわるものでなく、貿易の盛行は沈滞していた国内産業を刺激し、景気回復のきざしがあらわれるようになった。

経済界の実情をもっともよく代表するものは、貨幣である。漢代の五銖銭《ごしゅせん》は三国南北朝を通じて隋代まで、いぜんとして標準貨幣たる地位を保っていたが、南北朝に行なわれた実際の五銖銭は、何度か改鋳を経て薄小となり、水に浮かべても沈まぬと嘲けられるほど、無残な姿に変わりはてていた。これは世の中が不景気で金づまりなので、人民が勝手に一種の平価切り下げを実行したのである。

もっとも、ときには政府が貨幣制確立をめざして良質の銅銭を鋳造し、北魏の永安五銖、隋代の小五銖などが発行されたが、これも質量は漢代の五銖銭におよばず、かつさらに悪質な劣貨によって駆逐されてしまったらしい。

しかるに唐初、開通元宝銭が発行されると、これが後世ながく、標準貨幣の手本となった。しかしこの銭も玄宗時代におよんで大量的な発行があったため、はじめてその地位を確立することができたのである。ちなみにこの銭文は後世、開元通宝と読み、玄宗の年号の開元を取ったかのごとく考えられるようになったが、じつはそれは偶然の暗合であった。唐代には他の文字をもつ銭も鋳られたが、唐一代、開通元宝が法定の制貨であり、五代の周通元宝、宋初の宋通元宝へとつづくのである。開通元宝銭は現在の日本にもはなはだ多く存在し、その骨董価格は、一〇〇〇年以上も前の物とは思えぬほど低廉である。

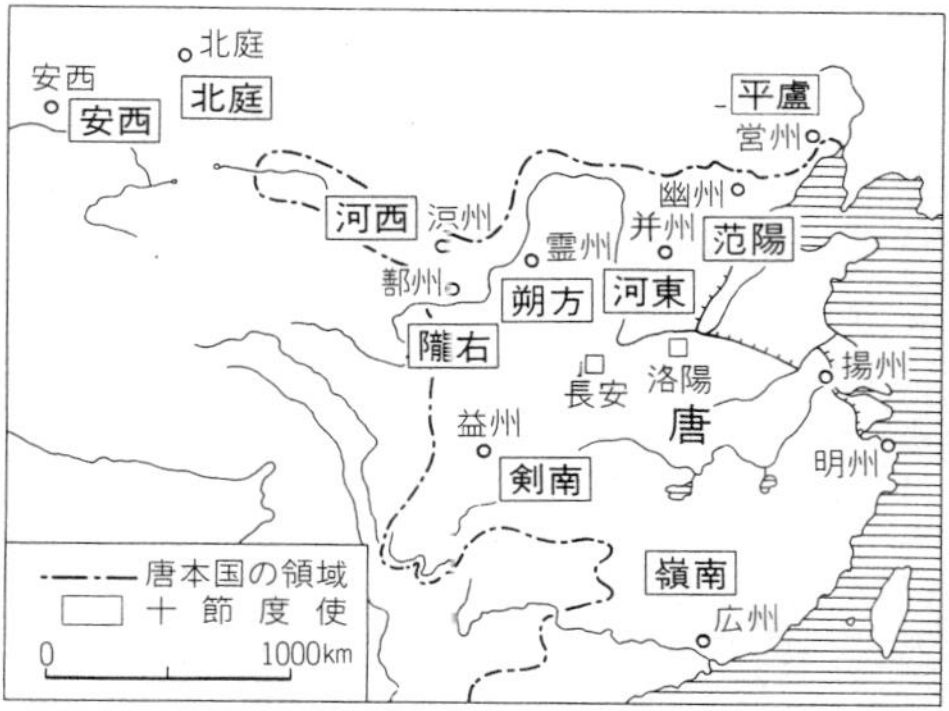

十節度使の配置

南北朝時代には貨幣の権威が失われたため、かわって金、銀、布帛《ふはく》が交換の媒介に用いられた。

もし銅をもってするときは、何銭といわずに重量で銅一斤を単位とした。このやり方は唐代にも痕跡を残し、唐の刑法たる律では贖罪《しょくざい》のさいには銅何斤、盗品の値段をはかるには絹何匹という方法を用いる。それが玄宗時代にいたって法定の制貨が権威をとりもどしたことは、経済界の安定、商業貿易の盛行を物語るものである。

律令制度

唐の根本法典は南北朝のあとを受けた律令であり、律は刑法、令は行政法に相当する。そこで唐を律令国家とよび、唐の律令を輸入して日本の国情に適応するよう改変して用いた奈良、平安朝日本を律令国家とよぶことは、ただそれだけならばべつに異議をはさむ余地はない。しかしつぎにその名目によって、両者を同様な発展段階にならべて置こうとするなら、これは大きな見当ちがいだといわざるをえない。

奈良、平安朝時代の日本はいわば古代帝国であり、古代帝国の確立のために中国の制度を輸入した。ところが当時の中国は中世で、しかも中世の没落期にあたる。とくに玄宗の時代は律令のもっとも完備したときであるが、完備はじつは没落のはじめなのである。それだけ日、中両国のあいだには時間的なずれがあった。正直にいって当時の文化交渉はまったく一方的で、中国からは日本へむかって流れるが、日本から中国へむかっての流れはほとんどない。ゆえに中国の律令制度の輸入にともなって、その貴族制度がいかに日本に影響したかという問題は研究に値する。しかし当時の日本が古代社会であったから、中国もまた古代社会であったというような推測は、ぜんぜん意味をなさないのである。

唐代が中世期であるという証拠は、なによりも土地制度、租税制度のうえにみられる。まず税制上、当時の人民は税戸と課戸とに大別された。税戸とは、財産により九等にわけられた戸税と、土地所有額に応じておさめる地税だけしかおさめぬ家で、高位高官者、政府から土地の配給を受けぬ者、受けても成丁《せいてい》の存しない者などをふくむ。戸税は銭、地税は穀物でおさめる。

課戸は土地の配給を受けた成丁をふくむ家で一丁あたり永業田《えいぎょうでん》二〇畝《ぼ》、口分田《くぶんでん》八〇畝を標準として田を受ける。ところが受田がこの標準に達しなくても、かれは毎年、租《そ》として粟二石《こく》、約一〇〇リットル、庸《よう》として力役二〇日、調《ちょう》として絹二丈、約六メートルを徴収される。この義務を課役と称するが、この三種の義務をつらぬく根柢には力役があり、租も調もそれぞれ力役一五日に換算される。結局全部を力役に換算すると五〇日になるのである。

ところが力役は重労働であるが、このほかに軽労働なる雑傜《ざつよう》を課せられる。軽労働の二日は重労働の一日に相当する。この雑傜のかけ方ははなはだ特異なもので、地方官庁に必要があれば、三九日まで無償で成丁を使役できるが、四〇日になるとなにか代償をあたえなければならなくなるのである。

ヨーロッパの中世は農奴制が特長で、農奴制は徭役制にほかならぬとされる。唐の均田制は、その根柢は代表的な徭役制なのである。ところが、そのうち半ば以上がすでに租と調となって物納制に改められている。そして残る二〇日間の力役も当時はほとんど絹によって代納されるのが実情であった。すなわち原則は徭役制であるが、事実上はそれがまったく変形して物納制になってしまっていたのである。

こうして政府は、課戸から穀物と絹を徴収することができたが、貨幣経済の盛行とともに、今度はなによりも銅銭を欲求するようになった。そこで今度はふたたび新しい手を考え出したのである。

租庸課を力役一本に換算すると五〇日、これを雑徭に換算すると一〇〇日、それに本来の雑徭可能日数を加えて一三九日、政府はこれだけ成丁を使うことができる。べつに雑徭と等価値な労力奉仕で番役《ばんえき》というものがあり、これは官庁に番上《ばんじょう》して走り使いなどの役に服するのであるが、雑徭を番役に切りかえる。番役は一カ月を単位とするので、雑徭一三九日は端数を切り捨てて番役四カ月となる。しかし人民の側では、三カ月ごとに一カ月ずつ徴発されるのは迷惑であるから、銭を出して免除してもらう。これを資課《しか》という。

ところで資課の算出はふたたび根本原則に立ち返って、成丁の本来の義務たる力役五〇日、一日の賃金銭五〇文として計算し、年間二五〇〇文を徴収した。すこぶるまわりくどい計算であるが、軽労働なる番役一二〇日よりは、この方がましだったのであろう。そして政府官吏はこれによって欲するところの銅銭をうまうまと入手できたのである。

ところが政府はまた、軍隊が駐屯してしかも交通不便な土地では、なによりも食料を必要とすることがある。そういうばあい均田法ではそれをどんなに運営しても、余分に穀物ははいってこない。そこで政府は均田法をべつの新手の田法に切りかえることを考案し出した。それは屯田《とんでん》というやり方である。

トルファン文書の謎

今世紀にはいってから、イギリス、フランス、ドイツ、日本などの探検家が新疆《シンチャン》省や敦煌《とんこう》で唐代を中心とする多量の古文書をえたが、その中に戸籍もまじっており、とくに玄宗時代のものが多い。

わたしたちはこれによって、当時の均田法の実施がいかようなものであったかも知ることができる。いまここに成丁ひとりある戸が、永業田一五畝、口分田六〇畝を受けていたと仮定すると、その戸籍には、

応受田百畝　永業十五畝　(口分)　六十畝已受
其二十五畝未受

というふうに書いてあり、応受は受くべき権利、已受は配給ずみ、未受は未配給の意味で、まことに一目瞭然たるものがある。

しかるに敦煌から少しはなれた吐魯番《トルファン》地方で発見された文書は、いちじるしくこれと趣をことにする。まず永業という字がない。それでは全部が永業かと思うと、永業ならば子孫に伝えることができ、割り換えは不要なはずであるのに、これは頻繁に政府が取りあげ、再支給する口分田である。不足額をさすに、普通の未受ということばのかわりに、欠田という別のことばを用いる。またその支給額がきわめて少ない。しかしいかに支給額が実際に少なくても、前掲の様式でちゃんと記載できるはずなのに、ここではまったく別の形式を用いている。

これは単に実際の支給額が少なかったばかりでなく、支給額の標準が均田法とはまったく別のものであったことを物語る。それではどんな標準かといえば、ひとり一〇畝である。ただしそのうち五畝は常田といい、毎年耕作できる田、他の五畝は部田といい、二年一回耕作できるものは二易と称し、一〇畝が常田五畝にあたり、三年一回の三易ならば一五畝で常田五畝にあたるという計算である。

成丁のひとりの給田額が常田一〇畝であることは、均田法からはどんなに計算しても割り出せない。ある学者は、唐令には人口の多すぎる地、狭郷《きょうきょう》では半額だけ支給するとあるから、これは永業田二〇畝の半分をとって一〇畝としたのだと考えたが、半額という令文は、永業と口分との合計の半額と読むべきで、永業田の半額だけ支給して打ち切るなどとはどこにも書いてない。しかもこのばあいは、割り換えの対象となる口分田であるから、均田法なら八〇畝の半分四〇畝とせねばならぬ。場所によって法規はなんとでもなったという考え方もあるが、それではまるで法律を無視することになる。

あきらかにこの土地法は均田法ではない。形式がちがい、実質がちがい、用語がちがう。『論語』にいうように、

「觚《こ》にして觚ならずんば、觚ならんや——三角帽子がとがっていなかったら、三角帽子といえるものか」

それならこの土地法はなにかといえば、それは屯田法《とんでんほう》である。玄宗のとき、軍隊に食料を供給するため屯田法を行ない、ひとりあたり田一〇畝を授けたとあるのがこれにちがいない。

屯田のやり方は非常に幅があって、軍人が耕作するものから、官田を人民が小作するに近いものまでいろいろさまざまである。このばあいは人民は、均日法の租庸調に相当する義務として地代として穀物をおさめた。これを地子と称するが、それは受田面積に比例するものであったらしい。もちろんこの方が、均田法よりも多くの穀物納入を期待できるのである。そしてこれは、均田法が崩壊してつぎの両税法にうつる中

	常田	部田	計	
毎丁給田額(1)	5畝	二易田10畝	15畝	二易と三易とを組合せること可能
〃(2)	5畝	三易田15畝	20畝	
常田換算	5畝	常田5畝分	10畝	

間にあらわれた、ひとつのプロセスともいえるものである。

玄宗の在位四五年は、晩年の一、二年をのぞき、中国史上まれにみる平和な時代であり、中世の最後を飾る繁栄を示した。北方における異民族との闘争も、戦禍が内地におよぶことはほとんどなく、いつの世にも起こりがちな内乱も、めずらしく絶無に近かった。

中世最後の輝き

西アジアに起こったサラセン帝国との貿易が盛大に行なわれ、西アジアから陸路、長安・洛陽に達した交通路は、大運河によって揚州に達し、そこから海へ出て泉州・広州《コワンチョウ》を経て南海、インド洋から西アジアのペルシア湾頭にいたる世界的な循環交通路も完成された。

隋にはじまった大運河は唐代にはいって国内的にさらに大きな役割を果たした。それは揚子江流域の豊富な農産物を北方に運搬し、都市住民や軍隊に供給することができるようになったことである。

これによって、農民を苦しめていた府兵制を廃して傭兵制に切りかえ、農民を郷里に安堵して生業に従事させることができた。しかも連年豊作がつづき、玄宗の晩年には米一石、絹一匹の価が銭二〇〇文という安値を示した。

当時の米一升はほぼ現今の半リットルにあたるが、それが銭二文ではあまりに安すぎる。

都市住民はそれでよいが、農民は困ったにちがいない。おそらくかれらは、農村にいては税金がはらえず、逃亡して都市に集中してきたことであろう。

　そこで人口の増加もいちじるしいものがあった。左表の統計は玄宗即位の一五年目にはじまり、退位の前々年におわるものである。

　じつはこの統計にはなおかなり大きな脱落があるらしい。なんとなれば、この最後の数字はなお漢代のそれにおよばないからである。しかし一四年ごとに行なわれた国勢調査によって、人口増加の趨勢がうかがえるのである。ただしいっぽうにおいて、これが同時に困難な社会問題を引き起こしたことも争われないであろう。

　しかしながら物価が安く、品物が豊富で、しかも労働力が過剰であることは、都市を繁栄させるに十分であった。ことに俸給の一部を金銭で受ける官僚は、笑いがとまらぬほど幸福な地位におかれた。一品官毎月二四貫文はさておき、最下の九品官でも一九〇〇文という銭は、前述の米価一升二文にくらべると、はなはだ使いでがあったはずである。生計がらくなのは、官僚の上に位する王室も例外ではなかった。

　即位のはじめにぜいたく品を宮殿の前につんで焼きすて、人民に倹約の模範を示した玄宗であったが、在位がな

	戸数	人口
七二六年	七、〇六九、五六五	四一、四一九、七一二
七四〇年	八、四一二、八七一	四八、一四三、六〇九
七五四年	九、六一九、二五四	五二、八八〇、四八八

がく、蓄積が豊富になってくると、いつしか遊惰安逸に流れ、隋の煬帝そこのけの奢侈を好む凡庸君主になりさがってしまった。

玄宗ははじめ後宮の武氏を寵愛したが、その死後、だれも意にかなうものがない。最後に自分の子の嫁を取りあげて後宮にいれたが、これが楊貴妃《ようきひ》であり、舞踊の名人であった。それからは寵愛ならぶ者なく、その一族までがことごとく高位顕官《けんかん》にとりあげてもらい、ことに再従兄の楊国忠が財政をつかさどり、搾取を事として天子に貢ぎ、天子は喜んで逸楽にふけった。

楊貴妃は絶世の美人と称せられるが、すこぶる官能的な肉体美にあふれ、玄宗はしばしば貴妃をともなって東郊の驪山《りざん》の温泉宮に行幸した。白楽天は「長恨歌」の詩の中でこれを、

温泉水滑洗凝脂　温泉の水滑らかにして玉の肌を洗う

と詠じた。中国芸術における詩の比重は、西洋における絵画に相当するであろう。その西洋にアングルのような美女礼讃の画家があらわれてその妙筆をふるったのは、これよりも一〇〇〇年あまり遅れた一九世紀になってからである。

太平の夢やぶれる

玄宗の治世晩年の一五年間の年号を天宝という。表面はいぜんとして太平のムードがた

だよっていたが、社会の奥底にはいい知れぬ不安が進行しつつあった。それとともに国境外の異民族の動きもしだいに活発となった。外モンゴルでは回紇《ウイグル》が突厥を撃破して完全にその土地を併合した（七四五年）。チベットには吐蕃が強盛となり、雲南には南詔《なんしょう》が独立して大国となった。

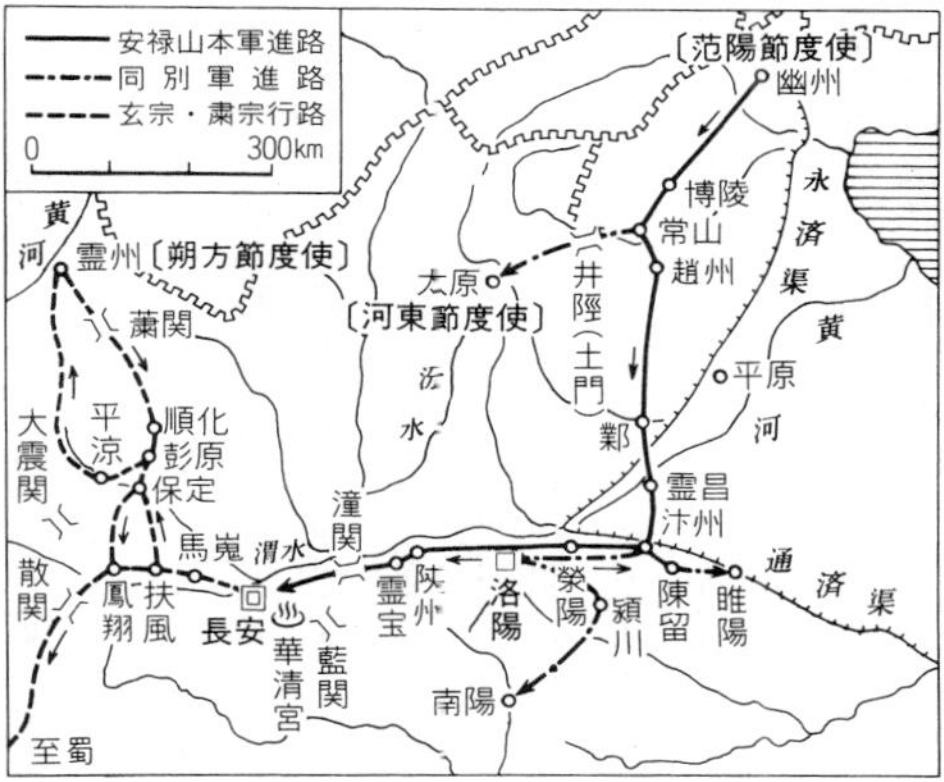

安禄山の乱

西アジアではサラセンのウマイア王朝が倒れて（七五〇年）、アッバース王朝が興った。アッバース王朝の前線はただちに新疆省内の唐の属国に圧力を加えてきた。唐の将軍、朝鮮出身の高仙芝《こうせんし》は七万五〇〇〇の大軍をひきいてこれと戦ったが大敗して逃げ帰り、その部下はほとんど全部、敵の捕虜となった（七五一年）。中国の製紙術が西アジアに伝わったのは、このさいの捕虜によってである。この一事は、中国の工芸技術の水準が西アジアに比して遜色ない程度まで進歩していたことを象徴する。

その後四年目に起こったのが、現今の北京

地方を根拠地とした大軍閥、安禄山《あんろくざん》の反乱である。彼の出身は胡人《こじん》とあるから外国人にちがいないが、あるいはその名の安禄山はアレクサンドルの音訳かともいわれる。とまれかれは、もっぱら玄宗にたいする阿諛《あゆ》と、天子側近への賄賂《わいろ》とによって出世の道を開き、最後には三鎮の節度使をかねて強大な兵馬の権を掌握するにいたった。

そして、賞罰があきらかでなく、賄賂で人事が決定する唐の政治が、かえって安禄山をして唐は与《くみ》し易いという軽侮の念を起こさせた。かれは武人としてこれ以上出世の余地がない最高までのぼりつめると、一転して反乱を起こし、精騎を駆っていっきょに洛陽、長安の占領をめざして進撃を開始した（七五五年）。

安禄山の部下は蕃将、蕃兵であり、西方イラン系や北方遊牧民族出身の異国人が多く、中国人にたいしては情も容赦もない。四〇年太平の夢はやぶれて、中原一帯は羅刹のような軍兵が荒れ狂う修羅場と化した。とくに災害をはげしくこうむったのは、繁栄した大都市であった。洛陽はたちまち陥落し、賊軍は進んで長安にせまると、玄宗は周章狼狽して西方に逃れ、蜀をめざして都落ちした。途中で扈従の軍士らは、国を誤った楊国忠、楊貴妃の罪を責め、玄宗に迫って国忠を斬り貴妃を縊《くび》り殺した。

甘粛《かんしゅく》の霊州には朔方軍がおかれ節度使の郭子儀《かくしぎ》は名将であった。かれは玄宗の皇太子を迎えて即位させ、玄宗を上皇に棚上げした。これが粛宗《しゅくそう》である。賞罰を顚倒する玄宗のもとでは、だれもほんきで働く将兵はないからであった。郭子儀は契丹《きったん》人出身の将軍李《り》光弼《こうひつ》と力をあわせ、回紇《ウイグル》の援兵を借りて安禄山の軍を破り、しだいに失地を回復した。

安禄山の忘恩はたちまちその子によって報いられた。長子の安慶緒《あんけいしょ》は妾腹の弟に相続権を奪われそうになったので、父を殺して取ってかわったのである。しかしこのような内紛はただちに敗戦につながる。粛宗の前鋒は賊軍を破って長安を奪取し、すすんで洛陽をも回復した。

安慶緒の部将、史思明《ししめい》は官軍と戦って勝利をえた勢いに乗じ、安慶緒を殺してその軍をおさめた。しかるにこの史思明もまたその長子、史朝義《しちょうぎ》に殺された。その理由は同じように末子を溺愛して長子を邪魔者にしたからであった。外にむかっては強い反乱指導者も、内側には致命的な弱点を有していたのは不思議であるが、よく考えると両者は同じことの半面ずつであったかも知れぬ。唐も唐なら、賊も賊であったわけである。

粛宗の朝廷では張皇后と宦者の李輔国《りほこく》とが勢力を得て相争った。上皇の玄宗が死んだとき、粛宗も病いが重かった。張皇后は皇太子を招いて李輔国を殺そうとしたが、李輔国が先んじて皇后を幽し、粛宗の死をまって皇后を殺し、皇太子を立てたが、これが代宗である（七六二年）。武、韋の乱以後、一時消滅した宮中勢力がここに再興され、今度はその中心が外戚ではなく、宦官に変わったのである。

官軍と賊軍と双方に同じような弱点があれば、大義名分のたつ官軍の方が強い。唐兵は回紇とともに史朝義を討って大いにこれを破り、賊軍の中から李懐仙《りかいせん》が寝返り、史朝義を殺して降参した。九年もつづいた安、史の乱はここにいたってようやく平定された(七六三年)。

戦乱は平らいだが天下の荒廃《たい》はいちじるしかった。その翌年の戸口統計は左のごとく報じた。

戸　二九三万三一二五

口　一六九二万〇三八八

これは一〇年前の三分の一にもあたらない。しかしそんなに多数の人民が死亡したとも思われない。これは都市が破壊されて人民は農村に逃れ、農村には調査の手が十分におよばなかったためと思われる。

さらに他の原因は、史朝義は殺されたが、その旧部下の賊将らはおおむね帰順するとともに地方の軍職に任ぜられ、しかもいぜんとして半独立の態勢を持し、境内の戸口調査の報告などを行なわなかったと思われるのである。地方の藩鎮、すなわち節度使のうち、もっとも独立色の強かったのは盧竜《ろりょう》の李懐仙《りかいせん》、魏博《ぎはく》の田承嗣《でんしょうし》、成徳《せいとく》の李宝臣《りほうしん》であり、これらはいずれも河北にあるので河北三鎮と称せられた。

唐王朝の変質

財政国家へ

安、史の乱のような大乱を経ると、たいていの王朝なら、その後まもなく滅亡してしまうところであった。ところが唐王朝はこれによって大打撃をこうむり、半身不随のような状態におちいりながらも命脈をながらえてその後なお一五〇年ほど存続した。それはどこに理由があるかを考えると、唐王朝が変質をとげて、財政国家ともいうべきものに生まれ変わったためであった。

財政国家とは、従来の王朝がほとんど例外なく武力国家であり、武力によって支えられてきたのに反し、なによりも財政を優先させる国家のことである。財政国家はあらゆる手段をつくしてまず財源を確保し、財政を充足させる。武力が必要なときは、それを金銭で買う。金さえあればなんでもできる世の中になって、それに応じて出現した新式の国家である。

おそらくその模型は、西アジア方面に求められるであろう。サラセン帝国などはすでにそのような形態をとっていた。そして国家の変質にともなって、全国の都市も変貌をとげ、はなはだ近世的な商工業都市の勃興をみるにいたった。

唐がこのような財政国家に変貌したのは、第五琦《だいごき》、劉晏《りゅうあん》、楊炎《ようえん》などいう一連の財務官僚の力によってであった。先に安禄山の反乱のさい、賊軍に都をおとしいれられた粛宗《しゅくそう》は回紇《ウイグル》の援軍によって勢いをもりかえし、長安、洛陽を奪回したが、回紇にたいして莫大の報酬をあたえなければならぬ。そこで第五琦が苦しまぎれに考え出したのが、塩を専売して高い消費税を課することであった。原価一〇銭の塩に一〇〇銭の税をかけて、一一〇銭で売らせ、唐末には三〇〇銭をこえた。これが以後、民国初年まで中国人民を悩ましつづけた塩専売の起源である。塩の専売法、いわゆる塩法はつぎに財政当局者となった劉《りゅう》晏《あん》の手によって完成された。かれが最初に塩専売を受け継いだときは、その収入年に四〇万貫にすぎなかったが、代宗の末年になるとそれが六〇〇万貫に達した。これは政府の全収入の半分を占めたといわれる。

代宗の子、徳宗のときの財政家は楊炎《ようえん》であって、従来の租庸調《そようちょう》の法を廃して両税法を行なった（七八〇年）。いったい均田法は北方の、土地は広いが生産性の低い土地からはじまったもので、ありあまる土地を耕作するのを奨励する意味があった。そこで人口が増加して土地がたりなくなると、政府にとって不便な土地法となった。

楊炎の両税法は、現在耕作している農民の土地所有を認め、土地の面積、生産力に応じて夏秋二回に金銭で税をおさめさせる。税をかけるにはまず政府が年度予算を立て、予算に応じて公平に課税するというので、はなはだ画期的な新法であった。

しかしいざやってみると、全額を銭納するためには当時として通貨の絶対量が不足していたので、穀物と布帛《ふはく》とで折納させざるをえなかった。また毎年予算を立てるほど当時の財政が確立していなかったので、一度定めた税額がそのまま固定し、政府はその収入に応じて支出をきりもりするという在来のやり方に逆転してしまった。そして予算でたりなくなると、もとの趣旨に反して付加税をとり、あるいは別に新税を創設したりした。新しい税とは、家屋税、酒税、茶税などの類であり、財務官僚はあらゆる財源をあさりつくしたのであった。

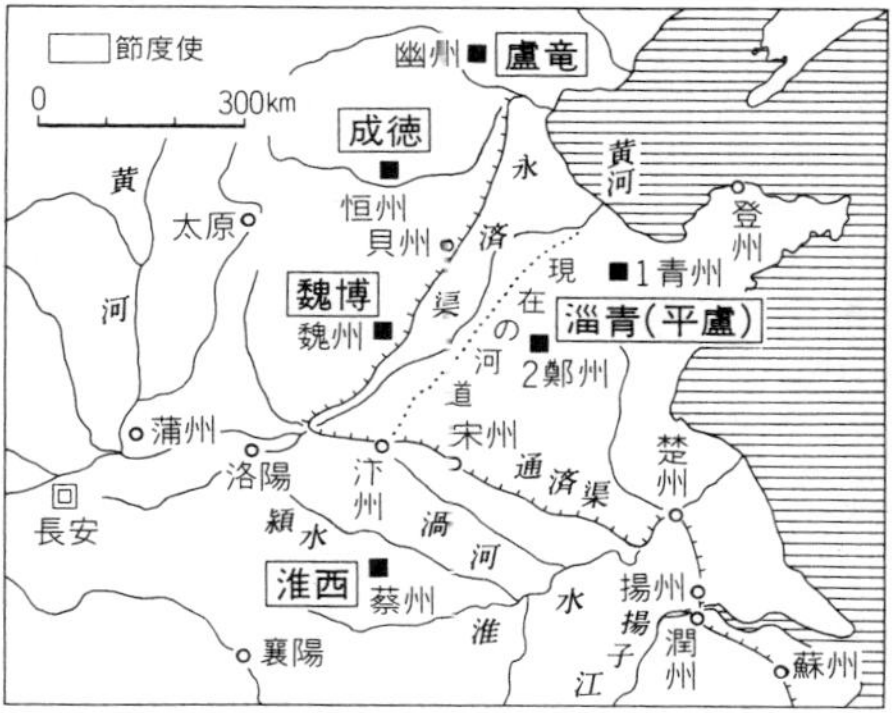

河北三鎮と河南二鎮

しかしこれによって衰えた唐王朝は、しばしば襲ってくる困難をそのたびに金銭の力できりぬけた。武力が必要なときはもっぱら回紇《ウイグル》にたよったが、ときにはチベットの吐蕃《とばん》を利用しようとさえした。そしてかれらの歓心をつなぐため、天子の女《むすめ》を和蕃公主《わばんこうしゅ》として外国君主に降嫁させた。莫大な持参金で蕃人の心を緩和させる姫君という意味である。

唐がこのような新政策を採用できたのは、古い武川鎮《ぶせんちん》軍閥の勢力が一掃されており、新しい人材の登用が自由だったからである。この点は戦後の日本の状態と共通点がないでもない。敗戦後の難局を背負わされた吉田首相は財務官僚を登用して、文化国家ならぬ財政国家をつくりあげた。国防はあなたまかせ、文化は自前で願います。さいわい食い物さえもらえばどんなにでも働く人民があった。それにしても明治以来の軍閥や貴族などがそのまま残って干渉していたなら、経済復興がここまでくることはとうてい不可能であったであろう。

塩と人民

唐によってはじめられた諸種の専売法は以後歴代、ときによって変更を加えられたが、終始一貫して変わらなかったのは塩法で、人民が高い塩をなめさせられる政治であった。本来間接税は悪税だといわれる。貧富一様に平等に負担させられるからである。しかしいっぽう、実際の状態も考慮されねばならない。戸口調査が不確かで、そのうえ大地主ほど地主の威力で脱税をはかり、その分が小農や正直者のうえに転嫁されるような実状では、とにもかくにも、一様に賦課される点だけでも塩税は公平なのである。しかももれなく取りやすいという長所がある。

しかしなにごともいいことばかりあるものではない。塩法の最大の弱点は、密売買を誘発しやすい点にある。実際、原価の三〇倍もする高い政府の官塩を買わされる人民はたまらない。塩は生活の必需品で、しかも代用品がないのだ。そこにつけこむのが密売者で、政府の目を盗んで生産地から塩を持ち出し、原価の二〇倍で売っても、買った方は一〇倍の得があるわけだ。密売の塩、私塩はいたるところで歓迎を受けるのである。

この密売を放任すると政府の塩は売れなくなり、予期した収入が得られなくなる。そこで塩専売にいちばん大切なのは、密売を取りしまるための警察力の強化である。皮肉なことには、それはひどく金のかかる仕事なので、そのために今度は塩価を高くせねば引きあわない。ところが塩価が高いほど密売はもうかるから、結局それは密売の奨励になる。こういうイタチごっこに落ちこむのである。

密売者にはきびしい刑罰を科する。ほんとうは生活に必要な塩の闇商売の罪などは道義的にはたいしたものではないのだが、専売法を守るという政府の便宜のために法外に重い刑を定める。そこで従来の刑法、律は時代にあわなくなった。いったい律は儒教精神を体現し、経書の内容を法制化したものである。闇商売のことなどは、わずかに不応為——なしてはならぬこと——という条項にあたるだけである。

ところが塩取りしまりの法律は、それだけで一部の法典になるほど複雑である。闇商人の方でも、自衛のために秘密結社を作って官憲の弾圧に対抗したりするようになるから、あらゆるばあいを考えて煩瑣《はんさ》な処罰の方法を規定しなければならないからである。そこで中国の伝統的な道義国家のビジョンは消滅して、警察国家になりさがってしまった。

これは同時に中国社会が発達して、ひじょうに複雑な構成をもつにいたったことを物語る。もはや簡単な農業国家などというものではない。運河、揚子江を大動脈として物も人もさかんに動く。地方の末端までが交換経済のなかにまきこまれる。政治は今やこの動く相手を対象としなければならなくなった。それにはみずからも複雑な機構をもって動的に対処しなければならなくなる。そういう新しい政治組織を編み出したのが劉晏《りゅうあん》であった。

こういう動く政治の対象のなかに、反政府的勢力が培養されるが、それが秘密結社である。これはもともと密売者が政府の追及をおそれ、仲間の団結を固くするために組織したものである。たがいに利をもって結びあうから、その団結はたちまちにして全国的に拡大するにいたる。それがなにかの機会で反乱暴動を起こすとたいへんなことになり、以後しばしば王朝の命取りにまで発展したものである。

中国社会では農業人口が圧倒的多数を占める。だからこれを農業社会と名づけるのはよい。それは人間と同じで、人間は大部分筋肉からなりたっているから、肉体とはよく名づけたものである。また筋肉の状態によって、その人の健康状態がわかるほどだから、大切なものにはちがいない。しかしそれが病気の段になると話は異なってくる。筋肉はもっとも病気にかかりにくい部分であり、かかっても局部的ですむことが多い。したがって筋肉の病気で死んだ人はめったに聞かない。だから筋肉科の医者というものはない。筋肉を専門に療治するのは按摩《あんま》だが、これは医者とはいえぬ。

中国の歴史でも、農村が堅実な時代は概して堅実な社会状態だったといえる。しかし農村問題がただちに王朝の命脈につながった事例は、ほとんどないのである。農民運動、農民反乱はいつも局地的におわっている。それが全国的な秘密結社と連結したときにはじめて大きな勢力になるが、そのときはもはや農民運動ではなくなっているのである。それはすでに循環系統に病根が転移したことを示すものだ。ところが日本の学界には、反乱さえ起きれば農民運動、王朝が滅亡すれば農民反乱と、なんでも農村へもちこむことを好む傾向がある。筋肉科の医学が流行しすぎるのである。

塩の専売はヨーロッパ中世においても、サラセン帝国の影響をうけて普遍的に行なわれた。フランスでも大革命によって廃止されるまで人民を苦しめつづけた。フランス語で塩税をガベル gabelle というのはアラビア語からきているという。

党争の時代

徳宗《とくそう》ののち、順宗《じゅんそう》、憲宗《けんそう》、穆宗《ぼくそう》、敬宗と代々父子が相続し、敬宗ののちは弟の文宗、さらに武宗と兄弟があいついで即位した。まず徳宗の子、順宗の在位は一年たらずであったが、つぎの憲宗から孫の武宗にいたるまで三世五帝の四〇年間、朝廷の官僚のあいだにはげしい党派争いがつづき、国政をなげすてて党利党略のかけひきに終始した。

憲宗のときに、李吉甫《りきっぽ》が宰相となったが、制科《せいか》という特別試験のさい、進士《しんし》の牛僧孺《ぎゅうそうじゅ》と李宗閔《りそうびん》とがその答案の中で、時政を批判し、宰相のやり方をこきおろして優秀な成績で通過した。李吉甫は怒って試験官を左遷したが、この試験官も科挙《かきょ》出身の進士である。科挙は唐代のはじめから隋制を踏襲して行なわれたが、初期にはあまり重視されなかった。それは唐初はまだ貴族主義がさかんであり、高位高官の子弟は任子《にんし》という制度により、親の保証推薦によって官吏に登用してもらえたから、政界ではかえってそのほうがはぶりがきいたのである。ところが安史の乱後、世の中が変わって貴族主義がおとろえ、科挙により実力で政界にのり出す進士などの方が、一般から尊敬されるようになってきた。

科挙や制科は学力試験なので、その試験官にはやはり科挙出身者が任命される。そこで科挙を通じて試験官と及第者とのあいだに親分子分の結合が生じ、かれらはその教養を自慢の種にしてエリート意識をふりまわす。これにたいして任子出身者は、親の威光を自慢して、同様にエリート意識をかきたてて対抗する。エリートとエリートとの衝突であるから妥協の余地がない。そのうえに双方とも、たがいに裏返しのコンプレクスをもっていたから、なおさら始末がわるいのだった。

牛僧孺《ぎゅうそうじゅ》と李宗閔《りそうびん》は、せっかく名誉ある制科に及第したものの、しばらくは地方に出されて冷飯の待遇を受けたが、しだいに頭角をもたげて中央にカムバックした。概していえば、科挙出身の進士には個人的な才能の士が少なくないので、進士派の勢力は時代とともに発展する。ふたりはその領袖《りょうしゅう》に祭りあげられたわけである。

いっぽう李吉甫《りきっぽ》の子、李徳裕《りとくゆう》は当時の古風な貴族のしきたりのとおりに、家庭で勉強してりっぱな教養を身につけたが、わざと科挙には応ぜず、任子の途から出身した。穆宗《ぼくそう》のとき、李徳裕は天子側近の翰林院《かんりんいん》にあり、科挙にからまる不正事件を機会に李宗閔を中央から追い落として親のために仇をとった。今度は李宗閔がひどく李徳裕をうらんだ。ときに進士出身の李逢吉《りほうきつ》が宰相となり、李徳裕を地方へ出し、牛僧孺を引いて宰相として味方につけた。このあとながいあいだ地方で冷飯を食わされた李徳裕は、たいへんに李逢吉、牛僧孺をうらんだ。

唐の憲宗（慶長版『歴代君臣図像』）

敬宗のとき、李逢吉と牛僧孺があいついで罷免されたので、李徳裕はつぎの文宗のとき老宰相、裴度《はいど》に運動して宰相になろうとしたところ、意外にも反対派の李宗閔に先をこされてしまった。李宗閔は仲間の牛僧孺を引きいれて同僚の宰相とし、協力して李徳裕の党派をいっそう圧迫しだした。

唐の武宗（明版『集古像賛』）

ところが牛僧孺が外交問題で失敗してやめさせられると李徳裕が召されて宰相となり、李宗閔をも地方へ追い落とした。そして今度は李徳裕が天子の機嫌を損じて宰相をやめさせられ、かわって李宗閔が返り咲いた。

このような党派争いは単にその領袖たる数人がいがみあうばかりでなく、それぞれに子分がつきしたがって、たがいに排斥しあうのである。文宗は歎息して、地方軍閥が朝廷に反抗するのはまだ始末しやすいが、中央の党争ばかりは手のつけようがない、とサジをなげた。そして党争を解消するために、李宗閔をやめさせ党派色の少ない者を登用することにした。

しかるに文宗のつぎに弟の武宗が即位すると、ふたたび李徳裕をあげて宰相にした。武宗一代は李徳裕が中央に位を占め、李宗閔、牛僧孺は官爵をけずられて遠方へ流謫された。ところが武宗ののち、叔父にあたる宣宗《せんそう》が即位するとまた形勢が変わった。急に李徳裕は宰相をやめさせられ、遠方の地方官として追い出された。流し者にされた李宗閔、牛僧孺は近地へ呼びもどしたが、枢機にはあたらせなかった。

こうして四〇年にわたる党争はどうやら解消されたが、大局的にみて任子と進士との争いは進士側の勝利に帰した。進士が世上に重んぜられ、政界にも幅をきかせるようになると、高位高官の子弟も争って科挙を志すようになり、祖先の威光だけでは出世できない時代になったからである。

天子はあやつり人形

朝廷における党派争いの裏には、じつは宮中における宦官《かんがん》勢力の拡大があった。宦官の本質は王室つきの奴隷である。ところが奴隷であるがゆえにかえって天子にむかって強い発言権をもつ。

唐代には宮中で起こることは、天子一家の家事であって、宰相はなるべく干渉しない風習がある。しかるに奴隷は家事を助けるためにあるので、天子に忠義をつくすという口実で進言しても、大臣がそれをとめるわけにはゆかない。もともと奴隷はほとんど人格をもたないので、また責任もない。奴隷の進言を天子が取りあげたなら、全責任は天子にある。そして天子はとかく側近の宦官の進言に耳を傾けたがるのであった。

武韋《ぶい》の乱ののち、唐王朝が再生した玄宗のころから、すでに宮中で宦官が牢固《ろうこ》たる勢力をきずき、高力士《こうりきし》などという宦官が政治にも影響をおよぼしはじめた。代宗、徳宗が新財政政策をとり、賞賜《しょうし》を餌にして軍隊を動かせるようになると、宦官を監軍《かんぐん》として軍中に派遣して戦功を調査させたが、これがしだいに戦術、戦略にまでくちばしをいれるという弊害を生ずるにいたった。さらに中央の天子の親衛隊、神策軍までが宦官の監督下におかれるようになったので、かれらの発言権はいよいよ強大になった。

代宗が即位するについては、宦官の後援があずかって力あった。代宗の曽孫、憲宗はながいきがしたくて強い薬を飲みすぎ、ときどき精神錯乱して怒り出すとブレーキがきかず、近臣を手討ちにした。在位一五年で急死したが、宦官に毒殺されたというもっぱらの噂であった。しかし宮中のことは宦官が心をあわせて隠蔽すれば、それは一家の家事で、朝廷の大臣はそれを究明することができないのであった。このころから朝廷では大臣のあいだの党争が激化する。両派はたがいに相手が宦官と結託していると非難したが、じつは双方とも同じことをやっていたのであった。

憲宗をついだ穆宗《ぼくそう》も長命薬を飲みすぎてかえって早死にした。つぎの敬宗は宦官に殺されたが、この暗殺者を殺して、弟の文宗を擁立したのも宦官であった。ところが文宗はあまりに宦官の専横なのを憎み、大臣とはかってその有力者を誅滅しようとしたが、事あらわれてかえって大臣ら同謀者が全部殺された。このことはいよいよ宦官の勢力をさかんにする結果を招いた。文宗は怏々《おうおう》として楽しまず、死ぬときに兄敬宗の子を太子に立て、これに位をつがせるつもりであったところ、天子が病気重態なのに乗じ、宦官らはその弟を招き、天子の死後即位させた。これが武宗であり、もとの太子は母とともに殺された。

武宗は仏教排斥を行なったことで有名であるが、排仏の裏にはつねに道教派の策動があり、道士が天子に取り入る手段は、常に不老長生の強壮薬を進めることであった。しかるにこの強壮薬ははなはだ危険な代物で、これまで何人の帝王がそのために精神錯乱におちいったり、死期を早めたりしたか知れなかった。

武宗もまたその愚かな犠牲者のひとりであり、薬をのんで身体の異状を感じたが、道士らは、

「それは陛下の骨に仙人の骨が入れかわったためで、なが生きの証拠です」

とあざむいた。しかし現実はあざむくことができず、まもなく天子が病死すると、宦官らはその叔父にあたる宣宗をかつぎ出して天子の位につけた。

唐の宣宗（慶長版『歴代君臣図像』）

宣宗は唐の末期にめずらしく英明な君主で、武宗に取り入っていた道士を殺し、仏教を復興させた。日本僧円仁《えんにん》が渡来したのはこの前後であり、かれはまのあたり武宗による排仏の実況を目睹《もくと》して、貴重な記録『入唐求法巡礼行記』を残している。

この名君と称せられる宣宗も最後には、前車の轍《てつ》にこりずに、強壮薬を飲んで毒にあたり、背に腫《はれ》物ができて死んだ。宦官らは宣宗の遺志にそむ

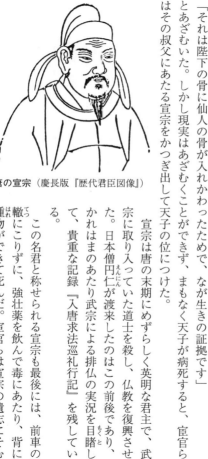

き、暗愚な長子を擁立したが、これが懿宗《いそう》である。在位一四年間、なにひとつ取りえがなかったと称せられる。懿宗が死ぬと宦官らはその子の中から僖宗《きそう》を擁立したが、年一二歳であった。年少でもっとも御しやすいというのが宦官らの目のつけどころであった。

唐王朝の後半、天子の交替ごとに宦官勢力の介入せぬことはほとんどなかった。最初は大臣と協力して事を運んだが、のちには大臣を疎外して天子の家事に干預《かんよ》せしめず、新天子擁立の権は天子になくして宦官の手にあった。すでに天子は宦官の力によって即位したので、即位ののちも宦官にあれこれと干渉をうけ自由を得なかった。

文宗のごときはこれを憤慨して、

「むかしの暗君は大臣のために政治を左右されたが、今の自分は家奴のために制を受けて身動きならぬ」

となげいたが、どうすることもならぬ状態であった。これに反して宦官側は意気軒昂として、

「天子などはわれわれが使うあやつり人形さ」

とうそぶいた。当時宦官は定策国老——天子を取り立ててやった国家老、皇帝は門生天子——宦官に及第点をもらった天子ということわざがはやった。

権力者の弱味

北魏から唐代にいたるまでどれだけ多くの天子が不老長生の薬を飲みそこなって、かえって死期を早めたことだろうか。「永遠の生」ということばは、なるほど人間の最終的な弱点をついたものにはちがいない。しかしほんとうにそんなものがあったなら、ながい歴史のあいだには、幾人かの実例があって今の世まで生きながらえてみせてくれたはずなのだ。だからこの愚かな帝王たちは、実験を信ずるよりも理論を信仰したにちがいない。結局は道教に誤られたことになったのである。

道教は中国古来の民間信仰のうえに、仏教の思想を取り入れ、老荘思想を加味してできあがったものである。道教は仏教教理の影響を受けたため、仏教側から浅薄な模倣だと軽蔑されるのをまぬがれない。これにたいして道教側の反撃は、それが口国の国産であり外来宗教ではないことの強調、および仏教が来世を説くにたいして、道教は現世の利益を約束する点にあった。そして現世の利益の中で、不老長生にまさる好餌はまたとないのである。

それならどうして不死が可能かというと、それは無限大という概念の導入による。世の中に健康を増進する薬品というものがたしかに存在する。その中には、あまりきかない薬と、ひじょうによくきく薬とがある。さすればこのききめをしだいに延長さすことが可能なはずであり、それが極限に達すれば人生を無限に永からしめることもまた可能でなければならぬ。

いっぽう、人間には健康法というものがたしかにある。この健康法は人間の老衰を防ぐ効果があるのも事実である。さすれば日々の老衰を無限小にとどめておけば、その人の生命は永久に変わらないはずである。そのような薬、そのような健康法はかならず存在する、というのが一部道士たちの信念であり、苦心してその薬、その方法を探求した。

いったいに中世社会は質を尊ぶ社会である。人間に貴族と奴隷とがあるように、また馬に駿馬《しゅんめ》と駑馬《どば》とがあるように、物質にも至純なものと雑駁《ざっぱく》なものとがある。その至純なものこそ不老長生の薬にちがいないと考えた。ときによるとそれは高山に生ずる霊芝《れいし》であったり、地底にひそむ石精であったりするあいだはよいが、まかりまちがうと童男童女の肝《きも》であったりする危険に落ちこむ。

そういう純なる物質は一般の世人では求められないが、帝王の特別なる権力をもってすればかならずしも不可能でないという自負が、君主をまどわすのである。結局、無力な人民ならばけっしておちいらない誘惑に、権力あるがゆえにりっぱそうに見えた君主までがうかと落ちこんでしまう。ちょっと試みて薬にききめがあらわれると、たくさん飲めばいっそうききめがあろうかと思い、麻薬、ホルモン剤のようなものを飲みすぎて、われとわが命を断つのが落ちであった。

無限大思惟の世界

老子の『道徳経』の中に極ということばがあって無限大の概念に近いが、道教のそれはやはり仏教の論理からきたものであろう。インドは古来数学の発達した国であり、零《ゼロ》の概念は世界中でインドが根源をなすと考えられる。同様に無限大の概念も普遍的に仏教教説の中にあらわれる。阿弥陀仏の無量寿《むりょうじゅ》（寿命が無限であること）などがすでにその例である。

五胡時代に長安で後秦の姚興《ようこう》のもとで翻訳を行なった西域僧、鳩摩羅什《くまらじゅう》の直系として認められるのは三論宗である。その宗旨は「破邪顕正」つまり誤りを正せば真理がおのずからあらわれるというにある。たとえば真理とは定義すべからざるものとしてつぎのような譬《たと》えを設ける。

真理は大か。曰く非大。しからば小か。曰く非小。しからば大にして小か。曰く非大而小。しからば大にして小なるに非ざるか。曰く非非大而小、大にして小なるに非ざるに非ず。しからば大にして小なるに非ざるに非ざるか。曰く非非非大而小、大にして小なるに非ざるに非ざるに非ず。

これではどこまでいってもつきない。しかし否定のしっぱなしでは議論にならない。そこで無限大の極限を想定して、そこに肯定を求める。数学ならば平行線のまじわる位置で真理を考えたらばどうなるか。そこから三論宗の本音がはじまるのである。

唐のはじめの玄奘三蔵《げんじょうさんぞう》（五九六～六六四）は、中央アジアからインドに入り、多数の経典を求めて帰り、翻訳事業に従事した。その旅行記『大唐西域記』は当時の東西交通、インドの実状を記録した貴重な史料となっているが、その翻訳事業もまた一時期を画したもので文法的にはなはだ正確と称せられ、従前のものを旧訳とするにたいし、これ以後を新訳とする新しい時代を開いたものである。

かれの直系は法相宗《ほっそうしゅう》と称せられ、唯識《ゆいしき》なる認識論をもって仏法を説くのを特徴とする。人間の心の作用にはまず、相分、見分、自証分という三段階がある。相分とは見られ、聞かれる対象であり、たとえば鏡にうつった影像のごときものである。つぎにこれをうつす鏡のごとき作用が見分である。つぎにうつしとったならば、そのうつしとったという自覚を起こすのが自証分である。

しかし心の作用はそれだけにとどまらず、自証分が自覚したことをさらに自覚する作用があり、これを証自証分という。さらにまたそのうえにこれを自覚する作用があって、これを証証自証分という。

このように論じていけば、これも永久につきないつみかさねになって果てしがない。そこで無限大の距離を省略して極限のところを考えたのが阿頼耶識《あらやしき》、第八識というものである。これはそれまでの認識作用を自覚しながら、他から自覚されない極限にある意識である。

る。宇宙間の森羅万象と思われるものはすべてこの第八識なる心の作用であるという唯心論となる。

このような論法は、先秦時代には荘子などにもその萌芽がみられるが、思想界の大きな潮流として論究されたのが、中国中世の特色である。中世は宗教の時代であることはヨーロッパにおいてもいわれるが、中国もまた同様であった。そして仏教の無限大の論理は、つぎの宋代における太極論理のために根柢を提供したものであった。

反乱を起こした闇商人

唐王朝が中期以後、財政国家に変貌したことは、はなはだ賢明なやり方のようにみえて、じつは大なる犠牲のもとにおいて遂行されなければならなかった。しかもその犠牲に身をもってあたらねばならぬのは、唐王朝ばかりでなく一般民衆にほかならなかったのである。日常の生活に必要欠くべからざる塩になん十倍の消費税をかけるのは、そもそもはじめから無理無体な政策である。なんとなれば、そのようなやり方は必然的に闇取り引きを誘発せねばおかぬからである。もちろん政府は厳重な取締りを怠らない。しかしそこにはきわめて大きな危険が存在する。というのは、闇取り引きには常に奇妙な法則が支配するからである。まず公定価格が高ければ高いほど、闇取り引きはさかんになる。これにたいして、取締りが厳しければ厳しいほど闇取り引きの利益は大きい。つまり厳重な取締りのもとに高い塩を売ろうとすれば、それだけ闇取り引きが繁昌し、闇商人もしたがって多くなるわけである。

闇取締りには官憲の数を多くするのと、制裁を厳酷にするとの二方策がある。ところがここにも奇妙な法則が成立する。官憲の数を多くすればするほど、その費用が多くなり、それだけ公定価格を引き上げなければ採算がとれない。法律をきびしくすればするほど、闇商人の方でも対抗策を講じ、あるいは秘密結社を組織し、あるいは消費者と緊密に連絡するので摘発が困難になる。同時に官憲が買収される機会も多くなる。

結局、塩専売のような政策はほんの一時、急場をしのぐために用うべきであって、もしそれが永続すると、秘密結社を培養し、社会不安を醸成するというおそるべき結果を招来するものなのである。ところがこのような悪税ほど、一度はじめたらばやめられないのが通常である。

唐のばあいも塩専売をはじめてから百余年、僖宗《きそう》即位のはじめに早くも反作用が表面にあらわれ、唐王朝はしたたか代価を支払わされることとなった。今の山東省《シャントン》の西部は、かつて『水滸伝』で有名な梁山泊《りょうざんぱく》、鉅野《きょや》の沢《たく》のあったところで、水路が縦横に通じ、盗賊の隠れ家としてもってこいの地方である。この付近の生れで王仙芝と黄巣《こうそう》のふたり、塩の闇商売で相知り意気投合し、たまたま旱魃《かんばつ》洪水に見舞われて人民が流離したのに乗じ、まず王仙芝が徒党数千人を集めて兵をあげ、その翌年、黄巣がこれに応じて合体し、たちまち衆数万にいたった（八七五年）。

このばあいも日本、中国の〝筋肉派〟の史学は、これをもってただちに農民暴動とみなすのであるが、真相はどうもそうではない。もちろん農民も困窮すれば反乱に荷担するのは当然だが、かれらの活動状況をみると、とうてい世間知らずの農民の動きではない。その中核はやはり王仙芝、黄巣と同様、天下をまたにかけた闇商人の団体にちがいない。そしてこれを助けた者は、当時河南省南部の原野に強制移住させられていた異民族、ことに回紇《ウイグル》部族の落ちぶれ者であった。

流賊皇帝黄巣

回紇は一時モンゴル地方で強盛をきわめ、唐を属国視して専横にふるまったが、文宗の末年（八四〇年）、さらに北方のキルギス部のために撃破され、部族が四散してあるいは天山南路に、あるいはさらに西方サマルカンド方面に逃走定着したが、その一部は唐に降って内地へ移住させられていたのである。

もともと遊牧民族は農業を好まず、むしろ商人に転身するのを好んだので、塩の闇商人にはこれら回紇人が少なくなかったであろうと思われる。日本でも戦後の闇市は第三国人でにぎわい、ドイツでは第一次大戦後ユダヤ人闇屋の横行が、深くドイツ人の憤りを買ったことはよく人の知るところである。

とまれ地理に明るい闇商人がまだ遊牧の野気を失わぬ異民族と合体したので、その活動は虎に翼が生じたごときものである。王仙芝の戦死後、黄巣が衆をひきいて転戦し、天下を横行するにむかうところ敵なき勢いがあった。河南から揚子江流域に出て、海岸沿いに南下して広東《カントン》をおとしいれて殺掠をほしいままにし、さらに北上して長安に迫った。天子の僖宗は驚いて都から逃げ出し、玄宗の先例をまねて蜀に落ちのびた。

唐の財政国家である特色は、このときにも発揮された。唐は武力援助を沙陀《さだ》部族に求めたのである。沙陀はもと突厥の一部であり、吐蕃に服属していたが、このころ独立して東方に移動し、オルドス付近一帯に散布し、その酋長は唐の姓を賜わって李国昌《りこくしょう》と名のり、節度使に任ぜられたが、その子、李克用《りこくよう》は武勇絶倫のほまれが高かった。唐は山西北部に独立政権の樹立をくわだてている李克用に、救援を要請したのである。

いっぽう黄巣は、かつて科挙に応じて進士になろうとして失敗したというから、当時としては知識階級に属する。その点がかれをして厖大な反乱集団の統率者たらしめるに役立ったことは疑いない。ところで黄巣は、一地にながく定着して領域を確保し、人民を再編成する意図をもたなかった。

かれらはいわゆる流賊《りゅうぞく》で、その兵力を集中して分散させず、富裕な都市を占領してはその蓄積を消費し、消費しつくすと他へ移動するので、あたかも遊牧生活のごときものがある。兵を起こしてから中国内地を北から南まで劫掠《ごうりゃく》してまわり、六年目に長安を占領した。ここではじめて黄巣は皇帝の位につき、国を斉と号して唐にかわって全国の統治者たらんとした。ところが黄巣集団はこれまで人民を掠奪の対象とのみ考え、ほんきで人民のための支配を試みた経験がない。大斉皇帝の統治はたちまち諸方で頑強な人民の抵抗にぶつかったのである。

そこへ李克用の沙陀部隊が突如として出現して攻撃をしかけてきた。黒装束に身を固めた沙陀の騎兵隊が戦場にあらわれると、黄巣軍団はその飛鳥のような快速な行動に気をのまれ、烏部隊と呼んで恐怖した。黄巣は戦うたびに大敗を喫し、長安をすてて東方に逃れたが、途中で部下に殺された（八八四年）。

これよりさき、黄巣の配下の将、朱温《しゅおん》は唐に降り、名を全忠と賜わり、李克用の沙陀部隊とともに反軍を破って功を立て、汴州《べんしゅう》の節度使に任ぜられた。汴州はのちの開封《かいほう》であり、大運河と黄河の交叉点にあたり交通の要衝であるから、四方の物資がここに集中する。いまや黄巣が殺されてその集団が分解すると、士卒は朱全忠のもとに投降する者が多く、朱全忠は汴州の地の利によりつとめて軍士を麾下に収容したので、かれの勢力はがぜん強大となり、四隣を圧倒する気配を示した。

はじめ朱全忠は沙陀の李克用と協力して反軍討伐にあたったが、事によって相憎み、たがいに兵を動かして敵対するにいたった。沙陀部族は往時の突厥や回紇とは異なり、長城付近に散在する少数民族にすぎないので、中国中部の資源を背景とし、百戦の練磨を経た黄巣旧部下の精鋭と戦うと、もろくも敗退し、山西北部に逼塞《ひっそく》して、おもむろに後図をはかるよりほかないまでに追いつめられてしまった。

見はなされた朝廷

黄巣の反乱が表面的に鎮圧され、長安も回復されたので、僖宗はふたたび都に帰ったが、そのときは、天下はもはや唐の天下ではなかった。これまでも天下はすでに瓦解の徴候を示してはいた。ことに河北の三鎮は唐から分離して、独立の態度を示してはばからなかった。その他の遠方の節度使も半独立の状態にあり、いかに朝廷が財政困難におちいっても、見て見ぬふりですませ、あえて金帛《きんぱく》を送って援助しようとしなかった。

しかし唐は経験によって、これらの独立、半独立の勢力に武力討伐を加えることは、労多くして功少ないことをさとった。唐は重点的にもっとも経済力ある地方だけを支配下におけばがまんできると考えざるを得なかった。それは大運河の沿岸地方で、長安から杭州にいたるまでの帯状の地域である。そこからは塩も穀物も絹も、およそ必要な物資は入手できてあまりがあり、その余裕で平和すらも購うことが可能であったのだ。

しかるにいまや大運河と黄河との交叉点の汴州は朱全忠の手に落ちてしまった。朱全忠軍団はあきらかにこれまでのいかなる武力集団ともちがい、根柢に反唐意識を有する異質的存在である。なんとなれば、それは黄巣集団の換骨奪胎したものにほかならぬからである。そして朱全忠の対抗馬として利用しうる唯一の存在たる李克用の沙陀部隊は、ときの利を失って北方に蟄息の状態に追いこまれているのである。

ただ唐王朝にとって幸いなことは、朱全忠の勢力はまだ十分に確立していないことである。黄巣集団が瓦解したとき、その部隊は思い思いの方角に走って、いたるところに波紋をまきおこしたが、当時各地で独立の機をうかがっていた野心家の将軍たちは、この旧黄巣部下の敗残兵を収容して自家勢力拡張の道具に利用しようとした。

その最大なるものは揚州を占拠した楊行密《ようこうみつ》であり、その南方、揚子江をへだてた杭州には銭鏐《せんりゅう》が興りつつある。そのほか、湖北には高季昌《こうきしょう》、蜀には王建《おうけん》が地盤を固めているので、汴州を掌握した、といっても、朱全忠は大運河流域の一部を占領したにとどまり、四方を群雄に圧せられて、いまや自己生存のために内部の整理に忙殺されている状態である。されば、唐が内部の結束を固めて、静かに天下の形勢をうかがって動くことができたならば、朱全忠といえども、大きな危険をおかしてまでにわかに簒奪を行なうような手段には出られなかったところである。

しかるに王朝の命脈がつきるときは、やはりそれだけの理由があることで、みずからすすんで滅亡をとるようにと、自然に動いていくものなのである。天子僖宗が死んだあと、弟の昭宗が宦官の手によって擁立された。昭宗は個人としてはりっぱな天子であり、教養があり覇気があった。もし天下太平のときなら英明の君主として十分に通用するところであった。しかし衰乱の末世にあっては、英明な素質はかえって王朝の滅亡をはやめる効果しかない。この点でかれは明末の崇禎帝《すうていてい》と似かよった点があり、はじめから悲劇的な犠牲者の役割をになって歴史の舞台に登場させられたのであった。

帝国の終焉

長安の西、鳳翔《ほうしょう》の節度使の李茂貞《りもてい》は凡庸な質に似ず、都に近いのを幸い天子を擁して天下に号令しようとだいそれた野心を抱いた。朝廷内部にも内応する者あり、しばしば長安を攻めて天子を悩ました。宰相の崔胤《さいいん》は朱全忠を背景として相位《しょうい》を固め、宦官が李茂貞と結んで専横なのを憎み、しだいにその権力をそぐことを計った。

これを知った宦官劉季述《りゅうきじゅつ》らは先んじて事をあげ、昭宗を廃して幽囚し、皇太子を位につけ、大いに昭宗の側近を殺戮した。ただ崔胤は朱全忠の後援があるので手出しをひかえているうち、崔胤は親衛隊の将校と結んで劉季述らを殺して昭宗を復位せしめた。昭宗はいよいよ宦官の横暴を憎み、崔胤とはかりことごとく宦官を誅滅しようとくわだてたが、これを聞き知った宦官らは天子を脅して西に走り、李茂貞のもとに身を寄せた。

崔胤はのがれて朱全忠に救援を求め、朱全忠は全軍を動員して長安にはいり、すすんで李茂貞の根拠地、鳳翔《ほうしょう》を攻囲した。李茂貞は防戦につとめたがしばしば敗北を喫し、やむを得ず宦官の首謀者七十余人を殺し、昭宗を釈放《しゃくほう》して朱全忠に和を請うた。朱全忠は昭宗を迎えて長安に帰ったが、宰相崔胤とはかり、残余の宦官数百人を殺し、わずかに幼少なる者数十人をとどめて使役に供せしめた。

ここにおいて崔胤は朱全忠を外援として朝政を左右し、専横な人事を行なったが、しかし両人の利害はやがて衝突するときがきた。従来宦官の監督下におかれた親衛隊は今度の事変で潰散《かいさん》したので、崔胤は新たに部隊を組織し、みずからその隊長を兼ねた。このとき朱全忠は将来にそなえ、その腹心の軍士にいいふくめて、軍隊の募集に応じて親衛隊にもぐりこませたのである。はたして天子と崔胤はその側近とはかって、四方の独立勢力と連合して朱全忠を弱めようと陰謀をめぐらしはじめた。

崔胤に利用されたふりをしながら崔胤を利用してきた朱全忠にとって、もはや崔胤はこれ以上利用価値がなくなった。朱全忠は昭宗に迫って崔胤を免職させるとともに、軍隊をやって崔胤の邸宅を囲んでその側近をあわせてこれを殺した。都の長安は朱全忠の根拠地たる汴州から遠く、李茂貞らの小軍閥の撓乱《とうらん》を受けやすいので、ついに天子、百官、士民を駆りたてて洛陽に遷都させた。士民は口々に崔胤が自己の野心のために朱全忠勢力を朝廷に引きこんだのをののしりながら、号泣して洛陽へうつってきた。

もうこうなっては天子昭宗もまた、おちぶれた一流人にすぎなかった。かれは当時の流行歌、

紇干山頭凍殺雀　　グルカン山の寒さは雀も凍死するとか

何不飛去生処楽　早く飛び去って生きられる場所で安楽に暮せばいいにを吟じ、自分にはその飛んで行く場所さえないのだ、と歎息してなみだにむせんだ。一天万乗の君も寒雀《かんすずめ》の自由をうらやむまでに落ちぶれたのである。ここにも中世的な悲哀があった。

朱全忠の毒手はいよいよ昭宗の身辺にせまり、まず生き残った宦官をさらにみな殺しにし、天子の側近を去り、ついに昭宗を殺してその子、一三歳の哀宗《あいそう》を位につけた。さらに唐政府の官僚らにたいする大量の殺戮を行なったあと、即位四年目の哀宗にせまって位をゆずらせ、朱全忠が天子の位についた。これが後梁《こうりょう》の太祖である（九〇七年）。これより中国は短命王朝が継起する五代の分裂時代にはいる。

中国中世の終幕

諸国乱立

かねて予期されたこととはいえ、さすがに三〇〇年近くつづいた唐王朝が現実に倒壊してみると、それは四方に大きな衝撃をあたえないではおかなかった。これまですでに半独立の態勢を固めていた地方の群雄はこれを機会に、梁の革命を否認することによって自己の独立を正当化する方向にむかって動いたからである。

群雄ははじめは梁の主権を認めず、いぜんとして唐の正統を奉じ、その年号を守りつづけるという態度をとり、やがて一転して唐の滅亡を事実として追認し、正統の天子が存在しない以上は、自己も独立の王国を建設する権利をもつと称して、国号、年号を立て皇帝と名のるという径路をたどるものが多かった。

当時相前後して帝を称する者に、淮南《わいなん》楊氏の呉国、福建王氏の閩《びん》国、広東劉氏の南漢国、四川王氏の蜀国などがあり、王と称する者は浙江《せっこう》銭氏の呉越国、湖南馬氏の楚《そ》国、湖北高氏の荊南《けいなん》国などであった。この分裂状態は宋初まで約六〇年継続するが、これが中国史上では最後最大の分裂であった。そしてもしこれを、従来の例にならってヨーロッパの歴史上に対比を求めるなら、おそらくそれはドイツ皇帝大空位時代（一二五六〜一二七三）前後の混乱に比較することができるであろう。

混乱はたしかに混乱である。しかしその混乱の中に、やがてきたるべきルネサンスの胎動がはじまりかけていた。しかも不思議なことに、混乱のいちじるしかったヨーロッパの方が、いざルネサンスの黎明をむかえる段になると、その光輝がはるかに他よりまさって強く光り輝いたのであった。

従来天下が分裂するときは、多く華北中原に強剛が割拠するのを常としたが、五代においては、揚子江流域以南に一時に多数の独立国が群生し、その国境がだいたいにおいて現今の省の境界に一致する。南方の分裂は中国歴史上の一転機を示すもので、それだけ資源の開発がすすみ、人口が増加したことを物語っている。

これら南方諸国は、いわゆる財政国家に近いものであり、極力領内の特殊物産の育成につとめ、これを輸出することによって富国強兵をはかった。ことに製茶業はこの時代に大なる発展をとげ、つぎの時代にはいると、重要なる対外輸出品として国際貿易界に花々しく登場するのである。

後梁滅ぶ

しかし後梁の太祖、朱全忠にとって、南方諸国はその本質が財政国家である点において、大なる脅威を感じないですんだ。もっともおそるべき敵手は、山西省の北方に蟠踞《ばんきょ》する沙陀族の李克用であり、この晋国は武力国家の最たるものである。しかもその領内には鉄鉱と石炭を出し、唐代より良質の鉄器の産業をもって知られている。さらに北方より良馬、戦士の補充の便に恵まれており、これらを綜合した戦力は軽視すべからざるものがあった。はたして李克用が死んで、その子の李存勗《りそんきょく》がつぐと、梁にたいして必死の反撃を試み、それが功を奏して梁軍に大敗を喫せしめ、にわかに形勢が逆転するにいたった。

しかも梁の太祖朱全忠は家庭争議の犠牲となり、即位の六年目に子の朱友珪《しゅゆうけい》に殺された。こんなことがはじめからわかっていたなら、なにも無理な殺戮を行なって、唐を簒奪する必要はなかった。かれの死にざまははなはだ安禄山、史思明のそれと似ており、どこか異民族的なところがある。これもまた黄巣集団が中国農民よりも、北方民族の内地に配流された失業者の駆り集められた者だとする仮定の正しさを裏書きすることになるであろう。

朱友珪はまもなく弟の均王、朱友貞《しゅゆうてい》に討伐されて殺され、友貞が即位した。ときに晋王李存勗は河北に独立の態勢にあった三鎮を降し、これを先鋒として梁を攻めたてたので、梁の領土は年ごとに縮小し、抗戦一一年ののち、ついに都の開封がおちいって国が滅びた。

落城にさきだって均王はその兄弟が謀反するのではないかと疑ってことごとくこれを殺し、その死をたしかめてから部下に命じて自分を殺させた（九二三年）。

後梁が後世に残した遺産は、その国都、開封府である。開封という名はすでに古く春秋時代から知られた名であるが、隋が大運河を黄河水運に連結したとき以来、その交叉点たるの故をもって急激な発展をとげ、後梁代にいたってその国都たる地位をあたえられたのであった。国都の条件を軍事的な山河の固めに求めた時代はすでにすぎ去った。日本ならば鎌倉幕府の時代はおわって、江戸幕府の時代にはいらねばならなくなったのと同じである。

唐の後継者

晋国の李存勗《りそんきょく》は後梁を滅ぼして帝位についたが、父以来の宿志をとげると、その姓の李は大唐より賜わったものであり、これは同時に大唐の後継者たる権利を承認されたものと解釈し、国を唐と号してその正統性を主張した。これが後唐の荘宗である。しかしながら南方諸国でその主権を認め、その年号を奉じたのは閩《びん》国などの弱小国にすぎなかった。

ただ後唐は華北においては、前朝の後梁よりもはるかに大なる領土を擁し、正面からこれに敵対するほどの相手は存在しなかった。このことが後唐の天子李存勗、荘宗をして安逸にふけらしめる悪結果をまねいた。しかもかれは唐の後継者たることを強調するのあまり、唐の東都の洛陽を都として、開封を放擲したのが失敗の一因となった。

荘宗の態度に不満な軍隊が謀反を起こし、かれの義兄弟である李嗣源《りしげん》を擁して開封を占領すると、洛陽の荘宗政府は糧道を絶たれて抵抗する望みを失った。そのうちに親衛隊の中からも暴動が起こって荘宗はわずか在位三年に満たないで殺された。これが十数年間、強敵の後梁をむこうにまわして悪戦苦闘をつづけ、最後に勝利の栄冠を得た英雄の最期とは思えぬ腑甲斐《ふがい》ない死に方であった。

かわって李嗣源が軍隊に推戴され帝位についたが、これが明宗である。かれもまた同じく異民族出身で李克用の養子となり、荘宗を助けて後梁を滅ぼすのに功があり、軍中に人望があった。帝位についたときは、すでに年六〇歳を越え、人生の甘苦を知りつくしていたとみえ、ひたすら民生の安定に意を注いだので、その治世八年は乱世の中において小康を保った時代と称せられた。

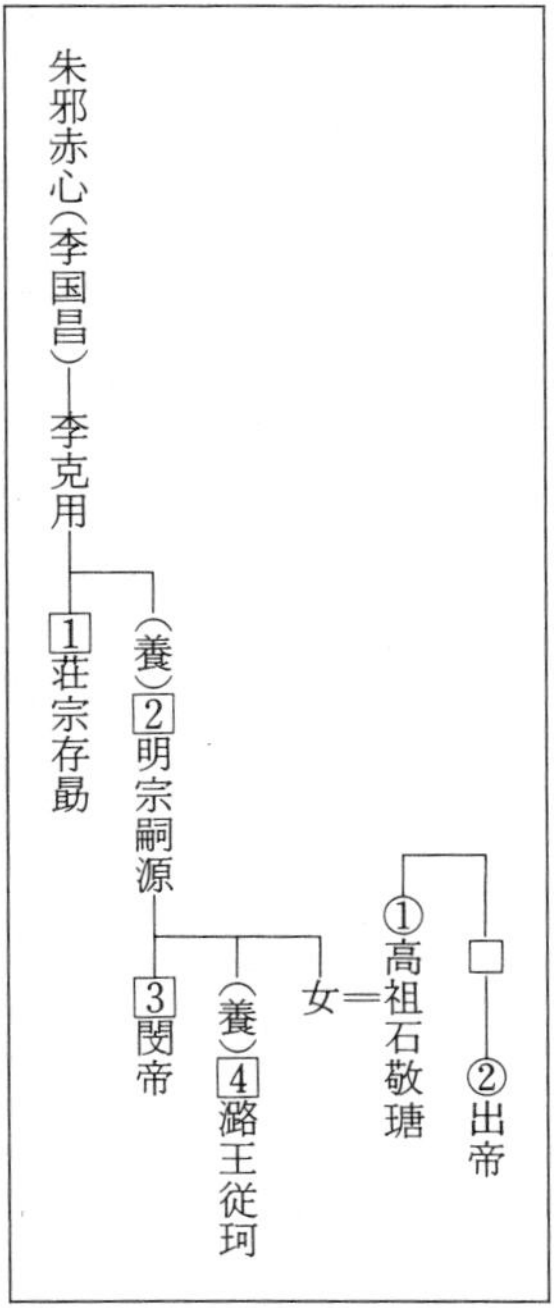

後唐、後晋系図（[1]は晋、①は唐）

明宗が死んで子

の閔帝が即位すると、義兄弟の潞王《ろおう》、李従珂《りじゅうか》が反して開封をおとしいれ、閔帝を殺して帝位についた。しかるに明宗の女婿、石敬瑭《せきけいとう》は明宗在位中から、その才力をもって李従珂と功を競ったライバルであった。されば李従珂が一歩さきんじて天子となったものの、石敬瑭の存在がめざわりでたまらず、その勢力を弱めようと圧迫してかかった。これにたいして石敬瑭は、確固たる根拠地をもっていなかったので、窮余の策として、当時北方に雄視《ゆうし》していた契丹族の援助を求めて革命をくわだてたものである。

北方の雄国

契丹なる民族は満洲と内蒙古の境、いまの遼寧省《リャオニン》内から起こったモンゴル系の民族であり、唐代からその行動が活発となってきたが、その酋長、耶律阿保機《やりつあぼき》は中国人を領内にまねいて都市をたて、富国強兵をはかってモンゴル地方の大勢力となった。後梁のとき、かれは皇帝の位につき、年号をたてたが、これが遼の太祖である。

遼は東方では満洲に栄えた渤海国を討ってこれを滅ぼし、北、西はモンゴル地方の諸部族を征服して、唐代の回紇《ウイグル》にかわって覇権を確立した。従来モンゴル地方に覇を称するものは、多くアルタイ山の西方に興り、つぎつぎに東方へおし出されて武威をかがやかしたものであったが、いまや契丹の出現は従前の慣例をやぶり、東方から起こってその勢力を西方におよぼすにいたった。これにつぐものにモンゴル族、女真族、満洲族があってみな同様である。

草原地方の遊牧的民族勢力の消長は、その南に位する定住民族の文化をそのまま反映する。従前、西方遊牧民族が優勢であったのは、西アジア文化の優越を反映したものであった。しかるに五代以後、東方遊牧的民族の優位は、その南に接する中国文化の飛躍的な発展を背景としたものにほかならぬ。ことに注意すべきは中国の鉄工業の発展であり、中国の製鉄業を自国に吸収した東方民族が、西方を圧倒するにいたったのであった。

石敬瑭に援助を求められたのは契丹太祖の子、太宗であり、中国進出の好機としてこれを利用した。かれは石敬瑭に騎兵五万をあたえ、後唐の軍を破り、石敬瑭をたてて晋の皇帝の位につかしめた。これがいわゆる後晋の高祖である。高祖が洛陽にせまると後唐の主、李従珂は自殺して国滅び、高祖はあらためて開封を都と定めた。

後晋の高祖はすでに契丹によってたてられた天子なので、契丹にたいしては臣と称し、援軍の代償としていまの北京、大同をふくむ地方、いわゆる燕雲《えんうん》十六州を割譲し、さらに歳幣《さいへい》として年々絹三〇万匹の贈与を行なった。これははなはだ屈辱的な条約と称せられるが、じつはそのまま両国の実力を反映したものにほかならなかった。

もっとも短命な王朝

高祖が死んでその甥が立ち、出帝となるが、朝臣は契丹にたいする屈辱にたえきれなくなった。先帝のときは先帝のとき、今度新帝が立ってからははじめから中国の皇帝であると称して、契丹にたいする従属関係を断絶した。契丹の太宗は大いに怒って、軍をあげて南下した。後晋はこれを邀撃《ようげき》して二回の勝利を得たが、そのために慢心したのがかえってわるかった。三度目に契丹軍は開封に攻め入り、出帝をとらえて北に送り、太宗はそのまま開封にとどまって中国の支配者になろうとした。そのためにとくに国号を中国流に改めて遼と称した。

しかし言語の通じない中国にはいって、軍政を布いて人民にのぞもうとしたのは、もともと無理なくわだてであった。契丹軍は中国人民を統治するよりも、掠奪するにいそがしく、これにたいしてさすがに温和な中国人民もたまりかねて反抗し、血で血を洗う凄惨な民族闘争の場面がくりひろげられた。

後唐以来の文官の棟梁とみられていた馮道《ふうどう》は、このとき、閑地について地方に出ていたが、勇気を出して契丹の太宗に謁見し、

「こんなときには神様も仏様もほかにない。天子さまこそ神仏と同じだ。どうかこの罪のない百姓の命をお助けあれ」

と懇願した。それがどれだけの効果があったか知れぬが、当時の人々はかれの勇気ある行為を賞讃した。ソビエト軍が満洲、樺太《からふと》に侵入したとき、日本の官僚、軍隊の中にひとりの馮道がいたであろうか。

中国の統治に手を焼いた契丹の太宗は、自身も病気にかかったので、兵をまとめて北に帰ろうとし、途中で病に倒れた（九四七年）。かわって兄の子、世宗が位についた。

遼の支配に反抗して、諸方に中国人の旗上げが行なわれたなかに、もっとも地の利を得たのは晋陽の軍閥、劉知遠《りゅうちえん》であった。沙陀族出身の将軍で、後晋の高祖をたすけてその覇業を成さしめるに功があった。契丹の侵入にゲリラ戦をもって抵抗し、晋陽で皇帝の位につき、国を漢と号した。これは単にその姓が劉であるという理由にすぎない。契丹が中国から退去すると、いれかわって開封にはいり、ここを都とした。これが後漢《こうかん》の高祖である。

高祖の在位は一年にも満たなかった。かれが病死したあと、子の隠帝が位をついだ。ときに年一八歳、血気いまだ定まらず、わるいさかりの年ごろである。父が親任していた大臣や将軍の発言権が強く、自己の意のままにならぬのに不満を抱き、つぎつぎに大臣を殺して、最後に将軍の郭威《かくい》を殺そうとした。郭威が反旗を翻して都にむかうと、天子の親衛隊はさきを争って降り、天子も乱兵の殺すところとなって、国が滅びた。後漢の治世はわずかに四年、短命王朝があいついだ五代のあいだにあっても、もっとも短い。

新しい息吹き

開封にのりこんだ郭威は、後漢の隠帝の子が自立をはかっているのを廃してみずから帝

後周の世宗（明版『集古像賛』）

位につき、国を周と号した。これが五代最後の王朝、後周の太祖である。かれは当時すでに七〇歳になっていた馮道《ふうどう》を召し出して宰相とした。馮道はこれまで王朝の革命、交迭に何度となく際会しながら、一度もその権力争奪の渦中にまきこまれることなく、革命がすめばそのまま新王朝の宰相に復活するのを常とした。これをもって後世の歴史家には、その無節操を攻撃する者が多いが、これには当時の世相を考慮に入れなければならない。

五代は軍人同士が覇権を争奪する戦場であって、勝つも負けるも武器を取った軍人だけが全責任を負う。文官は非戦闘員であるから、それが戦争に介入しないかぎり、どちら側にいてもその責任を問われることがなかった。ことに天子といっても後唐、後晋、後漢の三代は異民族出身である。かれらもまた異民族たることを自覚して、あたかも博徒の縄張り争いには素人に手を出さぬごとく、文官を別物に取り扱っていたのである。

そこで文官は天子に結びつくよりも、むしろ人民に結合し、戦乱の最中にいくらかでも人民の味方になってその損害を少なくくいとめる任務を負わされていたのである。そしてこの方が官吏としてはむしろ正しい在り方であり、その気風は宋代につづくと見られる。

馮道は中国において最初に経書を印刷した出版人として知られる。これも後世に甚大な影響を残したが、とくにそれが文官官僚の造成に寄与した点が大きい。文官が武官にたいして使用しうる戦力は知識であるから、書物はかれらの武器だともいえる。馮道はいろいろな意味において、つぎの宋代の文官全盛の時代を開くための基本的な準備を整えた功労者だといえるのである。

さて後周の太祖郭威《かくい》は、前三代と異なって中国人出身だからといって、べつにそれが変わりばえのする王朝ということはなかった。しかしかれが在位三年で死に、養子の柴栄が即位して、世宗となると、世の中が急に変わって新しい息吹きが感ぜられるようになった。これは世宗個人の性格にもよるが、世の中も自然に変わってきて、地方軍閥の縄張りが弱体化され、中央集権政府を樹立する可能性がだれの目にもうつるようになってきたからであった。

はれゆく薄靄

五代の王朝がいずれも短命であったということは、同時にその有効に支配し得る領域がはなはだ狭小であったことを物語る。南方の独立諸国は別として、北方の自己の領土内においても各地に有力な節度使が蟠踞して縄張りを定め、兵馬財政の権をにぎって、半独立の態度をとっていた。しかしそうした節度使たちには、またかれらなりの悩みがあった。

節度使らは中央政府の財政困難をよそに見て、領内の租税を私《わたくし》して中央に送らず、ひたすら自己の勢力拡張につとめてきたのであるが、うまいことはそうながくはつづかない。今度はかれらの部下の小軍閥らが親方を見習い、自己の縄張りを設定して独立態勢をとり、節度使への仕送りを拒むようになってきたのである。いいかえれば大軍閥が解体して、小軍閥が群生したのである。

ところで、軍閥はある程度団結してこそ強力であり、中央に楯つくこともできたのであるが、それが細分されると今度は中央にたいして弱くなる。軍閥の中にはすすんで中央政府の庇護を求めて自己の地位を維持しようとくわだてるものすらあらわれてきた。まさに天下の形勢は窮まれば通ずる。五代のはじめに分裂から分裂へと細分化をかさねてきた軍閥勢力は、一転してしだいに中央に統合される傾向を生じてきたのである。

後周の世宗が位についたときは年三四歳、軍人として油ののった働きざかりの年ごろである。かれを中心として有為な軍人たちが周囲に集まった。この青年天子をいただいて、唐の太宗のような皇帝に仕上げようというのである。

世宗即位のはじめ、前王朝後漢の一族、劉崇《りゅうそう》が晋陽を中心にたてた独立国、北漢の入寇があったが、新天子はこれを撃砕《げきさい》してその非凡な手腕をまず内外に示した。つぎに南にむかって揚子江の南北にほこる大国、南唐（呉）を討ってその江北の領土を併合した。これはのちに宋の太祖、太宗が江南諸国を平定するときの欠くべからざる基礎工作となった。

さらにかれは、北方の強敵、契丹族の遼帝国に戦いを挑んだ。しかしわずかにその緒戦に勝利を得て、北方領土の一部を回復したのみで病いをえて倒れ、燕雲十六州はほとんどそのまま遼の手にとどまり、つぎの宋代を通じての困難な外国問題をあとに残すことになった。かれの死はまことに惜しみてもあまりあるものと痛くくやまれた。

世宗は単に武将として卓越したのみならず、その内治においてもみるべき成績をあげた。かれは仏教がむなしく資財を消費するのを察し、仏寺を制限し、僧尼を淘汰させた。これが中国史上最後の排仏であり、前代北魏の太武帝、北周の武帝、唐の武宗とあわせて「三武一宗の法難」と称せられるが、ただしこのばあいは仏教そのものを敵視したのでなく、仏教教団に規制を加えたにすぎず、その点が三武の厄とは異なっていた。

世宗はまた通貨の権威を高めるため、朝鮮で、新羅《しらぎ》にかわった高麗《こうらい》から銅をとりよせたりして、周通元宝銭を鋳て国内に通用させた。かれの理想は財政国家と武力国家の調和にあり、財政を整理して軍費を充実し、強大な親衛隊、禁軍を編成したが、単に兵数をふやすばかりでなく、これに厳格な訓練を加えて、精強な常備軍を組織した。この政策はそのまま次代宋王朝の太祖、太宗によって継承されることになった。そして宋王朝のもとに、中国は中世末の薄靄《うすもや》の中から近世の曙光《しょこう》を見出すのである。

近世への捨て石

中世という時代は、東と西とを問わず、けっして住みよい世の中ではなかった。なるほどそこには詩もあり夢もある。しかしそれは甘美なものではなく哀調の多いものであった。中世の人たちは上下を問わず、常に不安にさらされ、不吉な運命におびえていなければならなかった。それはちょうど、たえず地震の脅威におののいているようなものであった。中世の社会は、いたるところに権力者が存在して縄張りを定め、それが無秩序につみかさなっている。そして、上下左右前後の圧力が平均しているわずかのあいだだけ安定を保っているが、たえずどこかにアンバランスが生じ、それに応じて大なり小なりの地震が起きる。そのさいには上も下も、強者も弱者も、同じような災害に見舞われる。それはまったく予想できない運命であり、理由のない災禍なのである。だからそれは見方によっては戦争よりももっとおそるべき残酷な結果を生ずるといえる。警戒しようにも警戒する手段のない不幸が、たえず身近にしのびよっているのである。

勢力の均衡がやぶれる原因は、権力者のあくなき縄張り拡張の意欲による。中世は権力崇拝の時代であり、権力者は強い者にたいしては弱く、弱い者にたいしては強い。力が万事を決定し、権力関係だけが社会の秩序を維持する。そのほかには対話、交渉の行なわれる余地がない。そこで強いときにはあくまでも暴虐だが、ひとたび権力を失えばいままでの報いをいっぺんに受ける。そしてそのたびになん十倍、なん千倍の人がそばづえを食って犠牲者になるという仕組みになっているのだ。

このような世界には、宗教がもっとも受けいれられやすい。中世は宗教の時代だといわれるのにはたしかに理由があった。またそういう時代の宗教にはそれだけの気概があった。幾多の僧侶は酷熱の砂漠を横切り、極寒の高山を越え、万里の波濤を渡って、遠くインドに経典を求める大旅行を遂行した。単に求法のためばかりではない。仏法弘通のためにも決死の大冒険を敢行した。その例は日本へやってきた鑑真和尚にみられる。同時にかれらは、俗界からの圧迫にたいして反抗し、闘争する心意気をもった。信仰は命がけの仕事であったのである。

中世人の苦難にみちた生活は、しかしやがて近世を迎えるために貴重な捨て石となった。混沌のあいだに新しい秩序が準備された。ことに経済界は一進一退しながら、しだいに好景気にむかうための条件が育成されつつあった。中国が外貨を獲得するための独占的商品は、従来は絹にかぎられた観があったが、やがて茶がこれに加わった。さらに第三の輸出品として、陶器があらわれた。世界において最初に完成された磁器、中国の青磁は、初め呉越国王や周の世宗の奨励によって完成されたと伝えるが、御用窯の技術はやがて全国に普及するのである。こうして新しい特産品の輸出により、やがて中国は世界の銀を大量に吸収し、一転して好景気時代に立ちなおることができるようになる。

経済界にともなって、文化の方面でも新しい要素が芽ばえていた。儒教の方面にも伝統的な解釈をすてて、自由な立場から経典の思想を汲みとろうとする運動が唐末の趙匡《ちょうきょう》、啖助《たんじょ》らによってくわだてられていた。

文学には韓愈《かんゆ》、柳宗元らによる古文復興の主張が行なわれた。絵画の方面では詩人、王《おう》維《い》によって南宗画の源流がはじまり、五代には荊浩《けいこう》、関仝《かんどう》らがあらわれてすでに大きな潮流となって動き出していた。中世的縄張りがしだいに解消されると同時に、これらの新しい諸要素の統合がおこった。それが宋以後の近世にほかならぬのである。

大きな谷間の時代であった

歴史学のうえで、中世史の研究はもっとも重要な意義を有する。それは中世史の意義がわかれば歴史全体がわかるからである。いうまでもなく中世は、古代と近世とのあいだにはさまれる。中世を中心として、古代から中世への変化、中世から近世への発展、この問題はそのまま歴史全体の問題でなくてなんであろう。

中世という時代は、在来ながく暗黒の時代として考えられてきた。それは近世初頭の人たちにとって、否定さるべき、いまわしい時代であったのである。それが最近になってから、歴史は進歩の歴史でなければならぬという命題にしたがって、とくに唯物史観派によって、中世は古代から近世へ進む中間の一段階として、その進歩の面が強調されるようになった。いいかえれば中世は、古代より進み、近世の手前に位置するふみ台で、文字どおり中間的な存在となったのである。

しかしながらわたしは、中世の史料に接し、その世相を深めるにしたがって、古い伝統的な解釈をふたたびとり上げようと思う。なによりもわたしは、近世初頭の人びとが、中世からぬけ出したという自覚と、その歓喜とに同情したいと思う。中世はやはりふみ台ではなくして、くぼんだ谷間であったのだ。

わたしはアメリカのさる経済学者の説に同意して、すべての現象はそれを整理すると、上下する屈折線のグラフに投影することができるものと考えたい。人類の進歩といっても、それは単純な線で一方的に上昇するものでなく、一上一下、一進一退をくりかえしながら進歩するものである。中世はその屈折線があらわす大きな谷間であるに相違ない。さてわたしの中世史叙述の出発点は、中世とは景気後退、すなわち下降線上にある時代であったという前提であったが、しからばその前後には、どんな曲線が接続するであろうか。

もちろんわたしは、中国を中心としたアジア世界の歴史上の貿易統計を手にしているわけではない。しかしそうかといってぜんぜん何もないわけでもない。若干の資料を裏づけとして、古今を通ずる貨幣の移動、それが産み出す景気状況を、ごく大まかな屈折線にあらわす試みは、まったく価値のない仕事ともいいきれぬであろうと信ずる。

まず古代は、太古のずうっとむかしから、漢代までが、一本の上昇する線であらわされ

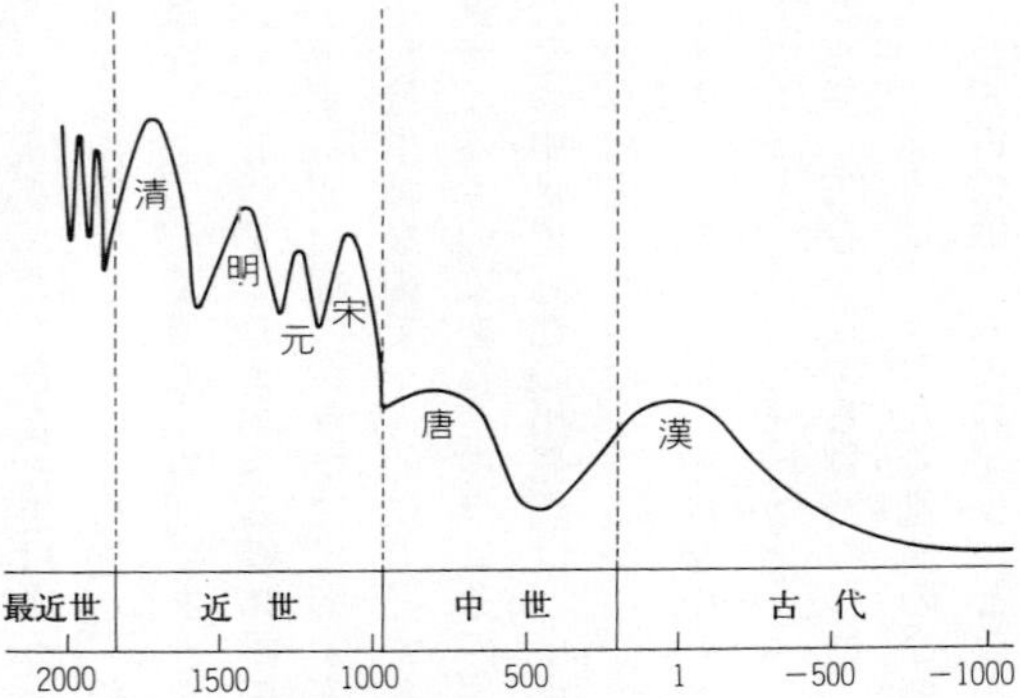

中国史上景気循環概念図

る。もちろん実際はそれは相当な振幅をもった複雑な屈折線であるはずだが、その詳細をもとめる手段をもたないから、単にその平均値の意味で簡単な一本の線であらわす。大局的にみて、たえず景気が上昇しつづけたのが古代史の特長といってよい。

つぎに中世にはいると、景気変動線は急に降下の途をたどる。そしてある点から今度は上昇にむかう。その底点はおおよそ南北朝の中期、南朝ならば斉、北朝ならば北魏末とみられる。この大きなV字形の部分が中国の中世なのである。

古代と中世との差異は、その線型の相違ばかりではない。テンポの違いがめだっているのである。わたしの立場からいうと、古代の長さは定められない。それは無限大にひとしいからである。そこでもし仮に、ある程度信頼できると思われる周室の東遷の年代、前七七〇年を起点としても、漢の滅亡まで九九〇年の時間がある。すなわち990＋αの長いあいだに上昇線一本しかあらわせないのである。

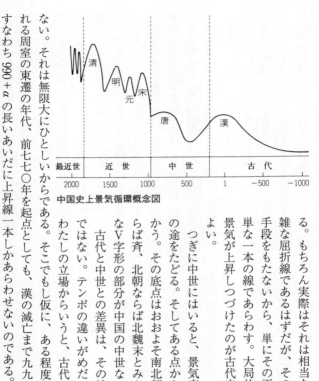

しかるに三国から五代末にいたる七四〇年間には、下降から上昇へ往復する二線を描くことができる。いいかえれば景気循環の周期が、無限大から有限になってきたのである。いな、はじめて周期というものの存在を認めることができるようになったのである。

それならつぎに近世の景気はどのように屈折するかといえば、循環の周期がいよいよ短くなってきたことはまちがいない。わたしの今の考えでは、おおよそ一王朝がそのままひとつの周期をあらわすとみたい。すなわち一王朝の興隆期は景気上昇線に一致し、その衰亡期は下降線に一致するのである。こうして清朝の末期まで屈折線をたどっていくことができる。

ところで清朝も末になると、中国経済はにわかに世界経済の中にまきこまれる。そして世界的な景気変動に翻弄されるが、体制をことにした中国社会は、世界の動きとまったく歩調を合わせるにはいたらない。中国は中国で独自の動きを示すのであるが、しかしその周期は世界的な周期と同じくらいにいそがしくなるとはいえると思う。

すべての科学は数量化される傾向にあるようだが、これは要するに思考を合理化する一手段としてであろう。すべての無駄な手つづきを節約したうえで、はじめてわれわれは、物事の本質に迫ることができるのである。いまここに、世界でおそらく最初に、数量史観を唱道するゆえんは、それがこの時代ばかりでなく他の時代の理解にも役立つことを期待するからである。その順縁たると、はたまた逆縁たるとを問わない。

略年表

一八四	黄巾の乱おこる。
一九〇	袁紹ら董卓を討つ。このころより群雄割拠はじまる。
一九六	曹操が献帝を擁し許にうつる。
二〇一	曹操が河北一帯を支配する。
二〇七	諸葛孔明が劉備につかえる。
二〇八	赤壁の戦い。
二一二	孫権が建業（南京）に遷都する。
二一三	曹操が魏公となる。
二一四	劉備益州を領す。
二二〇	後漢が滅亡する。三国時代はじまる。魏の建国。
二二一	劉備が蜀漢の皇帝と称する。
二二二	呉の建国。
二二三	劉備が死ぬ。
二二八	諸葛孔明、魏を討つ。
二三〇	魏軍が蜀漢に侵入する。
二三一	孔明が司馬仲達と戦う。
二三四	五丈原で孔明が病死する。
二四一	呉が魏に破れる。
二五一	司馬仲達が死ぬ。
二六〇頃	竹林の七賢があらわれる。
二六三	蜀漢が滅亡する。
二六五	魏が滅亡し、晋が建国される。
二八〇	呉の滅亡。晋の天下統一。
二八九	鮮卑が晋に降伏する。
三〇〇	八王の乱。
三一六	西晋が滅亡し、五胡十六国時代はじまる。
三一七	東晋が建国される。
三四六	百済が建国される。
三五一	前秦が建国される。
三五六	新羅が建国される。

三六四	東晋が戸籍法を制定する。
三七二	仏教が高句麗に伝わる。
三七六	前秦が華北を統一。
三八三	淝水の戦い。
三八六	北魏の建国。
三九一	高句麗の好太王が即位。
三九九	東晋の僧法顕がインドへ出発する。
四〇二	遊牧民族柔然が活躍する。
四二〇	宋が晋にかわる。
四三六	北魏が北燕をほろぼす。
四三九	**南北朝時代**はじまる。
四六〇頃	雲崗に石窟寺院をひらく。
四七九	南朝で宋がほろび、斉が建国される。
四八五	北魏が均田法を施行する。
四八七	高車が建国される。
四九三	北魏が洛陽に都をうつす。竜門に石窟寺院を開きはじめる。
五〇二	斉が倒れ梁が成立する。
五三四	北魏が東西に分裂する。
五五〇	東魏が倒れ北斉が建国される。
五五二	柔然がほろびる。
五五七	西魏が倒れ北周が建国される。陳の建国。
五六二	新羅が任那の日本府をほろぼす。
五七〇頃	マホメット生まれる。
五七七	北朝で北斉がほろぼされる。
五八一	**隋**がおこる。
五八九	隋が陳をほろぼし、天下を統一する。
六〇四	隋の**煬帝**が即位する。
六〇五	煬帝が大運河の工事をはじめる。
六一八	**唐**がおこる。
六二一	開通元宝を鋳造する。
六二四	**均田制**が施行され、**租庸調**の税法がきめられる。
六二六	唐の**太宗**が即位する。貞観の治おこなわれる。
六二九	玄奘がインドへ出発する。
六三〇	日本の遣唐使はじまる。東突厥の頡利可汗が唐に降伏。
六三七	律令が制定される。
六四五	日本で大化改新がおこなわれる。
六四九	高宗が即位する。
六五一	サラセンが唐に入朝する。

六五五	高宗が高句麗を討つ。
六五七	西突厥ほろびる。
六六三	百済ほろびる。
六六八	高句麗ほろびる。平壌に安東都護府をおく。
六七八	則天武后が宮中に権勢をふるう。
六九〇	**則天武后**が帝位をうばう。
六九六	唐が吐蕃をやぶる。
七〇五	武后が死ぬ。
七一二	**玄宗**が即位する。
七一三	開元の治がはじまる。
七三五	新羅が朝鮮半島を統一する。
七四二	安禄山が平盧節度使となる。
七四四	回紇《ウイグル》国おこる。
七四五	玄宗が息子の妃を**貴妃**とする。
七四八	楊貴妃一族を登用する。
七五一	タラス河畔の戦い。
七五五	**安禄山の反乱**。
七五六	安禄山が大燕皇帝と称し、洛陽、長安をおとす。
七五七	安禄山が殺される。
七六二	玄宗死す。
七六四	唐が青苗銭をおこなう。
七八〇	均田法、租庸調制を廃し、両税法をおこなう。
七八一	河北の三鎮、河南の二鎮に反乱おこる。
八一三	唐が、回紇、吐蕃をうつ。
八三九	回紇瓦解する。
八四五	会昌の法難。唐の武宗仏教を弾圧する。
八七五	**黄巣の乱**おこる。
八八〇	黄巣の反乱軍が長安に入城。
八九四	日本が遣唐使を中止する。
九〇七	**唐が滅亡**する。五代十国時代はじまる。
九一六	契丹の建国。
九一八	朝鮮に高麗がおこる。
九二三	後梁ほろびる。
九三六	高麗が後百済を征服し、朝鮮を統一する。
九四七	契丹の太宗死ぬ。
九五一	郭威が後周を建国する。
九五五	後周の世宗が仏教を弾圧する。
九六〇	**宋**が建国される。

自　跋

本全集第八巻〔『宮崎市定全集8　唐』岩波書店／編集部註〕は、河出書房刊の「世界の歴史」の一冊として一九六八年（昭和四十三）に書き下ろした概説『大唐帝国』が中心をなす。『大唐帝国』の底本には「中国の中世」なる副題を添えた中公文庫版を用いるが、今から四年前に本書の元版の縮印本が河出文庫に収められた際に、次のような「文庫版あとがき」を記した。

本書の初出は一九六八年であるから、今からちょうど二十一年前に当る。この間、学界の進歩は目ざましく、種々の新研究が現われ、また新事物の発見も相つづいたが、しかし著者の中国史全般に対する根本的な認識はさして変るところがないので、久し振りに本書を文庫化するに際しても、ほとんど手を加えることなく、再び世に問うこととした。

本書は『大唐帝国』と題するが、その叙述の範囲は、前後を含めて七百四十年にわたり、内藤湖南博士以来、京都学派が言うところの中国中世に当る。実は著者も一度、この書に名付くるに「中国中世史」を以てせんかと考えたことがあるが、ただ日本においては別に宋代以後を中世と名付くる説も一方に行われているので、はなはだしい誤解を招くおそれあるを思い、中世史の中で最も人口に膾炙している目玉商品とも言うべき唐王朝を取り出して、これによって全体を代表させることとした。

ところがこの命名は、また新たなる誤解を生ずるおそれなしとしない。唐代は日本では奈良平安朝の古代に当る。そこで学界には日本が古代であるから、中国の唐代もまた古代であろうという類推が行われ、そこからさらに漢王朝との比較において、漢も唐も古代であるからには、唐は漢の再生として理解しようとするのは必然的な成行きである。ところが我々の立場からすれば、漢と唐とは全く性質の異なった別箇の王朝であり、むしろこの二王朝の間の差異を明らかにすることが、中国史を理解する鑰鍵《キイ》と考える。本書は実にこのような史観を根底に置いて叙述されたものなのである。

漢末から唐初までの間には約四百年の歳月が横たわる。一部日本の学界では、この時代をそれ自身の価値によって捉えようとせず、単なるつなぎの時代として片付けようとする。古代の漢から古代の唐へ移る中間には大した意義がないからである。我々の考えはそうでなく、古代の漢が滅びたあと、新しい時代を迎える活力を蔵した時代として評価せんとする。

そもそも漢王朝の滅亡は単なる一王朝の滅亡ではなく、古代社会がその必然的運命を辿って崩壊したのである。すなわち古代都市国家の遺制たる郷亭制を地盤とした漢帝国がその根底から倒壊し、その跡の各地域の中心には大なる政治都市が出現し、末端には無数の荘園村落が発生し、中国社会は従来なかった新局面を迎える。農村を足場とした地方都市は連合して地域の秩序維持に当り、この地域連合はややもすれば中央政府から離脱して、独自の政権を樹立しようとする。漢代まで中国はひたすら全国の政治的統一を理想として努力をつづけてきたが、漢王朝が滅びると共に、社会に分裂的素因が作用し、中央の統制力が弛んで、地方を掌握することが出来なくなり、分裂割拠がかえって常態となり、それが中世の時代色となるに至った。

最初の分裂は漢滅亡直後の魏・呉・蜀三国鼎立であり、西晋が代って天下を統一したが、わずかに十数年の平和を保ったばかりで、永嘉の大乱となり、以後五胡十六国の大分裂を経て、南北朝の対立を生じ、これを隋が統一したがその盛時は二十余年、これに代った唐王朝も名実ともに統一を保ったのは、安史の乱に至るまでの百四十年に過ぎぬ。地方軍閥の割拠の趨勢は次の五代十国、中国史上最後の大分裂に至って極点に達した。通観して漢滅亡から宋の統一に至る七百四十年のうち、統一の実をあげたのはわずかに三朝百七十余年、全体に比して四分の一弱に過ぎない。されば中国中世は世界の各地域と共通して、分裂割拠を常態として、統一状態、とくに唐王朝の大統一はむしろ異例と見るべきである。しからばこの大統一は如何にして出現したか。従来の史家はともすれば唐を以て唐を説明するの方法を用いようとするが、実はそれでは解答にならない。私は唐が成立する以前の五胡南北朝を以て唐の本質を説く筆法を用いたが、その結果は目標たる唐王朝自体を説くにはなはだ疎略なる結果に陥った。しかし大唐帝国が大唐帝国たる所以を説明するためには、このような筆法があってもよいではないかと考える。

平成元年五月

どうやら本書は、著者とこのシリーズの編集者との間に、始めから若干の行き違いがあったようである。その結果は、編集者の意見がそのまま具体化されて「大唐帝国」が復原されるでもなく、著者が予定したように中国中世七百四十年間の生々しい素朴人の生活がそのまま活写されたようでもない。何れも中途半端に終ったようで、この点著者は読者に対して申し訳ない気がする。

唐と聞けば日本人はすぐさま、花の大唐、後宮佳麗三千人、春風に意を得たり馬蹄疾し、という華麗豪華な場面を想像して、すぐ次にはこれを以て奈良平安の日本文化の復原の下敷にしたがるようである。ところが私はその大唐帝国よりも、その前の三国時代から後の五代に至る、従来あまり人気のなかった時代に、通じて一本の光線をあて、中国にもこのような中世があったぞと言うことを強調したい願いがあった。これも実は内藤湖南博士の時代区分に従って、今まで宣伝されることのなかった中世的中国を世に紹介したかったのである。それでないと折角中国史の時代区分を完成された内藤博士の真意が表われず、国民も歪められた中国観を抱いたまま反省する機会すら与えられないで終るかも知れないのである。

中世と言えば何れの地においても、暴力者の時代、それがヨーロッパではゲルマン蛮族、日本においては源平の田舎侍が縦横無尽に荒れまわるのであるが、但しその荒れ方は決して野放図、無規律なものではなく、彼等の間には彼等なりの法則、一種の秩序維持が行われていた。但しそれが現在の我等のものと全く同一である筈がない。

中世に活躍する素朴民族において取るべきは、その意志の堅固、信念の不変、犠牲の覚悟、困難に対する闘志、そして最後に状況が不利になった折の身の処し方、つまりは生命を棄てる場合の決断、生に執着しない潔よさにあるであろう。何れの場合においても、文明社会だとうの昔に忘れ去ったこと、若しくは忘れかかったが故に、一層強くそれに愛着をもつ諸事であろう。

例えば赤穂義士である。世は既に完全なる中世を脱して、徳川幕府による新たな秩序が完成しかかっている。このような時に当って赤穂義士の実行動は、果して万人が万人、賛成にまわって一人の反対者も出ないような完全無欠の同意の下に行われたのであろうか。また事後の評論も果して、一個の異存もなく、千万人が一様に賛同賞美したであろうか。私はこの点に甚だ不審を抱いて居るのであるが、当時の諸記録を再検討して、異論を唱道するほどの熱意はもたない。この裏にはまた、美談は世に少きものなれば、努めてその維持を計るべく、故意にこれに中傷誹謗を企つるは以ての外の卑怯な行為であるかに訓練されてきた一種の恐怖心の如きものもある。併し、少くも私は恐らく一生のうち、模範的行為の代表として赤穂義士を利用することは、一切あり得ないであろう。同様なことは将来決して二度と起らぬ、という無言の諒解が両者の間に成立していれば、何を言っても問題にならぬという安心感が出来、この様な際には弱い主張はずるずると強い主張の前に後退するのが常で、言わばしぶしぶ賛成された美談というものが世上なお多数存在するのではあるまいか。

赤穂義士伝の盛行の裏には、中世賛美の志向が働いているに違いないと思われるが、この中世が完全に過去の世界に組こまれて、その現実が失われてしまうと、今度は色々な中世が何の証拠もなく、何の関連もなしに、全く浮遊した形で再現されることがある。中世の忠を現わさんとして、たとえ浄瑠璃本とは言え、『菅原伝授手習鑑』の如きがその例である。

これによれば丞相菅原道真はその謀叛の計画が暴露してお咎めを蒙り、九州へ左遷されたが、その折愛児菅秀才を門人の武部源蔵に託した。源蔵の実子長松も丞相に学んでいるから菅秀才とは相弟子の間柄である。然るに謀叛問題はいよいよ深刻化して、罪は道真一人に止まらず、菅秀才をも厳誅せよとの詔書が下った。これには一読書人武部源蔵の抵抗するどころでなく、仕方なく命に従って菅秀才の首を朝廷に提出して、身の無関係だったことを証明せねばならなくなった。さりとて源蔵は単に丞相の依託を受けたというばかりではなく、それまでに親密な交際もあり、且つは同門の長松との関係もあり、到底自分には実行できることではない。悩みに悩んだ結果、最後に到達した結論はなんと、長男の長松を犠牲にしてでも丞相の息の命を助けようという、何とも悲惨な着想である。何れ朝廷から菅秀才の頭を差し出せ、との勅命がくるから、其時は躊躇せずに、菅秀才の頭を切って勅使に示さなければならぬが、この時、源蔵は菅秀才の代りに実子長松の首をそれに替えようというのである。ところがこの時に大きな障害があるのに気付いた。菅秀才は日頃から奥まった後院に育てられたから顔色が白い。然るに自由に放任された長松は原野を走り回っているうち、自然に日焼けして真黒になっている。この差違は誰の目にもすぐつくから、勅使とてごまかされるものでない。それが気になり出してから源蔵夫婦の生活は全く変った。自分たち子息の名を取りかえ、菅秀才を長松、長松を菅秀才と声高に呼んでは返事させるのである。

私の幼い頃、「マックロ毛節」という卑猥な俗謡が流行した。その一つに、
長松《チョマ》や、長松《チョマ》やと呼ぶ声に、出てくる小供はまっ黒けのけ。
というのがある。私なども何も知らずに歌って歩いたと思われる。私の家は元来自由主義で、俗謡など、何を歌おうと誰も干渉したりなどしない。極めて自由に育てられたが、こ

の句が流行り出した時、父は始めて私にその意味を知っているかと尋ねた。何も分りませんというと、不思議にも熱心になって父が解説を始めたのも思いがけなかった。この一条を除く以外、父から俗謡の講義を受けたことなど一回もない。こういう父の在り方を今になってしみじみ思う年齢である。

いかに浄瑠璃本とは言え、『菅原伝授手習鑑』寺子屋の段はあまりにも荒唐無稽であり、実際の中世というものが全然分っていない。実は興味も、知識も、関心もない中世の名を借用してそこに自分だけ分る舞台を作り、その代り個人の所作に対しては一匁でも余分に涙を絞り取ろうという商業主義が目について、いや味が増すばかりである。中世もここまで現実から離れてくると、もう考察の対象にならない。一度引返して現実の中世の物語りに立戻ろう。

古来陝西地方から真直ぐに蜀に通ずる交通路があり、この道を一寸外れて寄り道できる所に、女国という小さな王国があり、唐代の少し前、その首長は女性であった。『隋書』巻八十三、西域列伝などによると、女国は葱嶺《そうれい》の南にあり、その国は女を以て王となし、金聚と号する女王の夫は政治に関与せず、その俗は婦人を貴とび丈夫を軽んじ、妬忌せず、中には長生きした末、己れの曽孫を夫に迎えた老女王もあった、という。

漢代に北方世界を支配した匈奴、及びこれに類する種族は、族長が死亡すれば、妻はその弟、又は子に嫁する習いがあった。これは族長の死亡による族内の動揺を最小限に留めたい要求がその裏にある。同時にその世界が経済的に最も困難を極めていたことを物語る。女王国の歴史も、この延長の上において眺めらるべきで、如何に些少な動揺でも、従来の体制の上に生ずると生計が最早や成立って行かなくなるほどに、危険が常に語られているからであろう。女王国は実際にその地位からして、一般匈奴等の遊牧民よりも更に経済的な困難に圧迫されていることの証拠である。古代を脱却した中世にはこれが世界的に共通な問題であった。

古代を失った各国が、現実に最も当惑したのは、秩序の維持であった。と言って古代的秩序の回復は最早や不可能であることが分っているから、別に新たなる秩序を発見創出しなければならなかった。この努力の結果として与えられたのが中世的秩序であって、当初は甚だ新鮮に感ぜらるるものであった。

政府が模索した揚句に採用した、新秩序の為の政策の一として、鎮の創設がある。鎮は国境地帯に設けられた特別区域であり、直接中央政府の監督の下に置かれ、他の如何なる政府機関にも属せず、干渉をも受けない。その人民は、中国人及び塞外諸国民からその国籍を脱却せしめて此の地に移住し、全く新たなる秩序習俗の下に生活するを許した。

これが実に何と言っても中国中世の最高の傑作と称せらるる価値あり。それには鎮兵の実際の生活を追尋する必要がある。北魏政府は遼東より黄河北曲に至る間に、禦夷、柔玄、懐荒、撫冥、懐朔の五鎮の外に、武川鎮の如き有力な鎮を創設して、国防に当らせた。鎮には中国人、及び北方人を移してその地の住民、鎮民とし、もとの本籍を無効とし、全く新しい住民を造らせた点が注目に値いし、且つ墾し且つ守るというのは曹魏以来の屯田の目的に外ならぬ。鎮民は信仰、習俗について過去から解放され、自己の欲するよう行動することが出来た。若しこのような鎮民に向って「君は中国人（漢）であるか」と問えば、彼は「否、中国人（漢）ではない」と答える。然らば「胡（塞外人）か」と問えば、同様に「否、胡ではない」と答えるであろう。胡という言葉は中国人によって、あらゆる外国人に適用されることになったが、但し中国に接する外国人はその信仰、習俗が多種多様であっても、その根底を探って行くと、そこに古代ペルシアの影響を看取することができると言う。もしこの点を重大視すれば、漢と胡は天下を二分する文明であって、その何れかに属するという意味になる。併しこの場合にそんな深意はありそうもないので、単に中国人と塞外人の何れか、という常識的な意味で捉えてよいであろう。特に中国では当面中国に敵対する反対派に胡字を用いる習慣があるから、この場合は胡は即ち鮮卑ということになる。「君は中国人か、或いは鮮卑人か」という質問は最も多く出やすい時代であったから、簡単にそのような意味の質問と受取るのが最も常識的であろう。

六鎮は、始めは朝廷より要人を派遣して経営に当らせたが、幸いにもこの地方に於いては大なる紛争が起らなかった為に、中央政府の問題として取上げられることなく、地方鎮将が功を立てて中央へ乗出す機会もなく、人事が動かないので、政府と鎮との間も接触がなく、両者は次第に各自の利益を目標として動き、互いに分離独立する傾向を招いた。その結果は、意外にも鎮なるものの政治的、商業的価値を高める結果を招いた。はじめ政府が国境に鎮を設ける為に計算した利益の中に、確に南北商業の振興、特に平和裏に事を解決することがあった。従来南北間の国境における紛争は最初は商業問題、特に中国人の詐術によるものが多かった。北魏政府はこの点に注意し、商人の不正を取締ったとみえ、この種の紛争が少くてすんだようである。

この点で任務を果した鎮には更に別の、もっと雄大な国家目的があったと思われる。それは鎮の配置が遼東から黄河まで、恰《あたか》も長城西北部の黄河から敦煌に至る間を、そのまま裏返しにして設計された形になっていることだ。恐らく政府は最初から、これに遼東から黄河に至る万里長城の役目を期待したらしいのである。

この期待は裏切られることなく、各鎮は次第に繁栄を増し、鎮の数も新設により増加して行く気配を見せた。されば鎮の任務は単に南北の間、遊牧民と農耕民との間の貿易交通に資するばかりでなく、もっと大きな東西の貿易に寄与する所が大きかった。特にそれは東北地方の開発に見られる。唐代に強大であった渤海国の起原を尋ねると、そこに夫余なる小国を見出す。ここには農業が行われ、周囲の遊牧、狩猟民族から完全に孤立している。されればその文明の由来について、遠く黄河沿辺の農耕文明の存在を指摘する可能性が生ずる。もしこれが事実とすれば鎮による東西貿易の末端は日本にまで到達し、それが正倉院御物の上にも実際に反映されていることは、別に不思議ではない。

これまで各国の古代社会人として生きがいを感じていた人たちが、今やその国籍を失ったならば、後に何が残るか、漢（中国人）にもあらず、また胡（塞外人）にもあらず、それでは実は何も残らないのだ、そこには中世人だけが残っている。否、実はこれこそが中世なのだ。

中世に入ってもこれを中世とは自覚しなかった中世人は、併し実行の面で忠実にその信念を実践し、新しい秩序建設に向って進んだ。

それがどれ程の人たちに支持されたか、思うにそれは多数決によるものでなく、実践の如何によって分るものであるが、案外多数の人たちによって支持されたと思われる。またその方法も人によって異なるので、これが中世建設に大なる成果をあげなかった原因でもあった。

世人は『北史』を読んで、北周時代の政府の復古主義に対して、理解と同情とを欠く虞れはないだろうか。これは抑《そもそ》も急に出現した妄想ではなく、実は真摯な新秩序建設の試案であったのである。但しそれが復古の形をとり、周代の社会再建を目ざすことになっては、甚だ時代錯誤の思いを免れない。但し賛成者が少くて失敗には帰したものの、本来の思いは同一なる人たちが他にも大勢いたことも事実で、それが結局は新たなる社会への地ならしとなったものである。

鎮民を中心とする此れ等の人たちは、自己に中世を実践させると共に、努力を重ね、蓄積を目ざして忍耐を重ね、それがやがて中国を光被し、政治上には中世史の展開となって現われるのである。北周から隋へと、中世社会の形態が漸く明かになってきた。古代都市の復活は成らなかったが、これに代って郷村社会、農耕生活の様式が成立した。

その間に実質的な革命勢力として働いた鎮は消滅して了ったが、これは任務を終えて無事引退したのでなく、自らの力足らずして、已むなく退却したのが真相であろう。さり乍ら農村建設の為に費した社会的エネルギーの大本としての鎮の意義の大きさも、また無視してはならぬ重みを持つ。特に注目すべきは、彼等鎮民は北魏政権の没落を予想してその際に鎮民が行動する標準として影の政権を画策した点にある。彼等は嘗て政権との接触がなかった為に、影の内閣の構想は予想できなかったので、単に鎮民中の有力者が政権を握る順番だけを定めたに止まった。それが後に実際に、着々と実現したのである。正に鎮民が貯蓄した中世が時を得て、政界を占領し、ここに次々と政権を樹立させたのであった。

日本の中国研究はその理論的傾向が甚しい割合に、実学的、実証的な面で、著しく遅れを取っている点は見逃せない。北朝における鎮の存在についても、これぞと言って見せるものがあまりない。反って筆者の『大唐帝国』において、杜甫の名前が一度も出ていないなどの文句が寄せられる。もちろん杜甫は永遠に記憶さるべき詩人たるに異論はない。併しそれが通史に必ず名を出さねばならぬ、という理論的根拠にはならない（顧炎武『日知録』巻二十六、通鑑不載文人）。

鎮、または鎮民というものの具体的な正体は何であるか。目今の私には見当さえ立たない。或いは近頃話題になってきた西方のイスラム都市との近親、或いは類似点を考えてよいものであろうか、どうか。こんなことを考えさせられるだけでも、『大唐帝国』の存在の意義があるとさえ思うのだが。

宮崎市定

一九九三年五月

解説

礪波　護

今年の初めに、中公文庫版の宮崎市定『木米と永翁』の解説を私がしたためた折、著者は新春早々から朝日新聞夕刊に〝しごとの周辺〟を連載し、あるべき学問の国際化とは何かについて、骨太の所見を披瀝しておられる、という文言で締めくくった。さるほどに先月、この連載コラムの文章を枕においた向井敏「元気の出る歴史学――宮崎市定の歴史認識――」(季刊アステイオン No.9、一九八八年七月) なる表現時評が発表された。

向井氏は、宮崎氏のアジア史・中国史の分野における諸論考と通史の仕事に関し、「研究内容そのもののすばらしさに加えて、この人の文章を読むたびに圧倒されるのは、歴史という学問に対する天を衝かんばかりの覇気と情熱。若いころなら覇気も情熱もあって当り前だが、この人のように七十代になろうが八十代になろうが、青春の客気をつらぬきおおせるというのは、これは稀有のことと言わなくてはならない。」と感嘆され、「歴史の専門家であれば、たとえば宋代に関する社会経済史的な考証の精密と的確、あるいは中国史の時代区分についての考察の周到といった専門的な問題の処理の仕方に宮崎史学の功を求めようとするかもしれないが、私などのような歴史が好きで読んでいるふつうの読者の立場から言わせてもらえば、宮崎史学の最大の魅力は何といってもその歴史把握ないし歴史叙述の豪快でダイナミックなところにある。」と述懐し、「宮崎市定の歴史叙述はつねに明快で力強く、読者の心にぐいぐいと食い込んでくる。それは、いたずらに難解で煩瑣で理論だらけの歴史に飽きた人を力づけて、あらためて歴史への興味をよびさまさずにおかない。」と結論された。元気の出る歴史学とは、言いえて妙であり、如何にもと頷かれる読書子も多数おられることであろう。そして今回、中公文庫に入ることになった『大唐帝国』を繙かれる読者の多くも、きっと同じような感慨を漏らされるに違いない。

本書の元版は、ちょうど二十年前の一九六八年に、河出書房の『カラー版 世界の歴史』の一巻として、書き下ろされた時代史概説である。『大唐帝国』と題されてはいたが、唐代三百年を直接に対象とするのは「大唐帝国」「唐王朝の変質」の二章分だけで、全書の二割にも満たない。対象とする時代は、三世紀の三国分立から十世紀の五代までであって、内藤湖南が提唱し著者が継承した時代区分説によれば、中国中世史の時期とぴったり重なる。されば、序章にあたる「谷間の時代」を〝中国の中世〟と題する節で書き始められ、終章を「中国中世の終幕」と名づけるとともに、総決算を提示した最後の節を〝大きな谷間の時代であった〟と題して、首尾を美事に呼応させている。つまり、内容に即せば、本書は中国中世史概説と称すべき著作なので、今回の文庫化に当たっては、「中国の中世」

を副題として添えられたのである。

　ある国あるいは地域の歴史研究を志した者は、テーマ史であれ全領域史であれ、一度はその国あるいは地域の通史を、自分なりに叙述したいと念願するものであろう。著者のばあいは、一度ならず三度にわたって、全領域にまたがる通史を執筆し公表された。すなわち、『東洋に於ける素朴主義の民族と文明主義の社会』（一九四〇年）と『アジア史概説』正続（一九四七・四八年。増補版は一九七三年）、それに『中国史』上下（一九七七・七八年）の三種で、それぞれ全く新しい発想ないしは独自の史観にもとづいて纏められたのである。東洋史を南北の対立、すなわち南方の農耕民族と北方の遊牧民族との抗争史であったと見なす説は、それ以前にも白鳥庫吉らによって主張されていたが、著者はそれを単なる生活様式や経済段階の差異から生ずる対立ではなく、素朴主義と文明主義という、もっと深層からの人生観に根ざす対抗であったと論じたのが、長い題名をもつ処女作であった。つぎの『アジア史概説』では、交通史観ないし交渉史観とよぶべき歴史の見方とナショナリズムへの積極的評価という観点に立脚してアジア史を構想し、そのなかに中国史を位置づけられた。そして七十代後半になって書き下ろされた『中国史』では、景気変動史観とでもよぶべき斬新な手法にもとづいて中国史上の古代から中世をへて近世・最近世にいたる、それぞれの時代の政治と社会経済の特色と動向に対して、鮮明な解説をなされた。この景気変動史観を一般読書界に始めて提示されたものこそ、中世史の概説たる本書『大唐帝国』だったのであり、その趣旨を一目瞭然たらしめたのが、その最終節に描かれた〝中国史上景気循環概念図〟なのであった。

歴史家にとって、歴史概説こそが同時に歴史哲学であって然るべきだ、と確信される著者は、万般の事項を網羅してはいても、それだけで完結してしまって、読者にいっそうの探究心をうながす機縁を与えない類の概説書を推奨はされない。したがって著者の手になる時代史概説や通史は、学界で積み重ねられてきた研究成果を決して無視はされないが、それよりも当該の時代における重要事象を選択して綿密な考証を展開し、その事象の史的意義を闡明しておかれた著者自身による論考を下敷きにして、一気呵成に執筆され、ところどころに警世の言を吐露されるのが常であった。本書『大唐帝国』も、例外ではなかったのである。

本書執筆の際に下敷きとなった中世史領域の論著の大部分は、著者が五十代半ばを迎えた、一九五五年以後の十年間に集中的に公表されていたものである。著者は時折、私の研究方法は、何よりも自分の興味と関心とに重点をおくやり方なので、研究の対象は絶えず移動する、と語られはしたが、『アジア史研究』第一～第四の四冊に集大成された一九五五年以前に書かれた学術論文は、宋代以降の近世史と漢代以前の古代史を対象とするものが殆どなのであった。夙に中世の土地制度と租税制度の大綱を明快に論じた「晋武帝の戸調式に就て」(一九三〇年)によって好評を博した著者が、中世史研究に関心を抱かれなかった筈はないのに、かかる禁欲的な姿勢を堅持してこられたのは、著者が禄を食まれた京都大学文学部東洋史研究室の同僚に、中世史・敦煌文書の専門家である先輩の那波利貞教授がおられたので、中世史の分野に容喙するのを遠慮されたからであるらしい。

一九五三年夏に那波教授が停年退官されるや、著者は中世史の文献史料を読破せんとされた。その最初の成果が、漢代から唐代にいたる時期の官吏登用制度の変遷を跡づけ、貴族制社会の動態を描ききった『九品官人法の研究——科挙前史——』と、唐代人民の政府に対する義務は徭役労働という根本原則の上に立っていたことを力説した「唐代賦役制度新考」なのであって、どちらも一九五六年春に出版された。一年後に高弟で近世史専門の佐伯富氏が教授に昇格されると、著者はますます重心を中世史と古代史の領域に移行させ、南北朝隋唐史の重要課題に対する独自の解釈を、まさに堰を切ったように提示されることになった。すなわち「隋代史雑考」「日本の官位令と唐の官品令」（一九五九年）「中国における村制の成立」「トルファン発見田土文書の性質について」（一九六〇年）「漢代の里制と唐代の坊制」（一九六二年）「六朝隋唐の社会」（一九六四年）「中国官制の発達——古代より唐に至る——」『隋の煬帝』（一九六五年）といった論著であって、そこでの成果はいずれも本書の随処で要約され、敷衍されている。

私が東洋史を専攻し始めたのは一九五八年春のことで、主任教授であられた著者が停年退官されるまでの七年間、学部学生、大学院生として、時あたかも中世史の領域に情熱を燃やしておられた著者から、甚深な学恩をうけることになった。したがって、本書にもりこまれた創見のかずかずは、最初に教室で披露された段階で知り反芻しうる僥倖に恵まれたのである。本書の基調をなす景気変動史観も、その例にもれない。一九六三年度の大学院生向けの演習が「中国史上の景気変動」と銘うたれた。その第一回目の授業の途中で、出席者に「中国史上のある時期について、景気を診断して、その分析を行なえ」というレポートを課し、秋から順次に発表するよう言い渡された。私は十月の初めに「隋代の景気」というテーマのもと、陶希聖「唐代経済景況的変動」（一九三七年）をも参照しつつ、隋代の貌閲や倉庫・関市税についての報告をしたのである。その報告の時点では、著者の景気変動史観は、観測気球だと断わりつつ、活字となって公表されていた。それは吉川幸次郎『宋詩概説』に対する書評（『東洋史研究』二二―一、一九六三年七月）においてであり、次のような文章が見える。

私は近頃、単に時代区分の問題ばかりでなく、中国経済史の方法について、今迄よりも少し違った角度から見直す必要を感じているのである。実はまだ正面切って公表するまでの準備が出来ていないのであるが、大体の構想は述べることができる。それは中国史上には古くから、現今の世界に似たような景気変動が行われていて、それが社会のあらゆる方面に影響を与え、この角度から歴史を見たときに経済も文化も同時に視野の中に入って来るのではないかという着眼である。……ところで私が今までに到達し得た限りの想定においては、中国史上の景気変動は次のように言い現わせる。そして、これに対して「宋詩概説」が如何なる反応を現わしてくれるかが、推理小説の山場以上に私にとって、スリリングである。

昨今の日本では、直接税と間接税の比率をめぐる税制改革論議が喧しいが、本書では「唐王朝の変質」の冒頭〝財政国家へ〟と〝塩と人民〟の両節が、この課題にかかわる。前節では、従来の国家が武力によって支えられる武力国家であったのに反し、唐王朝は途中で何よりも財政を優先させる財政国家ともいうべきものに変質し、宋以後にうけつがれた、と論じる。後節では、唐で始められた塩の専売は間接税の性格をもつこと、塩を密売する闇商人にきびしい刑罰を科することになり、中国の伝統的な道義国家のビジョンは消滅して、警察国家になりさがってしまった、と述べる。唐末の塩の闇商人については、中公文庫にも収められている佐伯富氏との共著『世界の歴史6　宋と元』（一九六一年）の一〇〇頁以下でも触れておられたが、その折には財政国家という概念は使われていなかった。この財政国家という言葉は、さきにも掲げた論文「漢代の里制と唐代の坊制」において用いられ、その際には、従来の警察国家が財政国家に変じるとし、財政国家とは、軍事よりも警察よりも、何にもまして財政を優先せしむる政府の意味で、その理想は既に隋王朝に開かれたものと見て差支えない、と書いておられ、本書の論旨とは食い違いを生じている。ちなみに昨年出版された佐伯『中国塩政史の研究』（法律文化社）は、中国塩政に関する信頼にたる重厚な通史であり、これまで未開拓であった中世前期、すなわち三国から南北朝時代までの塩政についての考察もなされている。

本書の文庫化と同時進行で、著者の日本史と中国古代史に関する論稿を収録した『古代大和朝廷』（筑摩叢書）と『中国古代史論』（平凡社選書）がこの文庫に半月ずつ遅れて、雁行のかたちで世に問われる。前者には「日本の官位令と唐の官品令」、後者には「漢代の里制と唐代の坊制」も含まれることではあり、関心のある方は、就いて繙かれるのを期待したい。

一九八八年八月二十日

本書は一九八八年（昭和六十三）九月、中央公論社から刊行された『大唐帝国——中国の中世』（中公文庫）を底本とし、改版したものです。改版に際して、一九九三年（平成四）七月、岩波書店から刊行された『宮崎市定全集8　唐』を適宜参照して、表記やふりがななどを補いました。

初出は、一九六八年（昭和四十三）十一月、河出書房から刊行された『大唐帝国』（「カラー版 世界の歴史7」）です。この版には一九七四年（昭和四十九）三月の新装版、一九八九年（平成元）九月の河出文庫版（縮印本）があります。一九八八年に中公文庫に入れるにあたり、『大唐帝国——中国の中世』と副題を付し、図版の再録は必要なものに限りました。

改版にあたり、全集巻末の書き下ろし跋文である「自跋」を追加しました。また、礪波護による「解説」は、一九八八年に刊行された中公文庫に掲載されたものです。

本書には、今日の人権意識からみて不適切と思われる表現が使用されていますが、本書が書かれた時代背景、および著者が故人であることを考慮し、発表時のままとしました。（編集部）

中公文庫

大唐帝国《だいとうていこく》
——中国《ちゅうごく》の中世《ちゅうせい》

1988年9月10日　初版発行
2018年8月25日　改版発行

著　者　宮崎《みやざき》 市定《いちさだ》

発行者　松田 陽三

発行所　中央公論新社
〒100-8152　東京都千代田区大手町1-7-1
電話　販売 03-5299-1730　編集 03-5299-1890
URL http://www.chuko.co.jp/

DTP　嵐下英治
印　刷　三晃印刷
製　本　小泉製本

Published by CHUOKORON-SHINSHA, INC.
Printed in Japan　ISBN978-4-12-206632-8 C1122

定価はカバーに表示してあります。落丁本・乱丁本はお手数ですが小社販売部宛お送り下さい。送料小社負担にてお取り替えいたします。

中公文庫既刊より

各書目の下段の数字はＩＳＢＮコードです。978－4－12が省略してあります。

み-22-11
雍《よう》正《せい》帝《てい》　中国の独裁君主
宮崎市定
康熙帝の治政を承け中国の独裁政治の完成者となった雍正帝。その生き方から問う、東洋的専制君主とは？「雍正硃批諭旨解題」併録。〈解説〉礪波　護
202602-5

み-22-18
科挙　中国の試験地獄
宮崎市定
二万人を収容する南京の貢院に各地の秀才が集ってくる。老人も少なくない。完備しきった制度の裏の悲しみと喜びを描き凄惨な試験地獄の本質を衝く。
204170-7

み-22-19
隋の煬帝《ようだい》
宮崎市定
父文帝を殺して即位した隋第二代皇帝煬帝。中国史上最も悪名高い皇帝の矛盾にみちた生涯を検証しつつ、混迷の南北朝を統一した意義を詳察した名著。
204185-1

み-22-21
中国史の名君と宰相
宮崎市定
礪波護編
始皇帝、雍正帝、李斯……激動の歴史の中で光彩を放った君臣の魅力・功罪・時代背景等を東洋史研究の泰斗が独自の視点で描き出す。〈解説〉礪波　護
205570-4

み-22-22
水滸伝　虚構のなかの史実
宮崎市定
史書に散見する宋江と三十六人の仲間たちの反乱は、いかにして一〇八人の豪傑が活躍する痛快無比な伝奇小説『水滸伝』となったのか？〈解説〉礪波　護
206389-1

み-36-1
奇貨居《お》くべし　春風篇
宮城谷昌光
秦の始皇帝の父ともいわれる呂不韋。一商人から宰相にまでのぼりつめた謎多き人物の波瀾に満ちた生涯を描く歴史大作。本巻では呂不韋の少年時代を描く。
203973-5

み-36-2
奇貨居くべし　火雲篇
宮城谷昌光
「和氏の璧」の事件を経て、孟嘗君、孫子ら乱世の英俊と出会い、精神的・思想的に大きく成長する、青年呂不韋の姿を澄明な筆致で描く第二巻。
203974-2

み-36-3
奇貨居くべし 黄河篇
宮城谷昌光
孟嘗君亡きあと、謀略に落ちた慈光苑の人々を助け、新しい一歩を踏み出す呂不韋。一商人から宰相にのぼりつめた政商の激動の生涯を描く大作、第三巻。
203988-9

み-36-4
奇貨居くべし 飛翔篇
宮城谷昌光
いよいよ商人として立つ呂不韋。趙にとらわれた公子を扶け、大国・秦の政治の中枢に食い込むための大きな賭けがいま、始まる！ 激動の第四巻。
203989-6

み-36-5
奇貨居くべし 天命篇
宮城谷昌光
商賈の道を捨て、荘襄王とともに理想の国家をつくるため、大国・秦の宰相として奔走する呂不韋だが……。宮城谷文学の精髄、いよいよ全五巻完結！
204000-7

み-36-7
草原の風（上）
宮城谷昌光
三国時代よりさかのぼること二百年。劉邦の子孫にして、勇武の将軍、古代中国の精華・後漢王朝を打ち立てた光武帝・劉秀の若き日々を鮮やかに描く。
205839-2

み-36-8
草原の風（中）
宮城谷昌光
三国時代に比肩する群雄割拠の時代、天下に乱立する英傑と鮮やかな戦いを重ね、天下統一へ地歩を固める劉秀。天性の将軍・光武帝の躍動の日々を描く！
205852-1

み-36-9
草原の風（下）
宮城谷昌光
いよいよ天子として立つ劉秀。その磁力に引き寄せられるように、多くの武将、知将が集結する。光武帝の後漢建国の物語、堂々完結！〈解説〉湯川 豊
205860-6

ち-3-8
江《こう》は流れず 小説日清戦争（上）
陳 舜臣
朝鮮をめぐり風雲急をつげる日中関係。中国の袁世凱、朝鮮の金玉均、日本の竹添進一郎など多様な人物と民衆の動きを中心に戦争前夜をダイナミックに描く。
201143-4

ち-3-9
江は流れず 小説日清戦争（中）
陳 舜臣
開戦はすでに計画表に書き込まれた。朝鮮全土に東学党の乱が燃え上がり、遂に日本と清は朝鮮に出兵する。戦争への緊迫の過程を精細に描く。
201153-3

各書目の下段の数字はISBNコードです。978−4−12が省略してあります。

ち-3-10
江は流れず 小説日清戦争（下）
陳舜臣

黄海の海戦、鴨緑江を越え遼東半島に展開する陸戦の激烈な戦いから、列強の干渉を招く講和までを描く。歴史大作、堂々の完結！〈解説〉奈良本辰也

201162-5

ち-3-11
弥《び》縫《ほう》録《ろく》 中国名言集
陳舜臣

「弥縫」にはじまり「有終の美」にいたる一〇四の身近な名言・名句の本来の意味を開示する。ことばと人間の叡知を知る楽しさがあふれる珠玉の文集。

201363-6

ち-3-13
実録 アヘン戦争
陳舜臣

東アジアの全近代史に激甚な衝撃を及ぼした戦争と人間。その全像を巨細に活写し、読む面白さ溢れる名歴史書に「それからの林則徐」を付した決定版。

201207-3

ち-3-18
諸葛孔明（上）
陳舜臣

後漢衰微後の群雄争覇の乱世に一人の青年が時を待っていた……。透徹した史眼、雄渾の筆致が捉えた孔明の新しい魅力と「三国志」の壮大な世界。

202035-1

ち-3-19
諸葛孔明（下）
陳舜臣

関羽、張飛が非業の死を遂げ、主君劉備も逝き、蜀の危急存亡のとき、丞相孔明は魏の統一を阻止するため軍を率い、五丈原に陣を布く。〈解説〉稲畑耕一郎

202051-1

ち-3-20
中国傑物伝
陳舜臣

詩才溢れる三国志の英雄曹操、宦官にして大航海の偉業を達成した明の鄭和……。中国史に強烈な個性の光芒を放つ十六人の生の軌跡。〈解説〉井波律子

202130-3

ち-3-26
鄭成功 旋風に告げよ（上）
陳舜臣

福建の海商の頭目鄭芝竜を父に、日本女性を母にしてうまれた鄭成功。唐王隆武帝を奉じて父とともに反清勢力を率いることになった若き英雄の運命は。

203436-5

ち-3-27
鄭成功 旋風に告げよ（下）
陳舜臣

父芝竜は形勢の不利をさとり清朝に投降するが、鄭成功はなおも抗清の志を曲げない。貿易による潤沢な資金を背景に強力な水軍を統率し南京へ向かう。

203437-2

ち-3-31
曹操（上）魏の曹一族
陳舜臣
縦横の機略、非情なまでの現実主義、卓抜な人材登用。群雄争覇の乱世に躍り出た英雄の生涯に〈家〉の視点から新しい光を当てた歴史長篇。
203792-2

ち-3-32
曹操（下）魏の曹一族
陳舜臣
打ち続く兵乱、疲弊する民衆。乱世に新しい秩序を打ち立てようとした超世の傑物は「天下なお未だ安定せず」の言葉を遺して逝った。〈解説〉加藤徹
203793-9

ち-3-35
孫文（上）武装蜂起
陳舜臣
清朝打倒を決意した孫文は、同志とともに広州で最初の武装蜂起を企てる――。「大同社会」の実現をめざして、世界を翔る若き革命家の肖像。
204659-7

ち-3-36
孫文（下）辛亥への道
陳舜臣
たび重なる蜂起の失敗。しかし宮崎滔天ら多くの日本人と中国留学生に支えられ、王朝の終焉に向けて孫文は革命運動の炎を燃やし続ける。〈解説〉加藤徹
204660-3

ち-3-54
美味方丈記
陳舜臣
陳錦《きん》墩《とん》
誰もが食べられるものをおいしくいただく。「食」を愛してやまない妻と夫が普段の生活のなかで練りあげた楽しく滋養に富んだ美味談義。
204030-4

た-13-5
十三妹《シイサンメイ》
武田泰淳
強くて美貌でしっかり者。女賊として名を轟かせた十三妹は、良家の奥方に落ち着いたはずだったが……中国古典に取材した痛快新聞小説。〈解説〉田中芳樹
204020-5

た-13-7
淫女と豪傑　武田泰淳中国小説集
武田泰淳
中国古典への耽溺、大陸風景への深い愛着から生まれた、血と官能に満ちた淫女・豪傑の物語。評論一篇を含む九作を収録。〈解説〉高崎俊夫
205744-9

な-66-1
中国書人伝
中田勇次郎編
王羲之より始まり古今に冠絶する二十九家を選び、その生涯を明らかにする。貝塚茂樹、井上靖ほか、作家碩学による中国書人の伝記。詳細な年譜を付す。
206148-4

各書目の下段の数字はISBNコードです。978－4－12が省略してあります。

し-20-10
中国の神話　白川 静
従来ほとんど知られなかった中国の神話・伝説を、豊富な学識と資料で発掘し、その成立＝消失過程を体系的に論ずる。日本神話理解のためにも必読。
204159-2

し-20-11
中国の古代文学（一）神話から楚辞へ　白川 静
中国文学の原点である詩経と楚辞の成立、発想、表現を、記紀万葉と対比し、民俗学的に考察する。神話への挽歌である古代歌謡に〈詩〉の根源を探る。
204240-7

し-20-12
中国の古代文学（二）史記から陶淵明へ　白川 静
「歴史」を通じて運命への挑戦者を描く司馬遷、田園山水に孤絶の心を託す陶淵明・謝霊運らの文学活動を通して「創作詩」の成立過程をたどる。全二巻。
204241-4

し-20-5
漢字百話　白川 静
甲骨・金文に精通する著者が、漢字の造字法を読み解き、隠された意味を明らかにする。現代表記には失われた、漢字本来の姿が見事に著された好著。
204096-0

し-20-6
初期万葉論　白川 静
それまでの通説を一新した、碩学の独創的万葉論。人麻呂の挽歌を中心に古代日本人のものの見方、神への祈りが、鮮やかに立ち現れる。待望の文庫化。
204095-3

し-20-7
後期万葉論　白川 静
『初期万葉論』に続く、中国古代文学の碩学の独創的万葉論。人麻呂以降の万葉歌の諸相と精神の軌跡を描き、文学の動的な展開を浮かび上がらせる。
204129-5

し-20-8
詩　経　中国の古代歌謡　白川 静
中国最古の詩歌集『詩経』はわが『万葉集』と同様の社会基盤の上に成立した。早くから古典化した儒教の聖典を、古代人の風俗と感情から再考する。
204130-1

し-20-9
孔　子　伝　白川 静
今も世界中で生き続ける「論語」を残した哲人、孔子。挫折と漂泊のその生涯を、史実と後世の恣意的粉飾とを峻別し、愛情あふれる筆致で描く。
204160-8